ANGELA PRENGER / FRIEDHELM WOLSKI-PRENGER

BERNHARD GRÜNBERG - ALLEIN IN DIE FREIHEIT

WIE EIN EMSLÄNDISCHER JUNGE HITLER ÜBERLEBTE

ANGELA PRENGER
FRIEDHELM WOLSKI-PRENGER

BERNHARD GRÜNBERG - ALLEIN IN DIE FREIHEIT

WIE EIN EMSLÄNDISCHER JUNGE HITLER ÜBERLEBTE

ANGELA PRENGER / FRIEDHELM WOLSKI-PRENGER

BERNHARD GRÜNBERG - ALLEIN IN DIE FREIHEIT.
WIE EIN EMSLÄNDISCHER JUNGE HITLER ÜBERLEBTE

1. Auflage, Düsseldorf 2021
© 2021 Edition Virgines

VERLAG

Edition Virgines e.K.
www.editionvirgines.de | editionvirgines@t-online.de

DRUCK UND BINDUNG

Appel & Klinger, Schneckenlohe

FRONTCOVERABBILDUNG

„Bernhard Grünberg auf dem Auto des Vaters. Aufgenommen gleich hinter dem Tor von der
Georgstraße aus. Es war ein großes Tor zum Hof hin." Dr. Ludwig Remling: B. Grünberg, Aufzeichnungen zu Archiv-Fotos (LIT). © Stadtarchiv Lingen

BACKCOVERABBILDUNG

© Foto: Dr. Andreas Eiynck

VORSATZ

li: Einladung zur Verleihung des Ehrenbürgerrechts an Bernard Grunberg und Ruth Foster.
re: Ehrenbürgerurkunde der Stadt Lingen für Bernard Grunberg. © Stadt Lingen

NACHSATZ

li: Anerkennungsschreiben vom Holocaust Centre Beth Shalom in Laxton, UK, an Alfred Storm.
© Alfred Storm
re: Dokument über den „Abgang" vom Gymnasium aus „rassistischen Gründe(n)".
© Gymnasium Georgianum Lingen. Vielen Dank an den ehemaligen Schulleiter Heinz Buss für
die freundliche Überlassung dieses Dokuments.

RECHTE

Autorin, Autor und Verlag danken den Inhabern von Urheberrechten für die Nutzung zahlreicher Zitate, Dokumente und Fotografien. Trotz intensiven Bemühens um vollständige Biblio-
grafierung konnten nicht alle Rechteinhaber ermittelt werden. Diese werden gebeten, sich ggf.
an den Verlag zu wenden.

ISBN 978-3-948229-19-1

Bernhard Grünberg, ca. 5 Jahre alt, im Garten seiner Eltern.
Aus Bernhard Grünbergs Fotoalbum [1]

Ein Mensch ist erst vergessen,

wenn auch sein Name vergessen ist.

aus dem Talmud

Inhalt

Vorwort

Im Volksmund heißt es, die Zeit heile alle Wunden. Für manche Trauer- oder Verlusterfahrung mag dieser Gedanke tatsächlich Hoffnung vermitteln, die empfundene Erschütterung alsbald in das zukünftige Leben zu integrieren. Bezogen auf die Shoah, die Verfolgung, Vertreibung, Deportation, die systematische Ermordung und Vernichtung von Millionen Jüdinnen und Juden im Nationalsozialismus, gilt dies hingegen sicherlich nicht. Extrem traumatische Erfahrungen lassen sich nicht in das Seelenleben der Opfer integrieren.

Dies gilt auch für Bernhard Grünberg, einem der wenigen Überlebenden, dem es gerade noch gelungen war, den Ort seiner Geburt und seines Aufwachsens zu verlassen, bevor auch ihn das Schicksal seiner Familie, der meisten seiner Angehörigen und Verwandten ereilt hätte. Es ist der Stadt Lingen sehr zu danken, ihn in die Stadt, die einmal sein Zuhause war, wiederholt einzuladen und ihn hier zu begraben. Den Autoren ist zu danken, ihm mit diesem Buch ein Andenken zu widmen.

Doch sollten wir uns zugleich eingestehen, dass es ihm in seinem *Leben nach dem Überleben* nicht gelungen ist, sein Weltvertrauen zurückzuerlangen, das jeder Mensch braucht, um, wie Jean Améry es einmal ausdrückte, sich heimisch zu fühlen in der Welt. Bernhard Grünberg lernte mit dem zu leben, womit er leben musste. Dies blieb ihm anzumerken, auch wenn er die in seine Richtung ausgestreckte Hand stets ergriff/entgegennahm.

Wir werden ihn nicht vergessen.

Michael Grünberg
Vorsitzender der Jüdischen Gemeinde Osnabrück

Osnabrück-Sögel, im Juli 2021

Abkürzungsverzeichnis

a.a.O. am angegebenen Ort (Verweise im Literatur- u. Quellenverzeichnis)

AfD   „Alternative für Deutschland". Rechtsextremistische Partei

AJR   Association of Jewish Refugees (Hilfsorganisation)

ap   Angela Prenger

Aufl.   Auflage (eines Werkes)

BOAR   British Army of the Rhine, britische Rheinarmee

BG   Bernhard Grünberg (Bernard Grunberg, Bernard Grünberg)

Brexit bezeichnet den Austritt Großbritanniens aus der Europäischen Union

CDU   Christlich-Demokratische Union Deutschlands

COVID (19) Corona-Virus-Disease, ab 2019 grassierende Viruserkrankung

CV   Centralverein deutscher Staatsbürger jüdischen Glaubens

DDP   Deutsche Demokratische Partei

DDR   Deutsche Demokratische Republik

ebd.   ebenda (wie zuvor zitiert)

d.i.   das ist

dl   download (aus dem Internet heruntergeladen), Datum

dsb.   derselbe (Autor), dieselbe (Autorin)

f.   folgende (Seite)

ff.   weitere folgende (Seiten)

fwp   Friedhelm Wolski-Prenger

Hrsg.   Herausgeber

hrsg.   herausgegeben von

i.f.   im Folgenden

„Kinder" (Selbst-) Bezeichnung der Kinder und Jugendlichen, die durch Kindertransporte vor der Vernichtung durch die Nazis gerettet wurden

KPD   Kommunistische Partei Deutschlands

KZ, KL Konzentrationslager

LT   Lingener Tagespost

o.J.   ohne Jahresangabe (Erscheinungsjahr)

o.P.   ohne Paginierung (ohne Seitenzahlen)

PM   Pressemitteilung

RCM   Refugee Children's Movement (organisierte die Kindertransporte auf britischer Seite)

RV   Reichsvertretung der deutschen Juden

s.a.   siehe auch

s.   siehe

S.   Seitenangabe

sel. A.   seligen Angedenkens, wird dem Namen Verstorbener angefügt

sw.   sowie

SPD   Sozialdemokratische Partei Deutschlands

u.a.   unter anderem, unter anderen

v.   vom, von

vgl.   vergleiche (Quelle)

z.B.   zum Beispiel

Zentrum   Deutsche Zentrumspartei

zit.n.   zitiert nach (Quelle)

ZvfD   Zionistische Vereinigung für Deutschland

Einleitung

Dies ist die Lebensgeschichte von Bernhard Grünberg sel. A. aus Lingen an der Ems (1923–2021). Gäbe es die Geschichte des vergangenen Jahrhunderts nicht, würde es ein Buch über diesen ganz normalen emsländischen Jungen sehr wahrscheinlich nicht geben. Weil aber die deutsche und europäische Geschichte Bernhard aus seinem normalen Leben herausriss und ihn von einem Emsländer zu einem Engländer werden ließ, schreiben wir seine Geschichte auf.

„Allein in die Freiheit" − dieser Titel geht darauf ein, dass Bernhard der Unfreiheit in Nazideutschland durch einen „Kindertransport" entkommen konnte. „Allein", weil er nicht nur ohne seine Eltern fliehen musste, sondern weil er lange Jahre seines Lebens einsam war, beginnend mit der Abwendung vieler sogenannten „Freunde" von ihm, dem jüdischen Jungen.

Sein Ziel, hundert Jahre alt zu werden, hat unser Freund Bernhard leider nicht erreicht. Das Corona-Virus, das ihn tötete, verhinderte dies ebenso wie seinen Wunsch, das Erscheinen dieses von ihm sehnlichst erwarteten Buches zu erleben. Aber er wurde fast 98 Jahre alt. Er überlebte Adolf Hitler, den Obersten der Nazi-Verbrecher, um 75 Jahre.

Es ist für uns ein großes Glück, dass Bernhard unsere Arbeit an diesem Buch über eine lange Strecke eng begleitet hat. Sein wacher Geist und sein enormes Erinnerungsvermögen ermöglichten ihm bis kurz vor seinem Tod, jeden unserer Schritte zu verfolgen, von jedem unserer Interviewpartner zu erfahren und uns in vielen Telefongesprächen und Briefen Auskunft zu erteilen.

Wie Bernhard Grünberg den Naziterror überlebte und wie sein Leben vom mittellosen fünfzehnjährigen Flüchtlingsjungen zum Ehrenbürger von Lingen (Ems) und beeindruckendem Zeitzeugen verlief, können wir nur darstellen, indem wir auf die in deutschem Namen verübten Verbrechen eingehen, die das Leben der Lingener Familie Grünberg bestimmten.

Wir konnten neben anderen Quellen auf viele Selbstzeugnisse von Bernhard Grünberg und zahlreiche Gespräche und Telefonate mit ihm zurückgreifen.

Alle Passagen dieses Buches, die von ihm selbst stammen, haben wir *kursiv* gesetzt.

Im ersten Kapitel „Vom Himmel zur Hölle: Kindheit in Lingen" beschreiben wir die ersten fünfzehn Jahre im Leben Bernhards, seine Kindheit also. Darin wird auch deutlich, warum wir uns – außer selbstverständlich in Zitaten – für die Schreibung „Bernhard Grünberg" entschieden haben. Die meiste Zeit seines Lebens lautete sein Name „Bernard Grunberg", seitdem er 1947 britischer Staatsbürger wurde. Häufig wird der Name „Bernard Grünberg" verwendet. Er wurde jedoch als „Bernhard Grünberg" geboren. Hätte es den Naziterror nicht gegeben, hätte er diesen Namen sein Leben lang getragen. Viele Entscheidungen traf er mit dem Wunsch, dass der Name „Grünberg" in Lingen erhalten bleibe. Bernhard konnte dieses Buch nicht mehr gedruckt in Händen halten, aber er konnte viele Manuskriptseiten lesen und er war mit dieser Schreibweise einverstanden. Gelegentlich kürzen wir auch „BG" ab.

Das zweite Kapitel „Freiheitsgefühle und Terrorerfahrung - Die Umschichtungsstelle in Berlin" beschreibt einen zeitlich kurzen, aber entscheidenden Abschnitt in Bernhards Leben.

Zwangsläufig sehr viel umfassender ist die Darstellung im dritten Kapitel „Terror der Nazis gegen Juden und andere". Deutlich wird dabei, dass bösen Gedanken böse Worte und diesen oft böse Taten folgen.

Unter der vierten Überschrift „Fluchtmöglichkeiten?" setzen wir uns mit der nicht selten geäußerten Auffassung auseinander, „die Juden" hätten doch einfach Nazideutschland verlassen können, dann hätten sie überlebt.

Im fünften Kapitel „Rettung durch Kindertransport" beschreiben wir im Zusammenhang mit Bernhards Lebensrettung die Hintergründe und Durchführung der außergewöhnlichen Ausreisemöglichkeit tausender jüdischer Kinder aus Nazideutschland 1938/39.

Das sechste Kapitel „Leben und Überleben in der neuen Heimat" stellt das Leben Bernhard Grünbergs in seinem Aufnahmeland Großbritannien, oder – wie er es immer nannte – England dar.

„Verschweigen und Erinnern", das siebte Kapitel, beschreibt den Umgang mit den Nazi-Verbrechen, mit TäterInnen und MitläuferInnen, der Nichtachtung der Opfer des Naziterrors in der Nachkriegszeit und den Beitrag von Verfolgten der Nazis zur Durchbrechung des Verschweigens.

Wie Bernhard Grünberg 1986 fast 50 Jahre nach seiner Vertreibung zurück nach Lingen (Ems) kam und wie er im Emsland zu einer führenden Person in der Erinnerungsarbeit wurde, beschreiben wir im achten Kapitel „Wille zur Versöhnung."

Bernhard Grünberg, der unermüdlich Zeugnis vom Mord an seinen Eltern und seiner Schwester sowie von seinem Leben und den diesem zugrundeliegenden Naziverbrechen ablegte, berichtet darüber im neunten Kapitel „Erzählen vom Naziterror – Zeitzeugenarbeit" weitgehend selbst.

Das zehnte Kapitel befasst sich mit Bernhards hohem Alter, seinem Tod und seiner Beisetzung auf dem jüdischen Friedhof in Lingen (Ems).

Wir schließen mit einem Dank an unsere Unterstützerinnen und Unterstützer.

Die Rechtschreibung und die Interpunktion haben wir in den Dokumenten stillschweigend angepasst, wo dies ohne inhaltliche Missverständnisse möglich war.

Wir haben neben dem vorstehenden Abkürzungsverzeichnis je ein Glossar zum Judentum und zum Naziterror angefügt. Das Quellen- und Literaturverzeichnis haben wir nach Quellen zu und von Bernhard Grünberg sowie nach Allgemeiner Literatur unterteilt.

Unserer Meinung nach sollte dem Schicksal der in der Schoa ermordeten Kinder sowie der einzigartigen Rettung von 10.000 Kindern und Jugendlichen durch Großbritannien in der Bildungsarbeit wesentlich mehr Aufmerksamkeit geschenkt werden.

Unter den etwa sechs Millionen ermordeten jüdischen Menschen waren etwa eineinhalb Millionen Kinder. Zu diesen Opfern gehörte auch der Großneffe von Bernhard Grünberg, Herman Nico de Jong, der 1943 im Alter von nicht zwei Jahren den Nazis zum Opfer fiel. Nicos Schicksal, das seiner Eltern und seiner Großmutter bewegte Bernhard sehr. Er berichtete darüber immer wieder. *Was konnte ein kleiner Junge dafür, dass er jüdisch war und dass das ein Verbrechen war?* fragte uns Bernhard in einem Telefongespräch am 14. Oktober 2020.

Im Sinne von Bernhard Grünberg widmen wir dieses Buch Herman Nico de Jong und allen jüdischen Kindern, die wie Nico von den Nazis und ihren Helfern ermordet wurden.

Angela Prenger, Friedhelm Wolski-Prenger, im Mai 2021

Vom Himmel zur Hölle: Kindheit in Lingen

Sie nannten mich Judenjunge, das war in Deutschland zu der Zeit üblich. Meine Zeit von Mitte 1933 bis März 1937 auf dem Gymnasium war für mich eine Hölle auf der Erde.

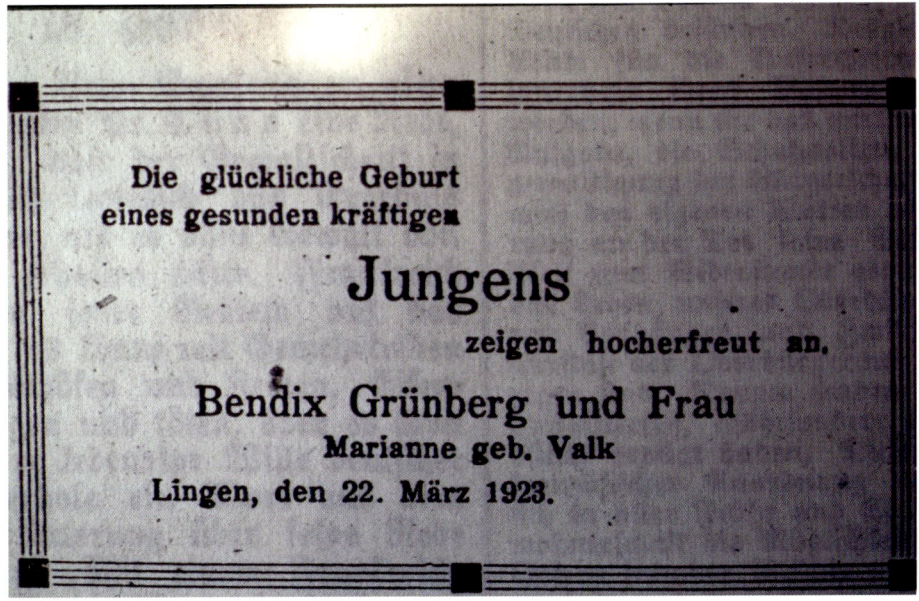

Lingener Volksbote vom Samstag, 24. März 1923: Geburtsanzeige auf der Titelseite. Quelle: Stadtarchiv Lingen.

Dass meine Geburt in der Zeitung angezeigt wurde, war etwas Besonderes, wie ich hörte. Der Name stand noch nicht dabei, weil damals die Kinder den Namen zwei oder drei Tage später bekamen.[2]

Ich wurde 1923 in Lingen (Ems) in Nordwestdeutschland, ungefähr 16 Kilometer von der niederländischen Grenze entfernt, geboren. Mein Vater war ein sehr erfolgreicher Viehhändler und wir hatten ein angenehmes Leben. Ich hatte eine Schwester, die zweieinhalb Jahre älter war als ich. Meine Erziehung war streng. Das fand ich nicht bedauerlich, weil ich sicher bin, dass mir das geholfen hat, als ich mit sechzehneinhalb Jahren auf eigenen Füßen stehen musste.[3]

Wie aus der Geburtsanzeige seiner stolzen Eltern hervorgeht, wurde Bernhard Grünberg am 22. März 1923 als Sohn von Marianne Grünberg, geb. Valk, und Bendix Ludwig Grünberg in Lingen an der Ems geboren. Eine Woche später fand seine Brit Mila statt, er wurde gemäß jüdischer Tradition beschnitten.

Bernhards ältere Schwester Gerda kam am 17.09. 1920 zur Welt. [4]

Obwohl es zu dieser Zeit bereits Antisemitismus in Lingen gab, wurden die jüdischen Familien von der Mehrheit der christlichen, zumeist katholischen Bevölkerung als Nachbarn geschätzt. In einem mehrstündigen Interview führte Bernhard 1998 aus: *Zu meiner Zeit in Lingen bis 1937, nein, bis April 1938 war die Bevölkerung in Lingen sehr, sehr tolerant gegenüber der jüdischen Bevölkerung.*[5]

Die Juden bildeten eine insgesamt konservativ geprägte, aber durchaus auch differenzierte Gemeinschaft und verdienten ihren Lebensunterhalt als Viehhändler, Schlachter, Rohproduktenhändler oder als Textilkaufleute. Als Mitschüler, Vereinskameraden, Nachbarn und Freunde nahmen sie am gesellschaftlichen Leben der Stadt teil.

Hermann Silies erinnert sich an seine Kindheit, die benachbarte Synagoge und jüdische Spielkameraden: „Der Gertrudenweg, an dem wir wohnten, wurde in meiner Kinderzeit von den Lingenern oftmals Judenstiege genannt. Hier stand nämlich die Synagoge der kleinen jüdischen Gemeinde, ein schlichter Backsteinbau aus dem vorigen Jahrhundert. Sie hatte für uns Kinder etwas Fremdartiges - ebenso wie die hebräischen Gebete und Gesänge, die gelegentlich nach draußen drangen. Um das Jahr 1930 zog erstmals eine jüdische Familie in den Gertrudenweg, die Kinder wurden bald unsere Spielgefährten, und ihre Eltern bedachten uns mit freundlicher Aufmerksamkeit. Wir bemerkten, wie sie den Sabbat (Schabatt, ap/fwp) und ihre Feste begingen und dass sie streng ihre Speisevorschriften beachteten. Zum Pascha-Fest (Pessach, ap/fwp) schickten sie unserer Familie als nachbarlichen Gruß das selbstgebackene Mazzot, das ungesäuerte Brot der Israeliten, ins Haus."[6]

Wenn du die jüdischen Familien in Lingen betrachtest, war es gemischt, wie sie ihre Religion praktizierten. Einige waren streng orthodox, andere so halb, und dann hattest du einige von uns, die kamen ein- oder zweimal im Jahr in die Synagoge. Allerdings haben alle irgendwie die Religion befolgt. [7]

Mit diesen Worten antwortete Bernhard Grünberg in einem Interview auf die Frage nach dem jüdischen Leben während seiner Kindheit. Seine Familie war, wie erwähnt, jüdischen Glaubens. Um zu verstehen, was damit gemeint ist, werfen wir zunächst einen kurzen Blick in die Geschichte der Juden in Europa, in Deutschland und im Emsland.

Seit etwa 700 Jahren gilt der Davidstern als Symbol für das Judentum. Sehr viel älter und immer noch als Zeichen für das Judentum gebräuchlich ist die Menora.

Menora aus Privatbesitz. Foto: fwp

Das Judentum ist die älteste der drei „abrahamitischen" Religionen. Abraham gilt sowohl Juden als auch Christen und Muslimen als mythologischer Stammvater. Juden lebten zur Zeit der Besetzung durch das Römische Weltreich vor etwa 2000 Jahren nicht nur in Judäa und Samaria („Israel"), sondern auch in der Diaspora (Zerstreuung). Nachdem verschiedene jüdische Aufstände gegen die Besatzung durch das Römische Reich gescheitert waren, zerstörten die Römer im Jahre 70 n. Chr. den jüdischen Tempel in Jerusalem und verbannten die Juden aus ihrem eigenen Land. Viele jüdische Menschen wurden ermordet oder versklavt. Die Römer verboten den jüdischen Gottesdienst.

Der politische Plan der römischen Eroberer war, dass sich die überlebenden Juden mit anderen Völkern im damaligen Römischen Reich vermischen würden und das jüdische Volk, das sich weigerte, die römischen Kaiser als „Gott" anzubeten, somit aufgelöst werden würde.

Aus Israel wurde nach dem Willen der Römer „Palästina", benannt nach den früheren Feinden Israels, den Philistern. Damit wollten die Römer den Namen „Israel" auslöschen.

Die Juden verteilten sich im Römischen Reich, das weite Teile Europas und des Nahen Ostens umfasste.

Immer wieder waren sie Anfeindungen und Verfolgungen ausgesetzt. Viele Juden hielten aber zusammen; die hebräische Bibel, die Tora (das ist weitgehend das Erste „Alte" Testament der Christen) begründete ihre Religionsgemeinschaft. Da der Tempel zerstört war, trafen sich gläubige Jüdinnen und Juden fortan in Versammlungshäusern, den Synagogen.

Das Gebiet, das wir heute „Deutschland" nennen, war in den ersten Jahrhunderten n. Chr. teilweise vom Römischen Reich besetzt. Auch hierher kamen jüdische Familien, oft als Kaufleute mit der römischen Armee. „Im Jahr 321 erließ Kaiser Konstantin das sogenannte Kölner Edikt, das Juden nördlich der Alpen den Zugang zu öffentlichen Ämtern gestattete und das erste schriftliche Zeugnis einer jüdischen

Existenz in Deutschland überhaupt ist."[8] Als älteste jüdische Gemeinde in „Germanien" gilt demnach die in Köln (von römisch „Colonia" - Kolonie). Jüdisches Leben gibt es daher seit mindestens 1.700 Jahren im späteren Deutschland.

Als sich das Christentum im Mittelalter auch im heutigen Deutschland ausbreitete, nahm eine religiöse Ablehnung der Juden ihren Anfang, der christliche Antijudaismus. Zwar war Jesus ein Jude und als solcher hat er sich immer verstanden, seine Eltern Maria und Josef waren jüdisch, und seine ersten Nachfolgerinnen und Nachfolger waren ebenfalls Juden. Sie sahen in Jesus den Messias, den Erlöser, auf den die Juden warteten. Aber die überwiegende Mehrheit der Juden erkannte Jesus nicht als den Messias an. Für sie gab es nur Jahwe, den einen Gott, dessen Namen gläubige jüdische Menschen nicht aussprechen. Sie wählen Umschreibungen wie etwa „der Ewige", schriftlich etwa auch G'tt.

Weil die Juden in ihrer Mehrheit ihrer Religion treu blieben, obwohl sie dafür große Nachteile erlitten, wurden sie von der katholischen und der orthodoxen (und später, nach der Reformation, auch der evangelischen) Kirche überwiegend abgelehnt. Wenn Juden sich christlich taufen ließen, wurden sie nicht mehr von den christlichen Kirchen verfolgt.

Ungebildete Christen warfen den Juden vor, sie seien „Gottesmörder", sie trügen Schuld an Jesu Tod. Hintergrund dieses Hasses war oft Neid, weil sehr viele Juden im Gegensatz zur christlichen Mehrheit lesen und schreiben konnten. Immer wieder wurden jüdische Menschen ermordet. Sie wurden gezwungen, in „unreinen" Berufen zu arbeiten, zu denen u.a. der Geldverleih gehörte, was für Christen im Mittelalter verboten war. Auch mussten sie oft in besonderen Wohngebieten leben, in sogenannten „Gettos".

„Weil die Bekehrung der Juden scheiterte, begann die Kirche, die Juden als einen besonderen Menschenschlag anzusehen, der sich deshalb von den Christen unterschied, dem Christentum verschloss und dem christlichen Glauben gefährlich werden konnte. Die katholische Kirche steigerte den Druck gegen das Judentum.

Das zweite Ziel antijüdischer Politik im abendländisch-christlichen Europa war die Vertreibung. Zwischen dem 13. und 16. Jahrhundert sahen sich die Juden in England, Frankreich, Deutschland, Spanien, Böhmen und Italien vor Ultimaten gestellt, die ihnen nur eine Wahl ließen: (…) Übertritt zum Christentum oder Vertreibung.

1290 Vertreibung aus England

1394 Vertreibung aus Frankreich

1492 Vertreibung aus Spanien

1497 Vertreibung aus Portugal "[9]

Dass das Judentum trotz solcher widriger Umstände als Gemeinschaft in Europa und später auf anderen Kontinenten überlebte, ist das Ergebnis einer Besonderheit. Anders als das Christentum und der Islam, die beide „nur" Religionen sind, stellen die Juden mehr als eine Religionsgemeinschaft dar. „Juden sind eine Religionsgemeinschaft, aber wir sind auch eine Volksgemeinschaft – in anderem Sinne, als man im deutschen Sprachgebrauch ‚völkisch' verwendet. Der wichtigste Unterschied zwischen diesen Begriffen ist, dass sich das Jüdische Volk nicht als eine ethnisch-rassische, sondern als eine Schicksalsgemeinschaft versteht. Das ist vielleicht der rätselhafteste Teil für nichtjüdische Zuhörer*innen. Weil es schwer ist, zu erklären, was das gemeinsame Schicksal aller dieser sehr verschiedenen Menschen ist, die verschiedene Länder bewohnen und deren Geschichten und Einstellungen verschieden sind."[10]

Juden bildeten nie eine geschlossene Gruppe. Geschichtlich werden „Aschkenasim" und „Sephardim" unterschieden. Religiös bildeten sich zwei Hauptgruppen heraus, das „orthodoxe" und das „liberale" Judentum. Orthodoxe oder traditionelle Juden wollen die jüdische Tradition bewahren, das liberale oder „Reform"- Judentum bemüht sich darum, den Glauben an die jeweilige Zeit anzupassen.

In Deutschland wie in vielen anderen europäischen Ländern wurden Juden bis ins 19. Jahrhundert benachteiligt. Danach wurde ihre Situation im noch in viele Einzelstaaten geteilten Deutschland nach und nach besser, sie erhielten immer mehr Rechte. 1869 wurden Juden in Preußen und in den Staaten des Norddeutschen Bundes, später auch im 1871 gegründeten Deutschen Reich, mit dem das moderne Deutschland erstmals ein einheitlicher Staat wurde, allen anderen Bürgern offiziell gleichgestellt.

Für das nun erstmals vereinte Deutschland gilt einer Historikerin zufolge: „Das deutsche Bürgertum (…), die Wissenschaft, das Denken, die Presse, die Politik – sie speisten sich nicht zuletzt aus jüdischen Wurzeln und jüdischen Milieus. Der Normalfall in den Städten und auf dem Land war – trotz des europaweiten Antisemitismus – die Inklusion der Jüdinnen und Juden." Diese „Emanzipation" der Juden ging mit einer allmählichen Demokratisierung in Deutschland einher."[11]

Einem Gesetz im Königreich Hannover (zu dem das Emsland damals gehörte) zufolge musste jeder Jude Mitglied einer Synagogengemeinde sein.

In Lingen wurde erst am 30. September 1869 eine jüdische Gemeinde gegründet, nachdem die Zahl der jüdischen Einwohner Lingens zugenommen hatte. Zuvor gehörten die Juden der Emsstadt zur Frerener Synagogengemeinde. „Im Jahre 1843 hatte der Lingener Magistrat der Landdrostei Osnabrück auf Anfrage mitgeteilt, dass die Lingener Juden gemeinsam mit ihren Glaubensgenossen aus Thuine, Lengerich, Freren und Fürstenau den Gottesdienst in einem Privathaus in Freren besuchten. Dazu mussten sie in Befolgung der Ritualgesetze an Schabbat und den Festtagen zu Fuß nach Freren gehen und auch bei den dortigen jüdischen Familien übernachten. 1844 wurde Freren als Synagogengemeinde anerkannt und ein gemeinsames Armen-, Schul- und Friedhofswesen aufgebaut."[12]

Die Gottesdienste der neuen Lingener Gemeinde fanden zunächst in einem Privathaus statt. Als dies zu eng wurde, beschloss die Gemeinde den Bau einer Synagoge. „Der im Jahre 1873 gefasste Plan zum Bau einer Synagoge und eines Schulhauses konnte erst 1878 verwirklicht werden. Die Kosten für das 120 qm große Grundstück am Gertrudenweg (heute Synagogenstraße), den Synagogen- und Schulneubau beliefen sich auf 8.100 Mark."[13]

Das einzige existierende Bild der Synagoge am Gertrudenweg,
heute wieder – wie bis in das Jahr 1900: Synagogenstraße, in Lingen (Ems).
Im Vordergrund die erhalten gebliebene jüdische Schule. Quelle: Stadtarchiv Lingen

Vom Inneren der Synagoge gibt es keine Fotos, wohl aber eine Beschreibung von Bernhard Grünberg. Es gab *Gitterfenster, (...) Die beiden anderen Fenster hatten undurchsichtiges Farbglas ohne Darstellung. Über der Tür aber ein rundes Fenster mit dem Davidstern. (...) Wenn man die Synagoge betrat, kam nach der ersten Tür rechts die Treppe nach oben (zur Frauenempore). Dann kam eine zweite Tür mitten unter der Frauenempore, die in die Synagoge direkt führte. (...) Der Gebetsraum hatte quer die Bänke und einen Mittelgang. Ein rundes Podest war am Ende des Mittelgangs, dann einige Stufen zum Thoraschrein.*[14]

Der jüdische Friedhof in Lingen, der mindestens seit 1734 existiert, wurde auch von den Gemeinden aus Freren, Thuine und Fürstenau genutzt. „Im April 1862 bemängelte das Amt Freren in einem Schreiben an den Lingener Magistrat den ‚unwürdigen' Eindruck des Friedhofs, verursacht durch Lagerung von Materialien und Ausgraben von Sand. Nach einer gemeinsamen Ortsbesichtigung wurden die Grenzen festgesetzt, und es erfolgte die Eintragung ins Grundbuch.

Im Juli 1880 kaufte die Synagogengemeinde von der Stadt Lingen eine zwei Ruthen große Ecke zur Vergrößerung des Friedhofs, der jetzt eine Fläche von 1.341 qm umfasste. Im gleichen Jahr wurde die Gemeinde von der Stadt aufgefordert, innerhalb von 14 Tagen für eine Einfriedung zur Weidestraße hin zu sorgen. Als Grund gab man an, dass eine Viehtrift am Friedhof vorbeiführe und die Kühe über die Gräber liefen. Es wurde dann eine Mauer am Friedhof entlang gezogen, deren Kosten je zur Hälfte von beiden Synagogengemeinden Lingen und Freren zu tragen waren.

Im gleichen Jahr gründete die Lingener Synagogengemeinde auch eine eigene Kranken- und Beerdigungsbruderschaft (Chewra Kaddischa). Die Aufgabe der ‚Heiligen Vereinigung' war die Versorgung von Schwerkranken und Sterbenden. Im Todesfall kümmerte sie sich um die Hinterbliebenen und die Bestattung des/der Toten.

Im Jahre 1926 erhielt die Synagogengemeinde Freren einen eigenen Friedhof. Auf dem hiesigen Friedhof wurden dann nur noch Lingener Juden bestattet."[15]

Viele Juden dankten die zunehmende rechtliche Gleichstellung mit zunehmender Anpassung an Deutschland, Assimilation genannt. Sie verstanden sich als deutsche Patrioten. Im (Ersten) Weltkrieg kämpften prozentual gesehen mehr jüdische als nichtjüdische Männer.

Bernhard Grünbergs Familie lebte religiös. Grünbergs besuchten regelmäßig am Schabbat und an den jüdischen Feiertagen die Synagoge im Gertrudenweg. Auch in der Familie befolgten Mutter Marianne, Vater Bendix, Gerda und Bernhard die jüdischen Religionsgesetze.

Beide Eltern stammten aus religiösen jüdischen Familien. Bendix Grünberg wurde als jüngstes von elf Kindern in Haren (Ems) geboren. Seine Eltern stammten aus Holland. Bernhards Großvater Israel Groenberg, geb. 1840 in Leek und dessen Frau Roosje Leser, geb. 1848, lebten zuerst in Assen, wo ihre ersten drei Kinder geboren wurden. Anschließend zogen sie ins emsländische Sögel, wo weitere vier Kinder zur Welt kamen. Danach ließen sie sich in Haren (Ems) – ihrem letzten Wohnort – nieder. Dort wurden weitere vier Kinder geboren, darunter Bendix Grünberg.[16]

Marianne Grünberg, geb. Valk, war 1892 in Emden zur Welt gekommen. Ihr Vater Bernhard Samuel Valk lebte lange Jahre mit Bernhards Familie in Lingen; davon wird noch berichtet werden. Bernhard Grünberg wurde nach seinem Großvater mütterlicherseits benannt.

Im Jahre 2015 beschrieb BG in einem Interview, wie in seiner Familie die jüdische Religion gelebt wurde, als er ein Kind war. Seine Antwort: *Ja. Zwar nicht hundertprozentig orthodox, aber man kann sagen zu 98 Prozent, wir haben niemals einen der besonderen jüdischen religiösen Feiertage versäumt und niemals versäumt, jeden Schabbat in die Synagoge zu gehen. Niemals haben wir am Schabbat Feuer angezündet oder sind Auto gefahren oder etwas in der Art. Wir haben die Schabbatgebote streng eingehalten. Ich will sagen, dass mein Vater niemals seinem Geschäft als Viehhändler am Schabbat nachgegangen wäre oder etwas anderes gearbeitet hätte. Eventuell hat er sich mal bei einem Metzger erkundigt, der gewöhnlich Vieh bei meinem Vater kaufte, aber niemals hätte er am Schabbat einen Handel abgeschlossen oder sonst etwas getan, was mit dem Geschäft zusammenhing. Das blieb für den Rest der Woche.“*[17]

Nicht immer führte die Beachtung der religiösen Gesetze zur uneingeschränkten Begeisterung des kleinen Bernhard, so an Jom Kippur, dem „Versöhnungstag", neben dem Schabbat der wichtigste jüdische Feiertag, ein Tag der inneren Prüfung. Gläubige jüdische Menschen gehen davon aus, dass Gott an diesem Tag alle wirklich ernsthaft bereuten Sünden vergibt. Viele Juden halten sich am Jom Kippur-Tag den ganzen Tag über in der Synagoge auf, besuchen den Gottesdienst und beten dort. Den ganzen Tag wird streng gefastet. Daher gab es auch für BG an diesem Tag nichts zu essen, was ihm auch noch 90 Jahre später im Gedächtnis blieb. *Ich kann mich an Jom Kippur erinnern, als ich ein sehr kleiner Junge war, da habe ich etwas gelitten, um es so zu sagen. Ich meine, du warst den ganzen Tag in der Synagoge, du durftest vielleicht mal nach draußen gehen, aber nichts anderes. Du bekamst nichts zu essen.*[18]

Ob Bernhard die Familie zur Synagoge begleitete, stand nicht in Frage: *Ich hatte in die Synagoge zu gehen, also ging ich und es gab keinen Ärger.*[19]

Am Schabbat servierte die Haushaltshilfe, eine christliche junge Frau, die bereits am Freitag vorbereiteten Speisen auf, da strenggläubigen Juden am Schabbat keinerlei Arbeitstätigkeiten erlaubt sind. *Aber kleinere religiöse Gebote fand ich nicht so lästig. Um ein Beispiel zu nennen: wir hatten eine kohlenbetriebene Zentralheizung. Am Schabbat durfte keine Kohle nachgelegt werden. Aber wir hatten ein Dienstmädchen und die hat am Schabbat die Heizung betrieben. Meine Mutter pflegte die Mahlzeiten für den Schabbat am Freitag zuzubereiten und das Dienstmädchen stellte das Essen dann fertig. Alle diese Gebote wurden streng beachtet, andere – die mir jetzt nicht einfallen – wurden weniger streng eingehalten. Also, ich würde sagen, wir waren zu achtundneunzig Prozent religiös.*[20]

Mit 13 Jahren feierte Bernhard Bar Mizwa und galt damit als religiös volljähriger jüdischer Mann.

Essen muss für gläubige Juden „koscher", hebräisch für „rein", sein.

Das jüdische Speisegesetz verlangt eine räumliche und zeitliche Trennung zwischen Speisen, die Fleisch enthalten, und solchen, die Milch enthalten. Im Haushalt der Familie Grünberg gab es gesondertes Geschirr für Speisen mit Fleisch und für Speisen mit Milch.[21]

Auf die Frage, ob alle jüdischen Familien gleichermaßen religiös gewesen seien, antwortet Bernhard: *Wenn du die jüdischen Familien in Lingen betrachtest, war es gemischt, wie sie ihre Religion praktizierten. Einige waren streng orthodox, andere so halb, und dann hattest Du einige von uns, die kamen ein- oder zweimal im Jahr in die Synagoge. Allerdings haben alle irgendwie die Religion befolgt. Ich kann mich an eine oder zwei Familien erinnern, die äußerlich orthodox waren, doch man wusste nicht, was im Haus vorging, aber sie erschienen äußerlich ziemlich orthodox zu sein. Dann hattest du andere, denen das ziemlich gleichgültig war.*[22]

Immer wieder berichtete Bernhard Grünberg davon, dass es seiner Familie während der ersten zehn Jahre seines Lebens, seiner glücklichsten Zeit, wie er immer wieder betonte, wirtschaftlich gut ging. Wie jedes Kind spielte er gern und ausführlich mit seinen Freunden. Im Sommer verbrachte er viel Zeit im Garten der Familie hinter dem Haus in der Georgstraße 12.

Dass er von seinem Vater streng erzogen wurde, gefiel ihm seinerzeit wahrscheinlich nicht so sehr. *Mein Vater war freundlich, aber streng. Meine Erziehung war streng, und das war gut für mein späteres Leben. Damals habe ich das nicht so gesehen, aber später war ich froh, dass mein Vater tat, was er tat.*[23]

Einen anderen Erziehungsstil habe seine Mutter gepflegt: *Meine Mutter war eine sehr freundliche Person, sehr tolerant. Sie hatte einen sicheren Stand, vor allem, als ihr Vater noch bei uns lebte. Er arbeitete mit meinem Vater im Geschäft. Er hatte einen eigenen Geschäftsbereich im Handelsgeschäft. Als er das nicht mehr konnte, wurde es etwas schwierig, man kann sagen, gegensätzlich, wahrscheinlich, weil er sich langweilte. Manchmal ließ er es an meiner Mutter aus, und an mir, nebenbei bemerkt. Wenn der Großvater mir eine Anweisung gab, habe ich die oft nicht befolgt. Dann ist er zu meiner Mutter gegangen und hat sich beklagt. Wenn mein Vater nach Hause kam, endete der Streit, darüber wurde dann kein Wort mehr verloren.*[24]

Die Georgstraße in Lingen (Ems) um 1940; das Haus hinter der Gaststätte ist das Wohnhaus der Familie Grünberg. Foto im Besitz von Heinz Buss

Zur finanziellen Situation seiner Familie erklärte uns Bernhard am Telefon, seine Familie habe bis zu Beginn des Naziterrors genügend Einkommen gehabt, sie hätten gut davon leben können. Taschengeld hätten seine Schwester und er nicht bekommen, sie hätten sich aber durch Mithilfe im Haushalt oder beim Vieh Geld verdienen können.[25] *Dort (an der heutigen Rheiner Straße in Lingen, ap/fwp), wo sich heute eine Tankstelle, Supermärkte und ein großes Möbelhaus befinden, waren unsere Wiesen. Unsere Kühe grasten dort, bis wir sie zum Schlachten verkaufen mussten.*[26]

Bernhard bekam die Aufgabe, die beiden Kühe des Vaters *zweimal täglich zu melken, vor und nach der Schule, und die Überschussmilch zur Molkerei zu bringen.* Bendix Grünberg verkaufte unter anderem Vieh, das mit der Eisenbahn verladen wurde. *Während der Schulferien half ich montags, Vieh zum Bahnhof zu bringen, so dass es verladen und zum Viehmarkt nach Dortmund transportiert werden konnte. Ebenso half ich, Vieh zum vierzehntägig donnerstags stattfindenden Markt in Lingen zu bringen.*[27]

Wie aus der Schilderung Bernhard Grünbergs hervorgeht, lebte die Familie Grünberg in einem eigenen Haus mit damals durchaus nicht üblicher Zentralheizung. Auch einen Telefonanschluss, wie ihn der Vater für sein Geschäft brauchte, hatte bei weitem noch nicht jede Familie um diese Zeit. Das Bürgerhaus besaß neben einem Hofplatz und dem Stall für zwei Kühe, einen großen Garten und eine Obstbaumwiese. In den Sommermonaten grasten hier zwei Schafe, *um das Gras auf der Obstbaumwiese niedrig zu halten. Die Lämmer waren während der Nacht in einem Teil des Kuhstalls untergebracht und wurden gesondert gefüttert. Im Herbst wurde ein Lamm an den örtlichen Schlachter verkauft und das andere Lamm für unseren Eigenverbrauch geschlachtet, das Fleisch wurde in Dosen aufbewahrt.*[28]

Wir hatten ein großes Haus mit einem großen Grundstück. Das Haus war in fünf Wohnungen aufgeteilt. Das hätte, wie mein Vater dachte, uns auf lange Sicht erlaubt, von den Mieten zu leben. Wir hatten 15, 20 Morgen Wiese. Mein Vater plante für den Fall, dass die Nazis ihm den Viehhandel verbieten würden, mit Vermietungen das Familieneinkommen zu sichern.[29]

Der Beruf des Viehhändlers seines wirtschaftlich erfolgreichen Vaters war unter Landjuden sehr verbreitet. Sie betrieben sehr häufig Handelsgeschäfte, da andere Berufe den Juden jahrhundertelang verboten waren. Bis in das 19. Jahrhundert durften sie kein Land besitzen und konnten somit auch nicht Ackerbau betreiben. Viele Landjuden betrieben daher Einzelhandelsgeschäfte, vorherrschender Erwerbszweig war aber der Viehhandel.

Aus Leer in Ostfriesland wird berichtet, dass dort mehr als sechzig jüdische Bürger als Viehhändler arbeiteten. „Zudem gab es noch elf Schlachter, die den Viehhandel oft nebenbei betrieben. (…) Manche Händler besaßen Weiden. Neben dem Handel beschäftigten sie sich mit dem Mästen von Tieren."[30]

Das Haus der Familie Grünberg in der Georgstraße 12.
Linke Personengruppe: v. l. Marianne Grünbergs Vater Bernhard Valk,
das Dienstmädchen (Name leider unbekannt), Marianne Grünberg,
davor Bernhard und Gerda. Quelle: Stadtarchiv Lingen.[31]

Es wird darauf hingewiesen, dass das geschäftliche Verhältnis zwischen jüdischen Viehhändlern und den Landwirten durchgängig gut war. „Viehhandel basiert in hohem Maße auf Vertrauen und so verschwieg der Bauer keine Mängel und der Händler bezahlte einen guten Preis. Mit einem Handschlag wurden die Geschäfte besiegelt. (…) Das gegenseitige Vertrauen ging so weit, dass Händler einen Bauern häufig geschäftlich berieten."[32] Auch im Emsland galt bis in die Zeit des Naziterrors: „Wegen ihrer Qualitäten entschied sich der Bauer bei einem bevorstehenden Verkauf meist direkt für einen jüdischen Händler. Jüdische Viehhändler fanden höheren Anklang als ihre christlichen Kollegen und die Bauern hatten einen persönlicheren Kontakt mit ihnen. In einer Prozessakte aus dem Jahre 1938 wurde ein jüdischer Händler als ‚reell‘, offen und ehrlich und einen guten Preis bezahlend beschrieben. Bis weit in die 30er Jahre tätigten offenbar auch ‚Parteimitglieder‘ Geschäfte mit jüdischen Händlern.“[33]

Eine Historikerin stellt die jüdische Dominanz im Viehhandel so dar: „Im Jahr 1917 schätzte der Vorsitzende des Bundes der Viehhändler in Deutschland, der jüdische Kaufmann Hermann Daniel, dass im Reich etwa 40.000 Viehhandelsgeschäfte existierten, von denen ca. 25.000 (also mehr als 60%) von jüdischen Händlern betrieben wurden.

Wie ist die Dominanz der jüdischen Minderheit in dieser Branche zu erklären? Zum einen bestand schon immer eine enge Verbindung von Juden mit Viehkauf und Schlachten durch das religiöse Gebot des Schächtens. Nur die nach den biblischen Ge- und Verboten erlaubten, koscheren und makellosen Tiere dürfen von einem ausgebildeten Schächter nach genauen Regeln geschlachtet (‚geschächtet‘) werden. Die Vorschriften des rituellen Schlachtens brachten es automatisch mit sich, dass überall, wo Juden lebten, diese selbst Vieh kaufen und schlachten mussten. Wo ihnen dieses Recht nicht zugestanden wurde, konnten sie sich nicht niederlassen. Da außerdem bestimmte Teile und Innereien des an sich koscheren Tieres von Juden selbst nicht verzehrt werden dürfen, erwarben sie mit dem Schlachtrecht fast immer zugleich das Privileg, dieses Fleisch an christliche Kunden weiter zu verkaufen. Daraus ergab sich eine enge Verbindung von Schlachten, Viehhandel und Fleischverkauf. (…) Zum anderen bot sich gerade der Viehhandel als Erwerbszweig an, da er nicht professionalisiert war und ansonsten fast nur von Bauern oder Gastwirten im Nebenerwerb ausgeübt wurde. - Mit diesem Tätigkeitsspektrum erfüllten die jüdischen Händler eine wichtige Funktion in der dörflichen Wirtschaftsgemeinschaft: Als Vermittler zwischen Stadt und Land vermarkteten sie die bäuerlichen Produkte auf regionalen und überregionalen Märkten, sie versorgten die Landbevölkerung mit städtischen Fertigprodukten und waren (...) für die unteren bäuerlichen Schichten, die über weite Strecken des Jahres nicht über flüssiges Kapital verfügten, wichtige Kreditgeber."[34]

Dass es seiner Familie gut ging, geht auch daraus hervor, dass Bendix Grünberg bereits in den 1920er Jahren ein Auto besaß, einen BMW Dixi 3/15, der als Limousine für die Familie und als Kleintransporter für das Geschäft diente. Auf dem Titelbild dieses Buches – aus seinem Fotoalbum - sehen wir Bernhard Grünberg auf der Motorhaube des Autos, er ist etwa acht Jahre alt.

Auch noch in den ersten Jahren der Naziherrschaft konnte die Familie Urlaub mit dem Auto machen. *Während der Sommerferien 1934, 1935 und 1936 begleitete ich meine Eltern im Auto nach Groningen im Norden der Niederlande. Dort besuchten wir meinen Onkel, meine Tante und deren zwei Söhne. Mein Onkel besaß eine Polstermöbelfabrik und ich durfte sie besuchen. Ich lernte ziemlich viel über dieses Geschäft und ich genoss diese Besuche sehr.*[35]

Wie in vielen überwiegend katholisch geprägten Orten üblich besuchten die jüdischen Kinder die Evangelische Volksschule, „Minderheit zu Minderheit".[36]

In dieser Zeit gab es nach Bernhards Wahrnehmung keine Diskriminierungen. *Du wurdest angesehen wie jeder andere Schüler. Du hattest deine Freunde, du hattest deine Spielkameraden, du hattest dein Zuhause, du hattest liebende Eltern, da war nichts, was du vermisst hättest.*[37]

Und an anderer Stelle bemerkte BG dazu: *Wir gingen in eine christliche Schule. Das machte, meine ich, keinen Unterschied, aber du hattest zusätzlich zweimal in der Woche einen jüdischen Religionslehrer, der Mittwochnachmittags und Sonntagmorgens in die Stadt kam. Dieser*

Lehrer kam aus einer Nachbarstadt (aus Sögel, ap/fwp) und er versuchte, dich religiös zu erziehen.[38]

Wie BG erzählte, gelang es dem Lehrer durchaus nicht immer, die etwa 12 Kinder mit seinem Vortrag in der jüdischen Schule zu fesseln. Weiter erinnerte er sich: *Wir mussten in der christlichen Schule nicht am Religionsunterricht teilnehmen, das waren die einzigen Stunden, in denen wir von den christlichen Mitschülern getrennt waren. Das war andererseits keinerlei Problem, weil niemand hat dich als andersartig angesehen und ja, es war eine ziemlich glückliche Zeit, bis dann Hitler an die Macht kam. Das hat die Dinge geändert.*[39]

Gelegentlich nahm er aber auch am evangelischen Religionsunterricht teil. *Manchmal habe ich am christlichen Religionsunterricht teilgenommen, aber da war ich mehr anwesend, ich wurde nicht in den Unterricht einbezogen.*[40]

Dass Bernhard in seiner Erinnerung kein besonders fleißiger Schüler war, benennt er so: *Ich hasste die Schule, und ich war ein schlechter Schüler. Ich mochte mich nicht hinsetzen und irgendwas lernen. Ich denke, ich war clever, aber ich wollte nicht arbeiten. Ich würde sagen, es war meine eigene Schuld. Ich hatte nicht den Willen, mich hinzusetzen. Ich würde sagen, ich bin in der Schule im Strom mitgeschwommen.*[41]

Bernhard verbrachte in der evangelischen Volksschule von Ostern 1929 bis Ostern 1933 dennoch in seiner Erinnerung insgesamt vier glückliche Jahre. Die Schuljahre begannen und endeten damals um Ostern. Im Jahr von Bernhards Einschulung, 1929, begann die von den USA ausgehende Weltwirtschaftskrise, die in Deutschland zum Zusammenbruch vieler Unternehmen und zur immer weiter ansteigenden Massenarbeitslosigkeit führte.

BG durfte als erster aus seiner Familie 1933 auf das damalige Lingener Jungen-Gymnasium Georgianum wechseln. Das Schulgebäude befand sich damals im Stadtkern von Lingen in der Gymnasialstraße.

Bernhard Grünberg in einer Klasse des Gymnasiums Georgianum,
Bernhard in der vorderen mittleren Bank rechts. Aus BGs Fotoalbum.

Auch dort war es anfänglich noch erträglich für Bernhard Grünberg, obwohl sein Schulwechsel zeitlich mit der Machtübertragung an die Nazis zusammenfiel. Schon ab April 1933 begrenzten die Nazis den Anteil von jüdischen Kindern an Gymnasien auf 5% der Schüler, bei Neueinschulungen waren es nur 1,5%.

Allerdings galt diese Regel nicht für Kinder jüdischer „Frontkämpfer" im Ersten Weltkrieg, zu denen Bernhards Vater Bendix Grünberg gehörte.

Im Jahre 2000 traf Bernhard einen Freund aus Kindertagen wieder. Eberhard Creutzig berichtete einem Redakteur der Lingener Tagespost, dass er und Bernhard unzertrennlich gewesen seien. Zusammen seien sie in die evangelische Volksschule gegangen, auch das Gymnasium Georgianum habe man gemeinsam besucht.

„Besonders imponiert hat mir, wenn ich mit Bernhards Vater, der ja Viehhändler war, in den Ferien über Land fahren durfte. Das war schön und eine wunderbare Zeit." Zu Bernhards Vater habe er aufgeschaut, weil dieser im Ersten Weltkrieg gekämpft habe. Bendix Grünberg sei ein Held gewesen, den er bewundert habe.[42] Wer so tapfer für Deutschland gekämpft hatte, sein eigenes Leben aufs Spiel gesetzt hatte wie Bendix

Bendix Ludwig Grünberg um 1937. Aus BGs Fotoalbum

Grünberg, der musste sich ganz besonders durch den Antisemitismus der Nazis verraten fühlen.

Mit zunehmender Dauer des Naziterrors ließen sich immer mehr Mitschüler von den Nazis gegen BG aufhetzen. Immer mehr Jungen und Mädchen traten der Hitlerjugend (HJ) bei. Wie jede Diktatur wollte auch die Nazidiktatur uneingeschränkten Einfluss auf die Jugend haben. Ab 1936 musste jeder „arische", das heißt nach der Nazisprache jeder nichtjüdische Junge, der HJ beitreten und deren Uniform tragen. Es gelang den Nazis, den allergrößten Teil der Jugend ihrer Herrschaft zu unterwerfen. Der Terror der Nazis gegen die Juden aus Bernhard Grünbergs Erinnerungen: *Kurz nachdem Hitler 1933 an die Macht kam, veränderte sich das Leben der Juden beträchtlich. Die meisten meiner Freunde verlor ich und mit der Zeit wurde ich wegen der antijüdischen Propaganda der Nazis zunehmend isoliert.*[43]

So blieben Bernhard mit der Zeit bis auf seine zwei christlichen Freunde Eberhard Creutzig und Walter Demann, die trotz der antisemitischen Hetze zu ihm hielten, nur noch jüdische Kinder als Spielkameraden. *Ich traf einen Freund* (Eberhard Creutzig, ap/fwp) *wieder, dessen Vater sehr Antinazi war, das aber nicht sagen konnte, sonst wäre er ins Konzentrationslager gekommen. Er arbeitete beim Finanzamt, nach außen hin war er braun, aber innerlich war er Antinazi. Der Freund hatte zu mir gehalten.*[44]

Mit einigen jüdischen Freunden unternahm er in den Sommerferien 1935 eine Fahrradtour nach Nordholland.

Bernhards Erinnerungen zufolge verhielten sich seine Lehrer am Gymnasium nicht judenfeindlich.

Am Gymnasium haben mich die Lehrer fair behandelt, sie haben mich nicht ausgegrenzt. Ich war der einzige jüdische Schüler am Gymnasium. An anderer Stelle: *Die Lehrer behandelten mich wie jeden anderen Mitschüler. Ich erinnere mich, dass Nazipropagandisten in die Schule kamen*

(v. l.): Heinz Hanauer, Kurt Hanauer, Eduard Cohen, Bernhard Cohen, Bernhard Grünberg und Alfred Cohen. Alle außer BG wurden in Auschwitz ermordet.[45]
Aus BGs Fotoalbum

und nichts anderes als puren Antisemitismus vortrugen. Das wurde von meinen Mitschülern aufgenommen. Als es wieder geschah, schickten mich die Lehrer nach Hause. Das war das einzige Mal, dass ich nicht am Unterricht teilnehmen musste. Damals habe ich gedacht, schade, dass es nicht öfters vorkommt. Denn dann konnte ich nach Hause gehen, ohne angegriffen zu werden.[46]

Ähnlich beschreibt Bernhard seine schrecklichen Erfahrungen an anderer Stelle so: *Mir wurde gesagt, dass ich an Unterrichtsstunden mit Nazipropaganda nicht teilnehmen musste. Aber auf dem Schulhof oder auf meinem Heimweg von der Schule wurde ich oft verbal und körperlich angegriffen, so dass meine Ausbildung allmählich darunter litt.*[47]

Ständig wurde Bernhard antisemitisch beleidigt. Da Bernhard Grünberg für sein Alter körperlich klein war, wurde er besonders zum Opfer der antisemitischen Verfolgungen. *Sie nannten mich Judenjunge, das war in Deutschland zu der Zeit üblich. Ich erinnere mich nicht an individuelle Beschimpfungen, sie nannten mich Judenjunge.*[48]

An eine Schandtat der von den Nazis verhetzten Jugendlichen gegen ihn als jüdisches Kind erinnerte sich Bernhard Grünberg bis 2020. Wir fragten ihn im Telefoninterview: „Fallen Dir konkrete Taten von Mitschülern ein?" Seine Antwort: *Da ist ein besonderes Erlebnis, an das ich mich erinnern kann. Da war ein großer, mit Backsteinen gemauerter Verschlag für eine Aschentonne. Darüber war ein großes Eisengitter, das man anheben musste, um Asche einzufüllen. Einige Mitschüler - ich weiß nicht mehr, wer das war - haben versucht, mich in diesen Aschenkasten reinzuschmeißen. Hätten die das geschafft, hätte ich es niemals wieder geschafft, das Eisentor anzuheben, um wieder rauszukommen. Ich hätte das Gitter ganz rüberschlagen müssen, das hätte ich niemals geschafft. Zu der Zeit war ich ein kleiner Junge, ich war vielleicht 13, 14 Jahre alt. Aber ich habe mich mit Füßen und Händen gewehrt, und so haben sie es zum Schluss aufgegeben.*[49]

Der Aschenkasten, von dem Bernhard auch noch 84 Jahre später sprach, als sei es gestern gewesen, befand sich auf dem Schulgelände, es handelte sich um das Heizungsgebäude der Schule. Dass er sich mit Händen und Füßen gewehrt habe, beschreibt er an anderer Stelle so: *Ich hatte zu der Zeit schwere genagelte Stiefel an, mit dicken Sohlen. Ich traf einen der vier Jungen, die mich hineinwerfen wollten, am Kopf, er trug eine Wunde davon und lag dann am Boden. Das hat es beendet.*[50]

Konnte BG über die Nachstellungen sprechen? *Ich konnte das Mobbing abschütteln, ich habe niemals zu Hause darüber gesprochen. Sie hätten mir sicher geglaubt, aber was hätten sie tun können?*[51]

Dass Lehrer die Verfolgungen nicht bemerkten, ist kaum vorstellbar. Das sah auch Bernhard so, entschuldigte sie aber immer mit dem Argument, dass sie aus Angst vor Verfolgung und dem Verlust ihres Arbeitsplatzes nicht handeln konnten. *Ich konnte mich über die Nachstellungen nicht bei Lehrern beschweren, denn sie hätten nichts tun können, und wenn sie etwas getan hätten, dann hätten diese wahrscheinlich selber Probleme und Ärger bekommen.*[52]

Sein ehemaliges Gymnasium wandte sich im Jahr 2004 an ihn mit der Bitte, an einer Feier zum bevorstehenden 325jährigen Jubiläum der Schule 2005 teilzunehmen, um ehemalige Mitschüler wiederzutreffen. Mit einem Brief an den damaligen Schulleiter Heinz Buss lehnte Bernhard Grünberg das ab.[53]

Wir zitieren den Brief im Wortlaut:

<u>Abschrift</u>

Alvaston, Derby , 03.01.05

Sehr geehrter Herr Buss!

Zuerst möchte ich mich für Ihr Schreiben und die schönen Bilder bedanken. Das folgende ist, was Leben für einen jüdischen Schüler war auf dem Gymnasium Georgianum im 3. Reich. Ich muss ein Wiedersehen mit ehemaligen <u>sogenannten</u> Mitschülern ablehnen. Meine Zeit von Mitte 1933 bis März 1937 auf dem Gymnasium war für mich eine Hölle auf der Erde. Die Lehrer behandelten mich gut und machten keinen Unterschied zwischen jüdischen und anderen Schülern, aber während der Pause zwischen dem Unterricht wurde ich von meinen Mitschülern angegriffen und wörtlich misshandelt. Auch auf dem Weg nach Hause. Oft wurden auch meine Schulbücher in Dreck und Wasser getaucht und meine Kleidung wurde, wenn möglich, beschmutzt. Freunde wandten sich von mir ab, nur zwei blieben Freunde, sie konnten mir allerdings nicht irgendwelche Hilfe geben. Vergeltung von Mitgliedern der Hitlerjugend war möglich. (Eberhard Creutzig & Walter Demann).

Ich würde unter keinen Umständen mit ehemaligen Mitschülern im selben Raum oder unter demselben Dach sein. Aber ich werde niemals die Kinder verantwortlich halten für etwas, was die Eltern getan oder nicht getan haben.

Mit freundlichen Grüßen
gez. Bernard Grunberg

Mit dem zunehmenden Terror der Nazis und immer mehr verblendeter Jugendlicher endete Bernhard Grünbergs unbeschwerte Lebenszeit in Lingen. Die Nazis stahlen ihm wie anderen jüdischen Kindern die Kindheit und seine Bildungs- und Lebenschancen. Bernhard Grünberg wurden seine sehr guten Chancen auf einen akademischen Beruf geraubt. Wie er in seinem Leben bewiesen hat, war er hochintelligent. Anders hätte er, mit 15 Jahren völlig auf sich allein gestellt, nicht überleben können. Das Gymnasium hätte er ungeachtet seiner Selbsteinschätzung ohne Weiteres bewältigen können, anschließend wäre ihm e- beispielsweise ein – angesichts seiner späteren Begeisterung für Technik wahrscheinlich – ingenieurwissenschaftliches Studium möglich gewesen.

Die Nachstellungen seiner verhetzten Mitschüler jedoch hatten ihn, wie er immer wieder berichtete, seelisch so stark belastet, zumal er darüber mit seinen Eltern nicht sprach, dass seine Leistungen in der Schule immer schlechter wurden. Auch ein von seinen Eltern organisierter Nachhilfeunterricht konnte nicht zu einer Verbesserung führen. Er musste das Gymnasium mit einem Abgangszeugnis verlassen, obwohl er von seinen Leistungen her immer noch versetzt worden wäre.[54] *Als ich das Gymnasium verließ, hatte ich die achtjährige Schulpflicht erfüllt, und mein Vater sagte, es habe keinen Sinn mehr, weiter dafür Geld auszugeben, wenn es keine Zukunft gab.*[55] An anderer Stelle führt er für die Entscheidung seines Vaters die politische Lage in Nazideutschland an.[56]

Dennoch heißt es in seinem Abgangszeugnis mit Datum vom 22. März 1937 – dem Tag seines 14. Geburtstages -: „Er wurde durch Konferenzbeschluss (...) versetzt."[57]

Für sein weiteres Leben wichtig wurde die Entscheidung, nicht am Englisch-, sondern am Französischunterricht teilzunehmen.

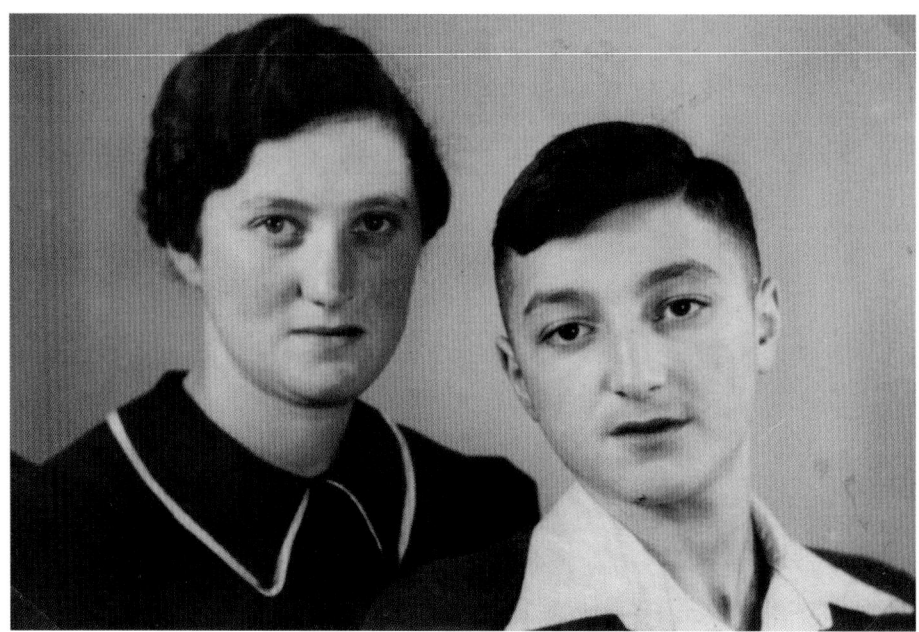

Bernhard mit seiner 1944 ermordeten Schwester Gerda 1938; er ist 15,
Gerda 18 Jahre alt. Aus BGs Fotoalbum

Nach seinem erzwungenen Abgang aus dem Gymnasium Georgianum half Bernhard etwa ein Jahr lang seinem Vater. *Mein Vater konnte
sein Geschäft bis April 1938 ohne Probleme weiterführen. Bis dahin wurde
keine Fensterscheibe von jüdischen Wohnungen oder Geschäften einge-
worfen.*[58]

Für Bernhard begann nach dem Jahr, in dem er seinem Vater half, mit
15 Jahren eine Zeit der Ausbildung fern von zu Hause. *...so ging ich im
April 1938 zur Umschichtungsstelle in Berlin.*[59]

Dieses Kapitel schließen wir mit einem Gedicht von Adolph Donath.

Schäm dich nicht!

Schäm dich nicht, wenn in der Straße
Dich ein Nachbar „Jude" schimpft:
Eine tausendjährige Lüge
Hat den Hass ihm eingeimpft,

Eine tausendjährige Lüge
Hat die Liebe unterdrückt,
Hat in Menschen, die dir gleichen,
Alle Menschlichkeit erstickt.

Aber bleib auch Mensch im Leide!
Trage deinen Schmerz mit Stolz,
Wie der Jude, den die Römer
Einstmals schlugen an das Holz. [60]

[1] Wenn nicht anders nachgewiesen, stammen die Fotos mit der Quellenangabe „Aus Bernhard Grünbergs Fotoalbum" aus dem Stadtarchiv Lingen. Dort übergab BG am 30.08. 1988 und auch danach Abzüge von Aufnahmen aus seinem Besitz.

[2] (SCHOA- INT) i.f. Schoa-Interview

[3] GB 2003 (GRÜNBERG-LIT), S. 149; i.f. Grunberg 2003.

[4] Gerda Grünberg wurde in der Burgstraße 50 geboren. Dort besaß die Familie ein Wohnhaus, das verkauft wurde, als ein Bürgerhaus in der Georgstraße 12 erworben wurde. Einer Notiz des Emslandmuseums vom 1.9.1994 zufolge, angefertigt zur Übergabe von Tischlerwerkzeugen von BG an das Emslandmuseum, erklärte Bernhard, dass sein Vater zunächst das Haus in der Burgstraße und später das Haus in der Georgstraße erworben habe. (Vielen Dank an Dr. Andreas Eiynck für die Übersendung einer Kopie der Notiz im Dezember 2020). In einem Interview mit Dr. Ludwig Remling hatte BG ausgeführt, dass sein Vater das Haus in der Burgstraße verkauft habe. Vgl. Remling, Interview mit Bernhard Grünberg (LIT)

[5] Schoa-Interview

[6] Silies (LIT)

[7] BG - My Faith (GRÜNBERG-INTERNET) i.f. Bernhard-Glaube

[8] Jüdische Allgemeine Nr. 48/2020 v. 26.11.2020, S. 10

[9] Dietzfelbinger (LIT)

[10] Weisband (LIT)

[11] Richter (LIT), S. 27

[12] Scherger, Verfolgt und ermordet (LIT) S. 20 ; i.f. Scherger 1998

[13] ebd.; 8100 Mark entsprechen in etwa einer heutigen Kaufkraft von € 90.000.-

[14] Remling, Ludwig: Interview Bernhard Grünberg (LIT)

[15] Scherger 1998, S. 19; eine Quadratruthe entspricht etwa 28,5 Quadratmetern.

[16] vgl.Scherger, Der Jüdische Friedhof in Lingen, S. 72 (LIT)

[17] Bernhard-Glaube

[18] ebd.

[19] Schoa- Interview

[20] Bernhard-Glaube

[21] BG im Gespräch mit ap (GRÜNBERG–INTERV.)

[22]Bernhard-Glaube

[23]Schoa-Interview

[24]ebd.

[25] Telefonat BG – ap am 22.08.2020 (GRÜNBERG–INTERV.)

[26] ebd.

[27]BG: My Autobiography (GRÜNBERG -LIT) i.f. Autobiografie

[28]Autobiografie

[29]Schoa-Interview; der Lingener Stadtarchivar Dr. Mirco Crabus teilte uns am 16.08.2021 eine Zeitungsmeldung des Lingener Volksboten vom 25.02.1922 mit: „Die Bergen'sche Besitzung in der Georgstraße ging durch Kauf in den Besitz des Viehhändlers Grünberg von hier über.", ergänzt um seine eigene Feststellung: „Ein Gastwirt Bergen kann 1913 in der Georgstraße 12 nachgewiesen werden (Archivbib, L1-61)."

[30]Bakker (LIT) S.33

[31]Zur Geschichte des Fotos: Dr. Ludwig Remling teilte uns am 10.03.2021 per E-Mail u.a. das folgende Ergebnis seiner Recherchen mit. (Vielen Dank!) „Das Foto des Hauses Georgstraße 12 mit den davor stehenden 9 Personen gelangte durch Herrn Fritz Wiese (…) ins Stadtarchiv. Ein Repro hat Herr Wiese an Bernhard Grünberg bei dessen Besuch im November 1986 überreicht. Herr Wiese hatte das Foto von der in seinem Haus wohnenden Frau Maria Regina Bethge erhalten. Sie besaß das Foto, weil sie mit anderen aus ihrer Familie darauf abgebildet ist." Danach handelt es sich bei der rechten Personengruppe um „Joseph Emil Steinmann, Regina Kindler, Maria Regina Steinmann, Maria Magdalena Steinmann (geb. Kindler)." Ludwig Remling nimmt an, dass die Zuordnung der Familie Grünberg später durch BG erfolgte.

[32]ebd.

[33]ebd. S.35; gemeint sind mit „Parteimitgliedern" Nazis.

[34]Grübel (LIT) S.9; auch in der Zeit des Naziterrors hielten viele Landwirte an den ihren vertrauten jüdischen Viehhändlern fest, bis die Nazis ihnen 1938 diese Verbindungen verboten.

[35] Grunberg 2003 (GRÜNBERG-LIT), S. 149

[36]Interview mit Lothar Kuhrts (ZEITZEUGEN)

[37]Universität Derby - Vortrag (GRÜNBERG-INTERNET)

[38]Bernhard - Glaube

[39]ebd.

[40]Schoa- Interview

[41]ebd.

[42]Lingener Tagespost v. 09.09.2000 (ZEITUNG)

[43]Grunberg 2003 (GRÜNBERG-LIT), S. 144

[44]ebd.

[45]vgl. Arbeitskreis Judentum-Christentum/ Pax-Christi-Gruppe (LIT), S.44

[46]GB: Interview zur Zeitzeugenarbeit (GRÜNBERG-LIT),i.f. Beth Shalom - Interview

[47] GB 2009 (GRÜNBERG- LIT) i.f. Grunberg 2009

[48]Schoa- Interview

[49] Telefoninterview 08.09.2020 (GRÜNBERG–INTERV.)

[50]Schoa-Interview

[51]ebd.; vgl. das Kapitel „Terror der Nazis gegen Juden und andere" (Blockhüttenaffäre)

[52]Schoa-Interview

[53] Quelle: Archiv Storm (ARCHIVE); Kursivdruck ap/fwp

[54]Ihm wurde nach dem Sieg über die Nazis im Zuge der „Wiedergutmachung" bescheinigt, dass er das Gymnasium aus „rassischen" Gründen verlassen musste.

[55]Schoa-Interview

[56]vgl. Autobiografie

[57]Vielen herzlichen Dank an Herrn Heinz Buss, ehemaliger Schulleiter des Gymnasiums Georgianum, dem wir das Dokument verdanken, für die freundliche Unterstützung.

[58]Schoa-Interview

[59]Autobiografie

[60] Aus: Donath, Adolph: Judenlieder. R. Löwit Verlag, Wien 1920; zit. n.: Schmidt, Herbert (LIT), S. 249.

Freiheitsgefühle und Terrorerfahrung:
Die Umschichtungsstelle in Berlin

Die Umschichtungsstelle hat mein Leben gerettet.

Die Machtübertragung an die Nazis 1933 und der zur Regierungspolitik gewordene Antisemitismus führten die verschiedenen, teils widerstreitenden Strömungen im deutschen Judentum zusammen. Den Verantwortlichen im Centralverein deutscher Staatsbürger jüdischen Glaubens (CV), der sich für die gleichberechtigte Integration jüdischer Menschen in den deutschen Staat einsetzte, und der Zionistischen Vereinigung für Deutschland (ZvfD), die für die Auswanderung von Juden nach Palästina eintrat, wurden, wie anderen jüdischen Organisationen, klar, dass ihre bis dahin gegensätzlichen Ziele angesichts der Verfolgung aller Juden durch die Nazis keine Bedeutung mehr hatten. So wurde im September 1933 die „Reichsvertretung der deutschen Juden" (i.f. Reichsvertretung) als Selbsthilfeorganisation zur Abwehr des zunehmenden antijüdischen Terrors der Nazis gegründet.

Vorrangiges Ziel der Reichsvertretung war es, die von den Nazis verfolgten deutschen Juden auf eine neue Art des Lebens vorzubereiten. Unter anderem kümmerte sich die Reichsvertretung nach der fortschreitenden Ausgrenzung jüdischer Kinder aus dem Schulsystem, den Hochschulen und der Berufsausbildung um das jüdische Schul- und Bildungswesen. Unter der Leitung des von allen jüdischen Strömungen anerkannten Berliner Rabbiners Leo Baeck bemühte sich die Reichsvertretung um jüdische Auswanderung. Auch versuchte sie, im wenig aufnahmebereiten Ausland auf die tatsächliche Judenverfolgung in Nazideutschland aufmerksam zu machen. Das war nicht immer leicht. Die Nazis wollten – besonders im Vorfeld der Olympischen Spiele 1936 in

Berlin - die Welt über ihre rassistischen Absichten täuschen. Das Nazi-Hetzblatt „Der Stürmer", das sonst überall in Berlin auslag, gab es zur Zeit der Olympiade nicht öffentlich zu erwerben. Die nazideutschen Journalisten wurden aufgefordert, während der Olympischen Spiele, die mitten im Ersten Weltkrieg 1916 an Deutschland vergeben worden waren, den „Rassenstandpunkt" nicht zu betonen. Die Nazis versuchten auch, die Existenz von Konzentrationslagern zu verschleiern.[61]

Die Zionisten der ZvfD hatten seit dem Ende des 19. Jahrhunderts für eine Besiedelung Palästinas durch Juden geworben. Da dort vor allem landwirtschaftliche und handwerkliche Berufe gefragt waren, gründete die ZvfD Hachschara–Bildungsstätten zur Vorbereitung auf die Auswanderung junger Jüdinnen und Juden nach Palästina. „Hachschara", hebräisch für „Tauglichmachung", bezeichnete die systematische Vorbereitung junger jüdischer Menschen für die Emigration nach Palästina in sogenannten „Umschichtungstellen."[62]

Für die Auswanderungsbestrebungen wurden nachgewiesene praktische Fähigkeiten im handwerklichen oder landwirtschaftlichen Bereich immer wichtiger, weil es ohne eine solche Ausbildung fast unmöglich war, in das damals von Großbritannien verwaltete Palästina einreisen zu können. „Wer nach Palästina einwandern wollte, brauchte ein Zertifikat der britischen Mandatsregierung. Diese Zertifikate wurden im Rahmen einer Quotenregelung vergeben, die sich am Vermögen oder der beruflichen Eignung der Bewerber orientierte. Um ein sogenanntes ‚Kapitalistenzertifikat' zu bekommen, musste ein Mindestkapital von 1.000 Pfund aufgebracht werden. Als für die jüdische Siedlung wichtige Tätigkeiten galten vor allem landwirtschaftliche oder handwerkliche Fertigkeiten."[63]

Daher übernahm die Reichsvertretung das Hachschara – Konzept. „Neben der Vorbereitung zur Auswanderung spielte vor allem für junge Jüdinnen und Juden in der NS-Zeit eine Rolle, dass die Hachschara eine der letzten Möglichkeiten für sie war, überhaupt eine Berufsausbildung zu absolvieren."[64]

Im Jahre 1937, als Bernhard Grünberg das Gymnasium in Lingen verlassen musste, gab es in Nazideutschland mindestens 80 Umschichtungsstellen, zumeist im ländlichen Raum.[65] Geduldet wurden die jüdischen Berufsbildungseinrichtungen von den Nazis nur, weil sie auf die Auswanderung von Juden zielten.[66] Sehr häufig standen landwirtschaftliche Kenntnisse im Zentrum der Ausbildung.

Eine Ausnahme von mehreren bildete die Umschichtungsstelle, die 1934 in Berlin auf dem Gelände der Firma Latte gegründet wurde. Wie allen jüdischen Unternehmerinnen und Unternehmern setzten die Nazis auch Selma und Paul Latte, die in Berlin sehr erfolgreich eine Flaschengroßhandlung betrieben, mit ihren ausgrenzenden Maßnahmen zu. Das Geschäft der Firma bestand im Handel mit gebrauchten Champagner- und Mineralwasserflaschen, die nicht nur in Deutschland verkauft, sondern auch exportiert wurden. „Auf dem Firmengelände (…) entstand eine 4000 qm große Lagerhalle und es existierte ein eigener Gleisanschluss zur Industriebahn. Im Branchenteil des Berliner Adressbuchs für 1925 inserierte Paul Latte seine Firma als größtes Spezialgeschäft Deutschlands mit einem Jahresversand von ca. 15 Millionen Flaschen. Der Gesamtbesitz umfasste (…) ca. 10 000 qm, auf denen Paul Latte Hallen und Werkstätten errichtete, die er auch an andere Unternehmen vermietete."[67]

„Das ganze Grundstück war von einer hohen Mauer umgeben. Der Haupteingang befand sich zur Wackenbergstraße, sichtbar durch ein großes, rot gestrichenes Tor. Wenn die Jungen am Wochenende in die Stadt wollten, benutzten sie den ‚Hinterausgang' des Geländes der Umschichtungsstelle zur Buchholzer Straße (23-31). Von hier war der Weg zur Straßenbahn nicht weit. Bernhard (Grünberg, ap/fwp) meint sich zu erinnern, dass es die Endhaltestelle war."[68]

Ab Januar 1934 verpachteten Selma und Paul Latte einen Teil ihres Firmengeländes zur Gründung einer Umschichtungsstelle. Anne-Dore Jakob, die in früheren Jahren mit der Lingener Pax-Christi-Gruppe sehr aktiv an der Erinnerungsarbeit des Forum Juden-Christen Altkreis Lingen e.V. teilgenommen hatte, lebt heute in Berlin. Sie war langjährig mit BG befreundet und hat unter anderem auch an der öffentlichen Ehrung für Selma und Paul Latte sowie beratend an einem Buch über die Umschichtungsstelle mitgearbeitet.[69] Sie schreibt uns zu unseren Interviewfragen: „Denkmäler machen vergessene Geschichte sichtbar: Dazu gehört in Berlin-Niederschönhausen seit 2016 der ‚Selma-und-Paul-Latte-Platz‘, eine kleine Grünanlage mit einer Info-Stele, angebunden durch eine Bushaltestelle gleichen Namens (...). Zum Winterfahrplan 2016/2017 wurde die Haltestelle umbenannt. Namensgeber ist ein Berliner Fabrikanten-Ehepaar, welches seit 1934 das Gelände ihrer Flaschengroßhandlung der Jüdischen Reichsvertretung für ein ‚Hachschara-Lager‘ (...) zur Verfügung stellte. Die ehemaligen Hallen existieren teilweise, sie werden bis heute gewerblich genutzt. Bislang konnten ca. 103 namentlich bekannte Jugendliche und junge Erwachsene der Umschichtungsstelle in Niederschönhausen ausfindig gemacht werden, mindestens 39 konnten noch rechtzeitig nach Argentinien, Australien, Großbritannien und in die USA emigrieren. Die Existenz der Umschichtungsstelle geriet nach 1945 in Vergessenheit. Der Bevölkerung in der Umgebung blieb vor allem der ‚Latte-Sportplatz‘ auf dem Firmengelände des ‚Flaschenjuden‘ Paul Latte in Erinnerung."[70]

„In Berlin-Niederschönhausen begannen 49 junge Männer und Frauen 1934 eine Ausbildung in der Tischlerei, Schlosserei, Schmiede und in der Hauswirtschaft. Ab 1936 konnten 14- bis 16-Jährige dort auch eine einjährige ‚Tagesschule für Berufsvorlehre‘ besuchen."[71]

Seine Eltern konnten erreichen, dass BG von dieser Einrichtung angenommen wurde. Er wusste jedoch nicht genau, was ihn dort erwartete. *Ich kann mich an vieles aus meiner Kindheit erinnern, aber nicht daran, wie es zu der Umschichtungsstelle kam. Ich habe keine Idee, was mein Vater sagte, was er nicht sagte. Ich weiß überhaupt nicht, ob er erklärt hatte, wohin ich gehen würde. Ich wusste nicht genau, was die Umschichtungsstelle war, bis ich eine Dame, die in der Nähe von London lebte, wiedertraf. Vor zwei oder drei Jahren fand ich heraus, dass sie nahe London lebt. Wir trafen uns wieder. Sie und ihr Mann leiteten die Einrichtung, und da habe ich erst genau erfahren, was die Ziele der Umschichtungsstelle waren. Als ich dort war, wusste ich nichts über die Ziele. Ich wusste damals nicht, dass das Ziel der Einrichtung die Auswanderung nach Palästina war. Ich glaubte, ich würde dort einen der Berufe lernen, um ihn dann auszuüben.*[72]

An anderer Stelle erinnert Bernhard sich nun mit diesem Wissen: *Nachdem ich ein Jahr zu Hause gewesen war, ging ich im April 1938 in eine Umschulungseinrichtung in Berlin mit der Aussicht, nach Israel auszuwandern. Nachdem ich einiges über Tischlerei und Schlosserei gelernt hatte, entschied der Meister, dass ich am besten für die Tischlerei geeignet sei.*[73]

In einem Interview erklärte Bernhard die Berliner Umschichtungsstelle so: *Dort wurden Schulabgänger, aber auch bis Dreißigjährige, die bereits einen Beruf hatten, ausgebildet. Man sollte drei Monate in der Gärtnerei, drei Monate in der Schreinerei und drei Monate in der Schlosserei ausgebildet werden. Dann sollte entschieden werden, für welchen Bereich man am besten geeignet war.*[74]

Einem Zeugnis zufolge wurde Bernhard vom 24.04.1938 bis zum 14.12.1938 in der Umschichtungsstelle ausgebildet. Dazu waren im April 1938 die Voraussetzungen hervorragend: „In der Tischlerei sind sämtliche erforderlichen Holzbearbeitungsmaschinen vorhanden, die von den Fortgeschrittenen bedient werden. Hier werden Büroeinrichtungen, Bau- und Möbeltischlerarbeiten ausgeführt. Alle anzufertigenden Gegenstände werden von den Lehrlingen zeichnerisch entworfen, vorgearbeitet und durchkonstruiert und erst nach der selbstgefertigten Skizze praktisch ausgeführt. Der gesamte Umbau sowie die innere Einrichtung der ‚Vorlehre' sind von den angehenden jungen Tischlern und Schlossern hergestellt und eingebaut. Aus alten Schuppen sind hier schöne Schulräume, Lehrerzimmer, Speisesaal mit anschließendem Raum, der bei Aufführungen als Bühne umgewandelt werden kann sowie Schlafräume entstanden. Alle Tischler- und Zimmerarbeiten, die Holztäfelung an Wänden und Decken sind in geschmackvollen Farbtönen gehalten."[75]

Autor dieser Darstellung und Leiter der Umschichtungsstelle war – unterstützt von seiner Frau Ruth, die Bernhard Grünberg in London traf - der Ingenieur Leopold Kuh. Dieser wurde Bernhard zufolge sein Lebensretter.

Leopold Kuh hatte klare Vorstellungen über die Ansprüche, die an die Auszubildenden zu stellen waren. Keineswegs reichte es seiner Meinung nach aus, dass die jungen Menschen nach Palästina auswandern wollten oder nach den Plänen ihrer Eltern sollten, sie mussten auch geeignet sein und einen starken Willen mitbringen.

„Eine planmäßige Berufsschichtung darf nicht übersehen, dass auch die handwerklichen Berufe nicht ohne weiteres anzuraten sind. Es bestehen auch für Handwerker nur bedingte Möglichkeiten der Ausbildung, und auch hierbei nur für den, der wirklich über erstklassige Kenntnisse verfügt. Eine Auswanderung ist zwar hauptsächlich nur auf Grund einer handwerklichen – oder landwirtschaftlichen – Ausbildung möglich, aber wir müssen uns davor hüten, nur dieses Vorteils wegen die Jugendlichen auf Posten zu stellen, zu denen sie nicht geeignet sind und die sie später einmal nicht ausfüllen können. - Handwerker kann nur der werden, der technisches Verständnis hat, manuell begabt, intelligent, energievoll und ausdauernd ist. Wir können uns nicht mit einer durchschnittlichen Handwerksleistung zufrieden geben."[76]

Die Ausbildung war dementsprechend anspruchsvoll. Morgens wurde kalt geduscht, ab acht Uhr morgens bis abends um 17:30 Uhr gab es zum Teil theoretischen und zum Teil praktischen Unterricht. Aber Bernhard Grünberg war von zu Hause her gewohnt, hart zu arbeiten.

BG als Jugendlicher, etwa 14 Jahre alt. Aus Bernhard Grünbergs Fotoalbum

Dennoch: *Ich habe die Zeit genossen, alle Aspekte der Umschichtungsstelle. Ich interessierte mich für die Schlosserei, sehr auch für die Schreinerei. Daher habe ich auch mein Zuhause nicht vermisst. Einen Fortschritt machte ich, weil es einige Stunden Englischunterricht gab. Der Lehrer fragte mich, ob ich jemals Englischunterricht gehabt hätte, das hatte ich nicht. Er fragte dann, ob ich Latein gelernt hätte, das hatte ich. Daher konnte ich dem Unterricht gut folgen, ich konnte meine Lateinkenntnisse wieder aufrufen. (...) aber deswegen konnte ich natürlich noch nicht Englisch sprechen.*[77]

Es gab neben der herausfordernden Ausbildung nach Bernhards Erinnerungen auch als angenehm empfundene Seiten im Leben der Umschichtungsstelle. So wurde dort keine strenge religiöse Unterweisung gegeben. Im Interview zu seiner religiösen Erziehung führte er aus: *Also, ich befolgte den Glauben zu Hause, mehr oder weniger musste ich das, ich konnte nicht nach meinem eigenen Willen handeln, bis ich dann die Schule verließ und nach Berlin ging. Dort interessierte es nicht, ob man religiös war. Obgleich es eine gesamtjüdische Einrichtung war, gab es dort – soweit ich das weiß oder mich erinnere – keinen Religionslehrer. Aus meiner persönlichen Erfahrung kann ich sagen, dass wir nie nach einer religiösen Seite der Einrichtung gefragt haben. Ich kann mich erinnern, dass niemand, der am Schabbat in Berlin in eine der nahegelegenen Synagogen gehen wollte, daran gehindert wurde. Die Einrichtung lag in einem Vorort, aber nicht weit vom Stadtzentrum entfernt, aber ich wage zu behaupten, dass es eine Synagoge in der Nähe gab.*[78]

In der Großstadt Berlin glaubte er sich vor Nachstellungen durch Hitlerjungen sicher. *Ein Freund von mir, ein Junge, mit dem ich mich angefreundet hatte, und ich fuhren in die Stadtmitte, wenn wir frei hatten. Da haben wir uns umgesehen, am Potsdamer Platz, Brandenburger Tor, Friedrichstraße, Kurfürstendamm, Unter den Linden, Tiergarten – das ist eine große Parklandschaft. Und niemand hat uns belästigt, denn keiner erkannte uns als Juden.*[79] Der Freund, den er hier anspricht, ist Hans Arenstein aus Erfurt, dem später ebenfalls die Flucht nach England gelang. Er wird uns in diesem Buch wieder begegnen.

Zusammenfassend beschreibt Bernhard seine Zeit in der Umschichtungsstelle so:

Ich habe es genossen. Zwar musste man sich dort auch benehmen, es gab Disziplin, aber ich fühlte mich zur gleichen Zeit total frei. Man wurde nicht als kleiner Junge oder als kleines Mädchen behandelt, sondern als Erwachsener, weil dort ja Auszubildende in jedem Alter waren. Das wird etwas mit meinem Freiheitsgefühl zu tun gehabt haben. Ich hatte niemals Heimweh, obgleich ich von April bis Dezember nicht zu Hause war. Ich hatte ständig Kontakt nach Hause. Aber meine Freude an dem Aufenthalt in Berlin hatte nichts damit zu tun, dass ich ein schreckliches Zuhause gehabt hätte, auf keinen Fall.[80]

Lange konnten Bernhard und seine Kolleginnen und Kollegen diese Ausbildung nicht genießen:

Aber im Juli 1938 stürmte ein SS- Trupp die Einrichtung, sperrte alle Menschen im Eingangsbereich ein und legte Feuer in der Tischlerwerkstatt. Alles, einschließlich der wertvollen Holzbearbeitungsmaschinen, wurde zerstört. Ich erinnere mich daran, dass ich bei den Aufräumungsarbeiten in der nicht mehr benutzbaren Werkstatt geholfen habe.[81]

Und in einem Telefongespräch mit Anne–Dore Jakob:

Das Lager der Umschichtungsstelle wurde im Juli 1938 von der Hitlerjugend überfallen, die Tischlerei und der Maschinenraum zerstört und in Brand gesetzt. Die Tischlerei wurde nach dem Brand nie wieder aufgebaut. Ich wurde gezwungen, mich mit den anderen jüdischen Jungen zum Eingangstor zu begeben, um nicht dem Treiben der Nazis entgegenzutreten. Nachdem alles verbrannt war, wurden wir von den Brandstiftern wieder freigelassen.[82]

Das war nicht der erste Naziangriff auf die Ausbildungsstätte in Niederschönhausen. Einen ersten Überfall schilderte Leopold Kuh in einem Bericht an die Reichsvertretung so:

Foto li: Aufräumungsarbeiten nach dem Terrorangriff, rechts Leopold Kuh.
Die dritte Person von links, etwas zurückstehend, könnte BG sein.
Foto re: Zerstörte Umschichtungsstelle.
Aus Bernhard Grünbergs Fotoalbum

Abschrift

B e r i c h t über die Vorgänge in der Umschichtungsstelle Niederschönhausen der Reichsvertretung der Juden in Deutschland am 21. Juni 1938

Am 21. Juni 1938, nachmittags gegen 18.30 Uhr drang eine Menschenmenge, die aus etwa 200 Personen bestand, in den Eingang Buchholzerstr. 31 auf das Herrn Paul Latte gehörende Gelände Wackenberg-
str. 61/63/65, auf dem die Werkstätten und Unterkunftsräume der Umschichtungsstelle untergebracht sind, ein.

Die Menschenmenge war aus Personen aller Altersklassen zusam-
mengesetzt. Sie drangen zunächst in die in einem besonderen Gebäude
gelegenen Unterkunfts- und Aufenthaltsräume ein, musterten die Räume, durchsuchten Schubladen und Schränke.

Alsdann drangen sie durch Fenster und Türen in den Ess-Saal und die
anschließenden Schlafräume ein, schlugen eine Anzahl von Scheiben

ein, rissen in Glas gerahmte Bilder von den Wänden, so dass die Glasscheiben zersplitterten. Die vor den Fenstern angebrachten Blumenkästen wurden z.T. entfernt, und der Inhalt – junge Pflanzen – auf den Boden geschüttet. Zwei Sammelbüchsen wurden aufgebrochen, der Inhalt der einen Büchse (RM 0.30) wurde zunächst fortgenommen, dann aber wieder zurückgebracht.

Ich hatte als verantwortlicher Leiter der Ausbildungsstätte mich gleich bei der Ankunft der Gruppe an einen Mann gewandt, den ich für den Anführer hielt und diesen nach seinen Wünschen gefragt. Darauf erklärte er: „Das wirst Du gleich sehen!" Nach den ersten Durchsuchungen der Räume und der oben dargestellten Zerstörung von Einrichtungsgegenständen kamen mehrere Männer auf mich zu, und der oben bezeichnete Mann, den ich vorher nach seinen Wünschen gefragt hatte, schlug mir ins Gesicht. Als er zu einem weiteren Schlage ausholen wollte, hielt ihn einer der anderen zurück.

Danach zog die Gruppe in die auf demselben Grundstück befindlichen Büroräume des Grundstückeigentümers Paul Latte und kehrte, nachdem sie diesen zum Erscheinen vor der Menge gezwungen hatte, in unsere Räume zurück. Alsdann mussten alle Schüler und Umschichtler die Räume verlassen und vor dem Hause antreten. Einem Schüler wurde ein Pinsel und mir eine Mappe mit 2 Farbtöpfen in die Hand gedrückt und alsdann uns befohlen, an das Eingangstor Buchholzerstr. zu gehen. Die Menschenmenge folgte uns, die Belegschaft unserer Werkstätten musste ebenfalls mitgehen. Alsdann musste der Schüler, dem der Pinsel übergeben worden war, auf die Eingangstür folgen[de] Worte in schwarzer Schrift malen:

„Der Betrieb Latte bleibt ewig geschlossen". Darunter musste er ein Magen David zeichnen.[83]

Alsdann mussten wir wieder im Hof antreten, und jetzt erklärte einer der Anführer, dass wir innerhalb von 3 Tagen verschwunden sein müssten, sie würden wieder kommen, dann würden sie jedoch nicht so friedlich sein. Er erwähnte dabei auch noch, dass sie im Lehrlingsheim und Waisenhaus in Pankow gewesen [waren], und dass zu viele Juden in Niederschönhausen seien.

Ich hatte zufälliger Weise davon Kenntnis erhalten, dass die Gruppe zu uns kommen würde und habe daher fernmündlich das für uns zuständige Polizeirevier Nr. 283 in Berlin Niederschönhausen, Buchholzerstr., benachrichtigt und um Schutz gebeten. Auf meinen Anruf wurde mir erklärt: „Wir schicken jemand." Trotz dieser Mitteilung ist niemand gekommen.

Berlin, den 22. Juni 1938.

gez. K u h [84]"

Was Kuh nicht ahnen konnte: Die Berliner Polizei war von ihrem Präsidenten angewiesen worden, Beschwerden o.ä. von Juden nicht mehr entgegenzunehmen. Nazi-Gauleiter von Berlin war der Nazihetzer und Kriegsverbrecher Goebbels. Die Nazis hatten die Polizei unter ihre Kontrolle gebracht.

Mit einem solchen Vertrauensbruch hatte auch die Reichsvertretung nicht gerechnet, die sich in einem Brief an die Gestapo wandte:

Abschrift

„An die
Geheime Staatspolizei
Geheimes Staatspolizeiamt
B e r l i n SW 11
Prinz-Albrecht-Str. 8

Unter Bezugnahme auf die fernmündliche Anforderung gestatten wir uns, in der Anlage einen unserer Abteilung Berufsausbildung soeben

übermittelten Bericht des Leiters unserer Umschichtungsstelle Niederschönhausen, Herrn Ing. Leopold K u h , Wackenbergstr.61/63/65, zu
überreichen, der eine Darstellung von Ausschreitungen enthält, die am
21.6.38 gegen unsere Umschichtungsstelle Niederschönhausen erfolgt
sind.

Die Ausbildungsstätte dient, wie der Geheimen Staatspolizei bekannt
ist, der handwerklichen Ausbildung von jungen Juden, die dadurch die
Möglichkeit zur Auswanderung erhalten. Die Umschichtungsstelle ist
z.Zt. mit 99 Personen belegt, von denen etwa die Hälfte das 18. Lebens-
jahr noch nicht vollendet haben. Da die Wiederholungen solcher Stö-
rungen des Ausbildungsbetriebs angekündigt worden sind, bitten wir in
Erfüllung der uns zur Pflicht gemachten Sorge, für die ordnungsgemäße
Berufsausbildung der Auswanderungsanwärter die geboten erscheinen-
den Anordnungen zu erlassen, um die Fortführung der Umschichtungsstelle sicherzustellen.

Über den Sachverhalt ist, wie auch in dem anliegenden Bericht erwähnt, dem Herrn Polizeipräsidenten Berlin, 238. Polizeirevier Bericht
erstattet worden.

REICHSVERTRETUNG DER JUDEN IN DEUTSCHLAND

gez. Dr. Hirsch

Dr. Eppstein"[85]

Unnötig zu sagen, dass die Gestapo diesem Hilfeersuchen nicht nach-
kam.

Bernhard Grünberg, der offensichtlich den hohen Ansprüchen von
Leopold Kuh entsprach, beendete seine Ausbildung im Dezember 1938.
Die „Umschichtungsstelle der Reichsvertretung in Deutschland" in Ber-
lin Niederschönhausen am 14. 12. 1938 lobt ihn so:

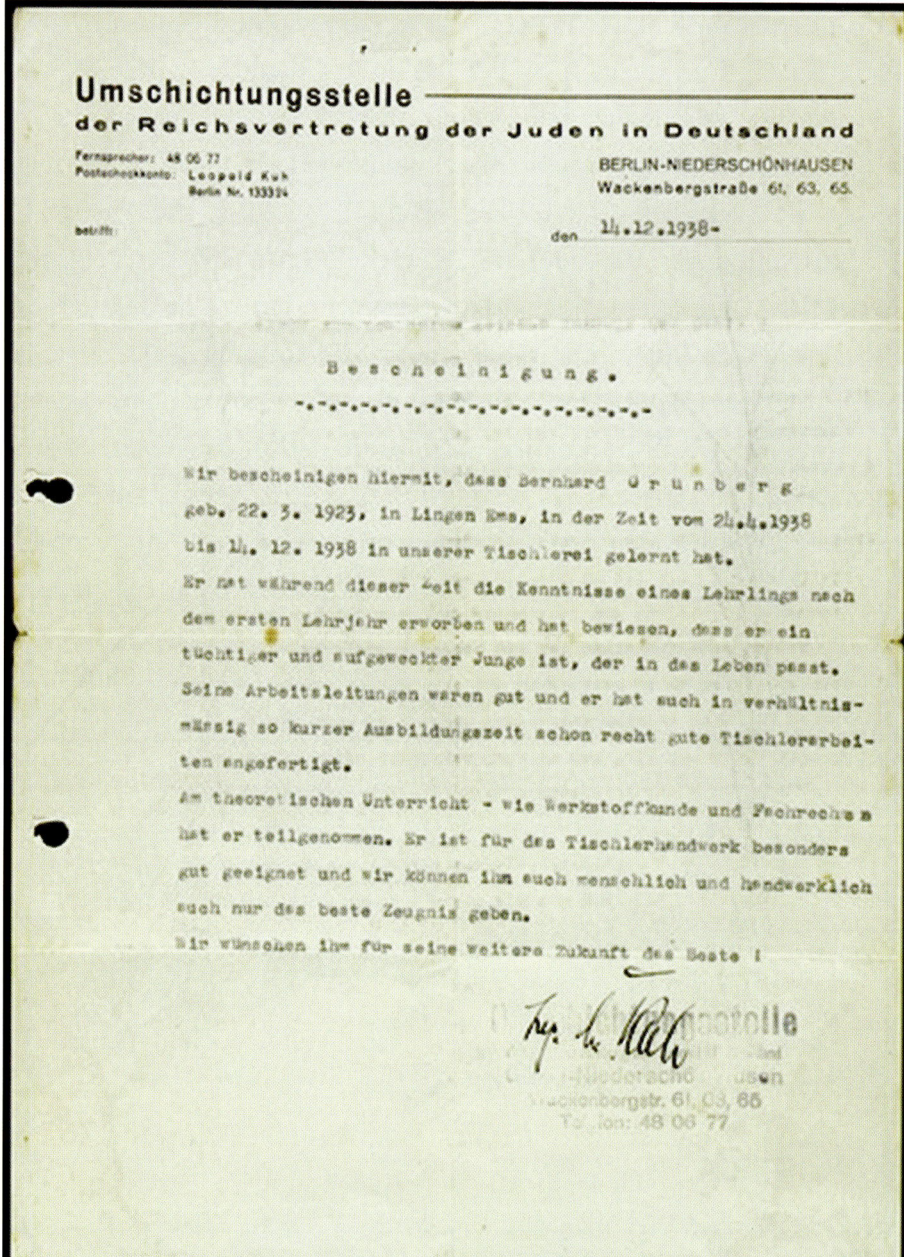

Bescheinigung Umschichtungsstelle

Abschrift

„Wir bescheinigen hiermit, dass Bernhard G r ü n b e r g, geb. am 22.3.1923, in Lingen Ems, in der Zeit vom 24.4. 1938 bis 14.12.1938 in unserer Tischlerei gelernt hat. Er hat während dieser Zeit die Kenntnisse eines Lehrlings nach dem ersten Lehrjahr erworben und hat bewiesen, dass er ein tüchtiger und aufgeweckter Junge ist, der in das Leben passt. Seine Arbeitsleistungen waren gut und er hat auch in verhältnismäßig so kurzer Ausbildungszeit schon recht gute Tischlerarbeiten angefertigt.

Am theoretischen Unterricht – wie Werkstoffkunde und Fachrechnen hat er teilgenommen. Er ist für das Tischlerhandwerk besonders gut geeignet und wir können ihm auch menschlich und handwerklich nur das beste Zeugnis geben. Wir wünschen ihm für seine weitere Zukunft nur das Beste."[86]

Leopold Kuh, der dieses Zeugnis unterzeichnet hatte, trug entscheidend dazu bei, dass Bernhard überlebte. *Glücklicherweise war ich in Berlin, als mein Vater in das KZ Buchenwald deportiert wurde. Die Umschichtungsstelle hat mein Leben gerettet. Leopold Kuh hat mich auf die Liste für den 2. Kindertransport gesetzt. Meine Mutter konnte von diesen Kindertransporten nichts wissen. In kleineren Städten hatte sich dies noch nicht herumgesprochen. Meine Mutter musste - da mein Vater im KZ war - allein die Erlaubnis erteilen, dass ich mitfahren durfte. Mit welchen Gefühlen hat sie wohl diese Entscheidung getroffen?"[87]*

Die Terroraktionen gegen die Umschichtungsstelle, die den Weiterbetrieb bald unmöglich machen sollten, waren Teil eines umfassenden Planes zur Ausgrenzung der Juden in Hitlerdeutschland.

Dieses Kapitel beenden wir mit einem Liedtext. Das „Tischlied" entstand 1963, als sich ehemalige Schüler der Umschichtungsstelle in Niederschönhausen trafen.

„Tischlied"

Am Gelände von Herrn Latte
Fing ein reges Leben an.
Viel Geflüster – viel Geküsse,
Flirten mit so Drum und Dran.

Doch es wurd' auch viel platonisch
Nur so hin und her spaziert,
und gewaltige Probleme
lange Nächte diskutiert.

Nach Berlin fuhr man des öftern,
so verführerisch und nah,
Mittwoch abends zu den Würstchen
Waren alle wieder da.

Tolerant war man zu-nander,
ob Umschichtung, Hechaluz
respektiert des andern Meinung,
ein Verdienst Poldi's und Ruth's

Denkst Du heut an jene Jahre,
lächelst Du voll Heiterkeit.
Ja, wir hatten manche Zores,
doch es war 'ne schöne Zeit.[88]

[61]Später wurde das KZ Theresienstadt im Nazi-besetzten Tschechien als Vorzeige-KZ ausgestattet, um der internationalen Öffentlichkeit eine (nicht vorhandene) Menschlichkeit in den Konzentrationslagern vorzutäuschen. vgl. Rockel (LIT).

[62]„Umschichtung" wurde vor allem von jüdischen Menschen für berufliche Umorientierung benutzt; es handelt sich um eine Teilübersetzung des hebräischen Hachschara.

[63]Wünschmann (LIT); 1.000 Pfund entsprachen 1938 etwa 23.000 Reichsmark, was nach heutiger Kaufkraft etwa € 100.000.- entspricht, eine von den allermeisten jüdischen Menschen nicht aufzubringende Summe.

[64]Lingener Tagespost v. 01.09.2020 (ZEITUNG)

[65]vgl. Buser, Berufsumschichtung, (LIT) S. 18, i.f. Buser 1

[66]vgl. ebd. S.33

[67]Kirchhöfer, Selma und Paul Latte (LIT), S. 51 (i.f. Kirchhöfer 1)

[68]E-Mail-Interview mit Anne-Dore Jakob (ZEITZEUGEN) (i.f. Interview Jakob)

[69] vgl. Museum Pankow (LIT)

[70]Interview Jakob; Selma und Paul Latte wurden im KZ Theresienstadt ermordet.

[71]Lingener Tagespost v. 01.09.2020 (ZEITUNG); auch in Hamburg gab es eine Hachschara- Einrichtung mit handwerklicher Ausbildung. Dort wurde z.B. Bernhard Süskind (Fürstenau) im Schlosserhandwerk ausgebildet. Vgl. Suskind (LIT) S.41 ff. sw. Das Kapitel „Terror der Nazis gegen Juden und andere"

[72]SCHOA-INT; i.f. Schoa-Interview, gemeint sind Ruth und Leopold Kuh; sehr wahrscheinlich war Bendix Grünberg durch ein Rundschreiben der Reichsvertretung an die jüdischen Landesverbände, Gemeinden, Schulen und Schulträger vom 11.11.1937 auf die Umschichtungsstelle aufmerksam geworden, vgl. Buser 1, S. 22

[73]Grunberg 2009 (GRÜNBERG- LIT) S. 146; i.f. Grunberg 2009

[74]Schoa-Interview

[75]Kuh, Umschichtung (LIT)

[76]Kuh, Handwerker! (LIT)

[77]Schoa-Interview

[78]BG My Faith (GRÜNBERG INTERNET), i.f. Bernhard-Glaube

[79]Schoa-Interview

[80]ebd.

[81]Grunberg, 2003 (GRÜNBERG - LIT) S.146; i.f. 2003, S. 146

[82]Telefongespräch von BG im November 2008 mit Anne - Dore Jakob, mitgeteilt von Frau Jakob.

[83]„Schild Davids", d.i. der Davidstern, ap/fwp

[84]Faludi (LIT) S. 260 f.

[85]ebd.

[86]Das Zeugnis liegt – von BG übergeben - im Stadtarchiv Lingen vor; abgedruckt auch in Museum Pankow, (LIT) S.95; da BG bereits am 13.12.1938 Berlin mit dem Zug nach England verließ, ist die Bescheinigung vordatiert.

[87]Telefonat Bernhard Grünberg – Angela Prenger, Esther Prenger (GRÜNBERG – IN-TERV.); Leopold Kuh und seine Frau Ruth konnten 1939 Deutschland verlassen und lebten dann in Großbritannien. Sie anglisierten ihren Namen in „Kew". Leopold Kew diente im Krieg gegen die Nazis als erster nicht-britischer Captain (Hauptmann) in der britischen Armee, er starb 1974; vgl. Buser, Ruth und Leopold Kuh (LIT) S. 76

[88] © Dennis Kew; mit freundlicher Genehmigung von Dennis Kew;
aus: Museum Pankow (Hrsg.): „Am Gelände von Herrn Latte fing ein reges Leben an" - Die Flaschenfabrik Latte und die Ausbildung jüdischer Auswanderer in Berlin-Nie-derschönhausen. Verlag Hentrich und Hentrich, Berlin und Leipzig 2020. (LIT)
Das „Tischlied", entstand anlässlich eines Treffens ehemaliger Schülerinnen und Schüler der Umschichtungsstelle 1963.

Naziterror gegen Juden und andere

Die jüdischen Menschen wurden als Verbrecher hingestellt. Die Nazis erklärten, die Juden wären dafür verantwortlich, dass Deutschland den 1. Weltkrieg verloren hatte. Sie verfolgten nicht nur Juden, sondern auch Zigeuner, Kommunisten und Sozialdemokraten. So als wären sie alle schädliches Ungeziefer, Ratten und Mäuse.[89]

In der Biologie werden bei Pferden, Hunden und anderen Nutztieren „Rassen" unterschieden. Bei diesen Arten sind Rassen das Ergebnis jahrtausendealter Züchtung nach den Bedürfnissen oder Vorlieben von Menschen.

Im Grundgesetz für die Bundesrepublik Deutschland heißt es im Artikel 3 u.a., dass niemand wegen seiner „Rasse" benachteiligt werden dürfe.[90] Diese Festlegung ist eine Reaktion auf den rassistischen Wahnsinn der von dem Jahrhundertverbrecher Adolf Hitler angeführten Nazis, der mit dem Mord an etwa sechs Millionen jüdischen Menschen, etwa 500.000 Sinti und Roma sowie Zehntausender politischer Gegner und Widerstandskämpfer zum größten Menschheitsverbrechen in der an solchen Verbrechen nicht armen Geschichte geführt hatte.

Gibt es also „Rassen" in unserer Art Homo sapiens, der alle Menschen angehören? „Es gibt hierfür (…) keine biologische Begründung (…). Das Konzept der Rasse ist das Ergebnis von Rassismus und nicht dessen Voraussetzung", so urteilt eine Gruppe von Biologieprofessoren 2019 in der „Jenaer Erklärung." Und weiter: „Äußere Merkmale wie die Hautfarbe, die für die typologische Klassifikation oder im alltäglichen Rassismus verwendet werden, sind eine höchst oberflächliche und leicht wandelbare biologische Anpassung an die jeweiligen örtlichen Gegebenheiten. Allein die Hautfarbe hat sich im Lauf der Migrationen des Menschen immer wieder verändert und ist dunkler und heller geworden je nach lokaler Sonneneinstrahlung oder Ernährungsweise. So waren die Menschen Mitteleuropas bis vor 8000 Jahren noch stark pigmentiert und erst mit Beginn der Landwirtschaft wanderten Menschen mit hellerer Hautfarbe aus Anatolien ein. Die stark pflanzenbasierte Kost der frühen Ackerbauern bevorzugte Individuen mit hellerer Haut, um im dunklen Winter Europas genügend Vitamin D in der Haut zu produzieren. Die helle Hautfarbe der Menschen im nördlichen Europa ist jünger als 5000 Jahre."[91]

Rassisten gehen entgegen solcher wissenschaftlicher Erkenntnisse davon aus, dass die Menschheit in „Rassen" zu unterteilen sei.

Antisemitismus, der Hass auf Juden, ist eine spezifische Form des Rassismus. Eine Definition der International Holocaust Remembrance Alliance (IHRA), der sich auch Deutschland angeschlossen hat, lautet: „Antisemitismus ist eine bestimmte Wahrnehmung von Jüdinnen und Juden, die sich als Hass gegenüber Jüdinnen und Juden ausdrücken kann. Der Antisemitismus richtet sich in Wort oder Tat gegen jüdische oder nichtjüdische Einzelpersonen und/oder deren Eigentum sowie gegen jüdische Gemeindeinstitutionen oder religiöse Einrichtungen."[92]

Selbstverständlich gibt es „die Juden" ebensowenig wie „die Schwarzen" oder „die Weißen". Schon daher sind Rassismus und Antisemitismus Formen wahnhaften Denkens. „Antisemitismus ist das Problem der Antisemitinnen und Antisemiten, oder, um es in den Worten des Schriftstellers Jean Améry zu formulieren: Er ist ihre Schande und ihre Krankheit."[93]

Als Bernhard Grünberg zwei Jahre alt war, acht Jahre vor der Machtübertragung an die Nazis 1933, kündigte Hitler 1925 in seinem Pamphlet „Mein Kampf" die Vernichtung der Juden an.[94] Die antisemitische Hetze Hitlers ist, wie die gesamte Naziideologie, in mehrfacher Hinsicht Unsinn. „Die Juden" sollten Hitler zufolge einen gemeinsamen Plan zur Welteroberung haben, das heißt, dass sich zu der Zeit, als er sein Machwerk verfasste, etwa 15 Millionen Menschen miteinander verschworen hätten und die gleichen „Gedankengänge" gehabt hätten.[95]

In Fragen der Volksverdummung und rassistischer Hetze waren die Nazis Weltmeister. Der „Reichspropagandaminister" Goebbels nutzte alle Verführungs- und Manipulationsmöglichkeiten, um durch Herabsetzung von Minderheiten oder politischer Gegner das Feld für die Verbrechen zu bereiten. Es ist ein bekanntes Propagandamittel, dass man für die eigenen verbrecherischen Pläne seinen selbstgewählten Feind verantwortlich macht. Die „Welteroberung", die Hitler den Juden unterstellte, planten in Wirklichkeit die Nazis. Die schon 1926 gegründete „Hitlerjugend" (HJ), SA und SS grölten ab 1933: „Wir werden weiter marschieren/ Wenn alles in Scherben fällt/Denn heute gehört uns Deutschland/ Und morgen die ganze Welt."[96]

Warum waren die Nazis, die 1920 noch eine Kleinstpartei neben vielen anderen rechtsextremistischen Gruppierungen waren, bis zum Untergang Deutschlands 1945 nach Hitlers Verbrecherkrieg so erfolgreich, obwohl sie bei freien Wahlen niemals eine Mehrheit hatten?

Der Aufstieg der Nazis erfolgte in der Weltwirtschaftskrise, die in Deutschland zu einer katastrophalen Massenarbeitslosigkeit führte. Immer mehr Menschen glaubten den Lügen der Nazis, dass an der Misere die Juden schuld seien.

Die Nazis sahen Deutsche als „Arier" an, was wie die gesamte Rassenideologie vollkommener Unsinn ist. Der Begriff „arisch" bezeichnet in Wahrheit in der Sprachwissenschaft eine indoeuropäische Sprachengruppe, zu der beispielsweise die ungarische, estnische oder finnische Sprache nicht gehören. Dennoch betrachteten die Nazis die Ungarn, Esten oder Finnen als „Arier".[97]

Die Nazi-Ideologie fasst Henry Friedlander zusammen. Die Verschiedenheit der Menschen sei den Nazis und anderer, auch heutiger Rassisten zufolge, biologisch begründet. Juden, „Zigeuner", „Asoziale", „Geis-

teskranke" seien wegen ihrer Gene minderwertig. Daher dürfe es keine
Gleichstellung zwischen „Minderwertigen" und „Hochwertigen" geben.
Es bestünde, so die Rassisten, sonst die Möglichkeit, dass sich die „Minderwertigen" schneller vermehren als die „Hochwertigen." Daher müsse
man die „Minderwertigen" absondern, sterilisieren oder töten.[98]

Der Begriff „Antisemitismus" legt nahe, dass es so etwas wie „Semitismus" gäbe. Michael Blume führt diesen Begriff auf Noahs mythologi-
schen Sohn Sem zurück, Stammvater des Abraham und damit auch der
arabischen Völker, die die Nazis und ihre antisemitischen Vordenker
aber nicht als „Semiten" betrachteten.[99] Blume setzt „Sem" mit der Ver-
breitung des Alphabets gleich, einer Revolution in der geistigen Entwicklung der Menschheit, die er „Semitismus" nennt. „Im Gegensatz zu
(...) verbreiteten Auffassungen bildet der Semitismus (…) immer eine
vielgestaltige mythologische Tradition auf Basis des Lesens, in die
Frauen und Männer eintreten konnten (und können)."[100]

Sem wird so als mythologischer Vorfahr der Teilhabe an Kultur und
Wissen gesehen. Ohne Alphabet, so Blume, keine für alle lesbare Schrift,
ohne Lesen und Schreiben keine demokratische Gesellschaft. Rassismus
und Antisemitismus sind daher immer demokratiefeindlich.

Antisemiten können ihren rassistischen Hass auf Juden nicht wie den
auf dunkelhäutige Menschen mit der Hautfarbe oder anderen äußeren
Merkmalen begründen, da sich jüdische Menschen nicht von anderen
„weißen" Menschen unterscheiden. Die Antisemiten begründeten ihren
Rassenwahn daher mit der familiären „Herkunft" der Juden. Für „moderne" Antisemiten hat es keine Bedeutung, ob Menschen jüdischer
Herkunft Christen werden, der jüdischen Religion verbunden bleiben
oder ob sie sich ganz von der Religion abwenden.

Im Jahre 1933, als die Nazis ihren antisemitischen Rassenwahn in Terror gegen jüdische Menschen umzusetzen begannen, lebten etwa eine
halbe Million jüdischer Deutscher. Das war weniger als ein Prozent der

deutschen Bevölkerung. Darunter waren gläubige (orthodoxe und liberale) jüdische Menschen, aber auch Atheisten, vielen an die deutsche Gesellschaft angepassten (assimilierten) jüdischen Deutschen standen zionistische Juden gegenüber.

Es gab städtische Juden und Landbewohner, es gab wenige reiche Juden, viele lebten im Mittelstand wie die Familie von BG, und es gab viele arme Juden. Es gab politisch Konservative, Liberale, Sozialdemokraten und Kommunisten unter den Juden, es gab solche, die sich politisch mit den Nazis auseinandersetzten und sehr viele unpolitische Juden. Mit anderen Worten gab es unter den jüdischen Deutschen genau die gleichen Unterschiede wie in der sonstigen Bevölkerung. „Eine gemeinsame Gruppe (...) bildeten sie nur (...) für die Antisemiten."[101]

Der Antisemitismus radikalisierte sich in Deutschland nach dem von Deutschland verlorenen Ersten Weltkrieg. Verschwörungsmythen wie die Dolchstoßlegende, derzufolge Deutschland den (1.) Weltkrieg nur verloren hätte, weil „Marxisten" (gemeint waren SPD und KPD) und vor allem „die Juden" den Soldaten in den Rücken gefallen seien, wurden von „völkisch" genannten Rechtsextremisten verbreitet.[102]

In Wirklichkeit hatten etwa 100.000 jüdische deutsche Soldaten im (Ersten) Weltkrieg gekämpft.

Wie überall in Deutschland nahmen auch jüdische Männer aus Lingen am Ersten Weltkrieg teil, darunter auch Bernhard Grünbergs Vater Bendix Grünberg. Unter den 12.000 im Ersten Weltkrieg „für Deutschland" gestorbenen jüdischen Soldaten befanden sich vier Männer aus der Stadt Lingen. Alfred Cohen fiel am 19.05.1915, Hermann Hanauer am 17.05.1916, Max Markreich am 10.10.1917 und Eduard Hanauer am 04.04.1918.

Plakat des Reichsbundes jüdischer Frontsoldaten
um 1920

Überlebende jüdische Soldaten aus Lingen, so Fredy Markreich, Wilhelm Heilbronn – auf den wir mehrfach zurückkommen werden – oder der schwer kriegsbeschädigte Max Hanauer, wurden mit Kriegsorden ausgezeichnet.

In der Versammlung der Lingener jüdischen Synagogengemeinde vom 28. November 1920 wurde beschlossen, in der Synagoge eine Gedenktafel für die für Deutschland im Krieg gefallenen Mitglieder der jüdischen Gemeinde Lingen anzubringen.

Auch im Emsland wurden die Antisemiten, die unter dem Begriff „Völkische" zusammengefasst wurden, in der Zeit der Weimarer Republik (1919-1933) immer stärker. Unter diesen stiegen bald die Nazis zur stärksten Gruppierung auf. Ihre Hasspropaganda war besonders radikal und hetzerisch.

Nach dem Brand des Reichstagsgebäudes in Berlin, wahrscheinlich von den Nazis selbst gelegt, setzte Reichspräsident von Hindenburg am 28. Februar 1933 die Weimarer Reichsverfassung außer Kraft. Die Menschen durften sich nicht mehr frei äußern, die Presse- und Versammlungsfreiheit sowie das Briefgeheimnis wurden aufgehoben. Mit dem „Ermächtigungsgesetz" vom 24. März 1933, dem nur die SPD im Reichstag widersprochen hatte, wurde die Demokratie abgeschafft und Hitler endgültig zum Diktator.

Wichtig festzuhalten ist, dass fortan „Gesetze" nicht mehr – wie in einer Demokratie - durch das Parlament, sondern vom Diktator oder seinen Helfern erlassen wurden. Damit hatten die Nazis freie Hand, gegen politische Gegner und Juden vorzugehen. Die KPD war bereits vor dem Ermächtigungsgesetz verboten worden, nun folgte das Verbot der Gewerkschaften und der SPD, später aller anderen Parteien, die Hitler nicht unterstützt hatten. Die katholische Partei „Zentrum" löste sich selbst auf.

Bald hatten die Nazis alle Behörden in der Hand, um ihren vernichtenden Antisemitismus bürokratisch in die Tat umzusetzen.

Zur massenhaften Inhaftierung politischer Nazi-Gegner wurden sofort die ersten Nazi-Konzentrationslager eingerichtet, da die vorhandenen Gefängnisse für die große Zahl der Verschleppten nicht ausreichten. Das erste KZ entstand in Dachau bei München, wo am 22. März 1933 die ersten politischen Gefangenen eingekerkert wurden. Im Emsland und in der Grafschaft Bentheim entstanden bald nach Dachau im Sommer 1933 weitere Folterlager für zunächst 4.000 politische Gefangene. „Mehr als 200.000 Menschen aus vielen Staaten Europas waren zwischen 1933 und 1945 in den 15 Lagern im Emsland sowie in der Grafschaft Bentheim inhaftiert. Mehr als 25.000 Häftlinge, darunter Kriegsgefangene und Widerstandskämpfer, sind in dieser Zeit dort ums Leben gekommen."[103] Der Historiker Bernd Faulenbach: „In der

Frühphase spielten die Konzentrationslager Börgermoor und vor allem
Esterwegen eine entscheidende Rolle für die Herausbildung des KZ-Sys-
tems. Diese frühen Lager machen zugleich deutlich, dass die Lager zunächst die Funktion hatten, den politischen Widerstand gegen Hitler
und das NS - Regime zu brechen. Zahlreiche bedeutende Persönlichkeiten der Weimarer Republik wurden hier inhaftiert. (…) nicht zuletzt
Carl von Ossietzky, dem während der Haft der Friedensnobelpreis verliehen worden war."[104] Im KZ Börgermoor entstand eines der bekann-
testen Lieder von KZ- Häftlingen: „Die Moorsoldaten."[105]

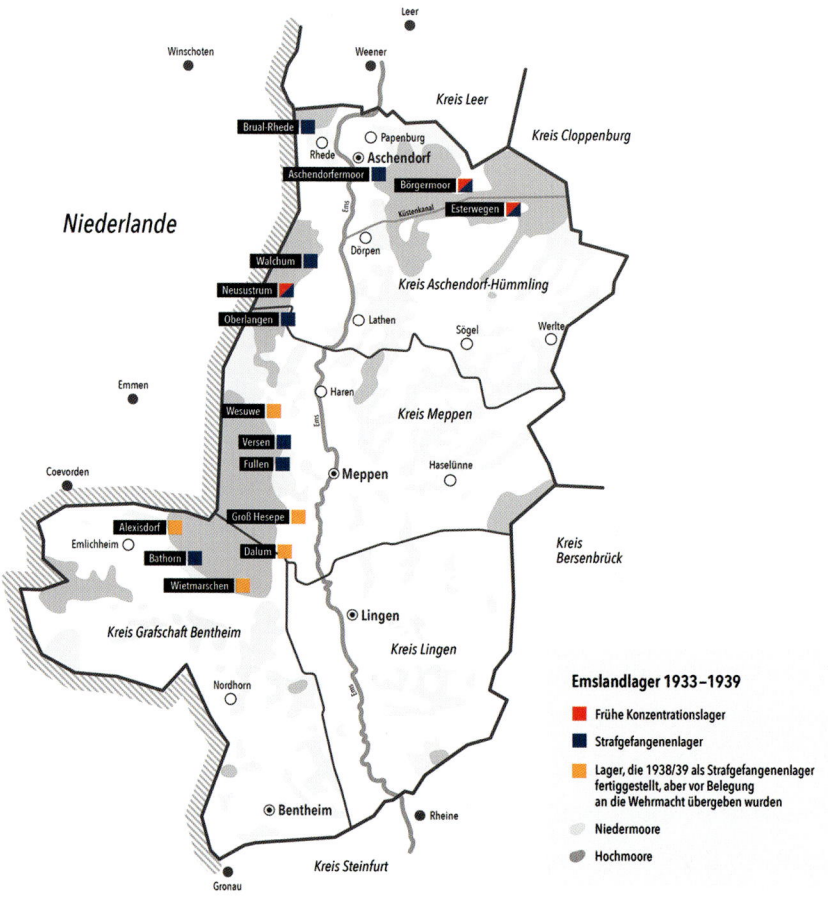

Karte der Emslandlager
Quelle: Gedenkstätte Esterwegen, mit freundlicher Genehmigung

Auf dem Gelände des KZ Esterwegen befindet sich heute eine sehr sehenswerte Gedenkstätte. Deren Mitinitiator und damaligem Landrat des Landkreises Emsland, Hermann Bröring, ist nachdrücklich zuzustimmen, wenn er fordert, dass jede Schülerin und jeder Schüler im Emsland diese Gedenkstätte mindestens einmal besuchen solle.[106]

In Lingen putschte sich im April 1933 der örtliche Nazi-Vorsitzende Erich Plesse, ein 25 Jahre alter gescheiterter Medizinstudent, als hauptamtlicher Bürgermeister an die Macht. Bald gab es nur noch Nazis im Stadtparlament.

Eine Entscheidung der Lingener Nazis unter Bürgermeister Plesse hat bis heute Bestand. Der aus Lingen stammende Autorennfahrer Bernd Rosemeyer kam 1938 bei einem Geschwindigkeitsrekordversuch ums Leben. Rosemeyer war ein Liebling der Nazipropaganda, bereits 1933 trat er in die Verbrecherorganisation SS ein. Er brachte es bei der SS bis zum Dienstgrad „Hauptsturmführer", was dem eines Hauptmanns entsprach. Der Jahrhundertverbrecher Hitler kondolierte Rosemeyers Witwe persönlich. Plesse verfügte 1939 die Umbenennung der damaligen Bahnhofstraße in Lingen in „Bernd-Rosemeyer-Straße." So heißt die Straße bis heute.[107]

Ab 1933 wurden KPD- und SPD-Mitglieder verhaftet und in Konzentrationslager verschleppt.[108] „In der Endphase der Weimarer Republik wohnten in Lingen 14 jüdische Familien. Neben Kommunisten und Sozialdemokraten wurden sie zu den ersten Opfern des neuen Systems. Am 1. April 1933 wurde zum sogenannten ‚Judenboykott' aufgerufen."[109] In ganz Deutschland stellten sich SA-Nazis vor jüdische Geschäfte und trugen Schilder: ‚Deutsche! Wehrt euch! Kauft nicht bei Juden!' Auch vor den Geschäften der Lingener Juden nahm die SA Aufstellung, bedrohte potenzielle Kunden und sorgte so für empfindliche Umsatzeinbußen. Die SA versammelte sich vor jüdischen Häusern und sang antisemitische Lieder, und in Schaukästen wurde antisemitische

Propaganda verbreitet. Auch die jüdischen Schulkinder bekamen die Repressionen zu spüren. Sie mussten in der letzten Reihe sitzen, waren auf dem Schulhof isoliert oder wurden auf dem Schulweg beleidigt und angegriffen."[110]

„Ich musste in der Klasse immer hinten sitzen. Vor mir war eine leere Bankreihe, die mich von den sogenannten arischen Schülern trennte. Bei manchen Lehrern konnte ich mich melden, so oft ich wollte, sie nahmen mich einfach nicht dran. Einmal im Fach ‚Rassenkunde‘, als die Lehrerin die angeblichen Merkmale der jüdischen Rasse beschrieb, meldete sich eine Mitschülerin und sagte, ‚Aber Ruth Heilbronn hat doch gar keine krausen Haare und keine krumme Nase, und klein und dick ist sie auch nicht.‘ Da hat die Lehrerin schnell das Thema gewechselt. (…) Am schlimmsten war es auf dem Schulhof. Ich musste mich in einer Ecke aufhalten und durfte nicht mit meinen Mitschülerinnen spielen."[111]

Im Frühjahr 1933 verbot der „Arierparagraph" („Gesetz zur Wiederherstellung des Berufsbeamtentums") die Beschäftigung von „Nichtariern" im öffentlichen Dienst in Nazideutschland. Kommunisten, Sozialdemokraten und Juden wurden als erste Terrormaßnahme aus öffentlichen Ämtern (Lehrer, Richter, Beamte) entfernt.[112] In Lingen wurde der städtische Arbeiter Johann Többen wegen seiner KPD-Zugehörigkeit entlassen. Die Sparkassenangestellte Selma Hanauer verlor ihre Stelle, weil sie Jüdin war.[113] In ganz Nazideutschland wurden jüdische Ärzte und Rechtsanwälte boykottiert.

Am 10. Mai 1933 brannten überall in Deutschland, so auch in Osnabrück und Münster, Scheiterhaufen. Nazi-Studenten und Nazi-Professoren verbrannten Bücher von Autoren, die als „undeutsch" galten.

Oft wird in diesem Zusammenhang der jüdische Dichter Heinrich Heine zitiert. 1821 „veröffentlichte Heinrich Heine sein Stück ‚Almansor‘. Darin lässt er einen Moslem zu einem Bericht, dass man ein

Exemplar des Koran auf einen Scheiterhaufen warf, antworten: ‚Das war ein Vorspiel nur, dort wo man Bücher verbrennt, verbrennt man auch am Ende Menschen.' "[114]

„Am 28. Juni 1933 wurde der jüdische Viehhändler Wilhelm Heilbronn aus Lingen in der Gaststube des Hotels Nave von einem SA-Mann zusammengeschlagen und anschließend in Schutzhaft genommen. Sein ‚Vergehen' war, dass er sich gegen die antisemitischen Beleidigungen des Nationalsozialisten zur Wehr gesetzt und diesen auf seinen Fronteinsatz im Ersten Weltkrieg und die dabei erworbenen Auszeichnungen hingewiesen hatte." [115] Wilhelm Heilbronn, Viehhändler wie Bendix Grünberg, hatte im (Ersten) Weltkrieg für seine Tapferkeit das Eiserne Kreuz Erster und Zweiter Klasse erhalten. Er stammte aus dem emsländischen Lengerich, wo der Name Heilbronn bereits seit dem 17. Jahrhundert nachgewiesen wird.[116]

Die oben zitierte Ruth Heilbronn war Wilhelm Heilbronns Tochter. Auf sie werden wir noch mehrmals zurückkommen.

Im Herbst 1935 wurden den Juden in Hitlerdeutschland die politischen Rechte entzogen. Nach den rassistischen Verordnungen zum „Reichsbürgergesetz" von 1935 galt als Jude, wer mindestens drei jüdische Großeltern hatte oder wer zwei jüdische Großeltern hatte und jüdischen Glaubens war, mit einem Juden verheiratet oder ein jüdisches Elternteil hatte.

Diese Menschen konnten nicht mehr „Reichsbürger" sein, sondern waren nun Bürger minderen Ranges (Staatsangehörige). Das traf auch die deutschen Sinti und Roma.[117]

Das gleichzeitig erlassene „Gesetz zum Schutze des deutschen Blutes und der deutschen Ehre" vom 15.9.1935 verbot in einer nächsten Stufe des Terrors, dass Juden und Nicht-Juden heirateten. Bereits geschlossene Ehen galten als nichtig.[118] Geschlechtsverkehr zwischen jüdischen und nichtjüdischen Menschen wurde unter Strafe gestellt.

Ab dem April 1938 mussten alle Juden ihr gesamtes Vermögen anmelden. Das war die nächste Stufe zum Raub des jüdischen Vermögens durch die Nazis. Um die „Arisierung" einzuleiten, mussten alle jüdische Geschäftsbetriebe gekennzeichnet sein. Danach wurden bis Juli 1938 nach und nach immer mehr Berufe für Juden verboten, so durften sie nicht mehr als Rechtsanwälte und Ärzte praktizieren, auch Handelsberufe wurden ihnen verboten.

Juden wurden gezwungen, einen zusätzlichen Vornamen anzunehmen. Männer mussten sich neben ihrem eigentlichen Vornamen „Israel", Frauen „Sara" nennen, so auch die vierzehnjährige Miriam Ursula Frank. Wie alle jüdischen Menschen trug sie ein großes „J" im Ausweis.

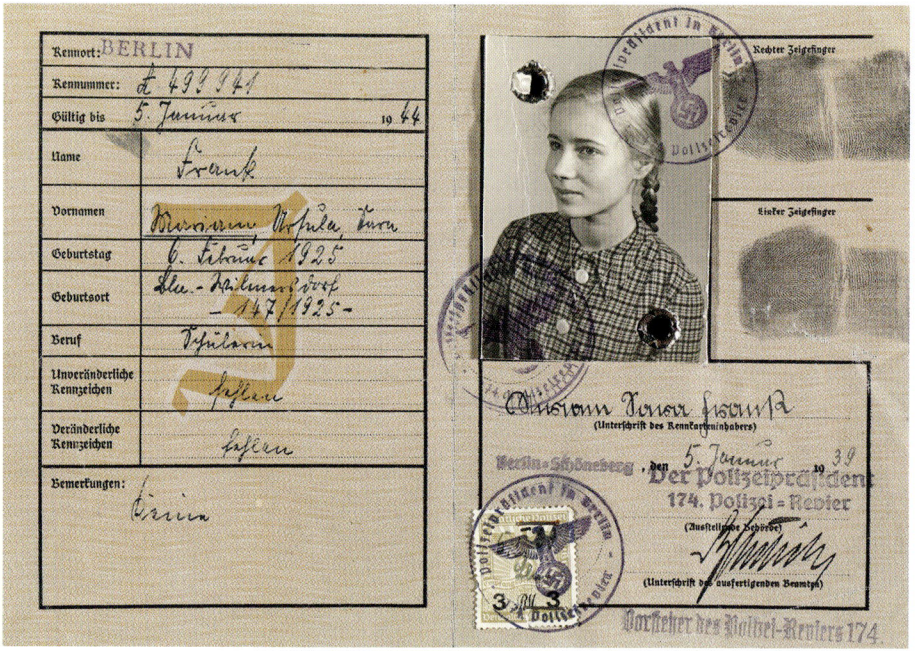

Kennkarte
der damals fast vierzehnjährigen Schülerin Miriam Frank aus Berlin,
die sich wie alle jüdischen Frauen und Mädchen „Sara" nennen musste.
Quelle: Jüdisches Museum Berlin,
mit freundlicher Genehmigung

Für Rassisten ist das ein merkwürdiges Verfahren – wieso musste man Juden solchermaßen kennzeichnen, wenn sie doch als Angehörige der jüdischen „Rasse" immer sofort als erkennbar galten?

Nachdem 1938 Österreich dem Deutschen Reich einverleibt worden war, wollte die polnische Regierung aus Angst vor einer Masseneinreise den etwa 50.000 in Deutschland und Österreich lebenden polnischen Jüdinnen und Juden den Pass entziehen. Die Nazis erteilten daraufhin ab dem 27. Oktober 1938 Tausenden Juden mit polnischem Pass einen Ausweisungsbefehl. Die Menschen wurden verhaftet und mit größter Eile entweder zu Fuß oder in Sammeltransporten über die polnische Grenze abgeschoben. Da Polen nicht allen die Einreise erlaubte, irrten viele Menschen im Grenzgebiet umher.

Der bis dahin schwerste Schlag der Naziterroristen traf die Juden in der Nacht vom 9. auf den 10. November 1938 in der Pogromnacht, die von den Nazis verharmlosend „Kristallnacht" und von BG *Night of broken Glass* genannt wurde. Organisiert von der Nazi- Parteiführung verwüsteten SA - Horden jüdische Geschäfte – so das von Fredy Markreich in Lingen - stahlen Waren, verprügelten Juden, wobei es auch zu Morden kam. Bernhard Grünberg: *Dann kam die Nacht vom 9. November 1938, Kristallnacht, die Nacht des zerbrochenen Glases. Nach dem Mord an einem Angehörigen der deutschen Botschaft durch einen jüdischen Studenten in Frankreich wurden viele Synagogen in Brand gesteckt, Läden zerstört und geplündert.*[119]

Die Eltern des Attentäters Herschel Grynszpan, der den Botschaftsangehörigen Ernst vom Rath erschoss, gehörten zu den polnischen Juden, die zwischen Deutschland und Polen herumirren mussten. Die Nazis hatten nur auf einen solchen Anlass wie das von BG angesprochene Attentat gewartet, die Pogrome waren schon lange zuvor vorbereitet, wie man auch daran erkennen kann, dass überall in Nazideutschland gleichartig vorgegangen wurde. Die Pogrome wurden organisatorisch und durch Manipulation der Öffentlichkeit generalstabsmäßig vorbereitet.[120] „Das Grynszpan-Attentat mussten die Nationalsozialisten geradezu als Geschenk des Schicksals zum richtigen Zeitpunkt empfunden haben, denn auch die Vorbereitungen für die endgültige Ausschaltung der Juden war gerade beendet."[121]

Die Novemberpogrome schlugen bei jüdischen Deutschen wie ein Blitz ein. Mit einem solchen Ausbruch antisemitischer Gewalt hatte kaum jemand im „zivilisierten" Deutschland gerechnet. Solche judenfeindliche Gewalttaten gab es einem verbreiteten Verständnis nach nur in Russland, wo es im 19. Jahrhundert zahlreiche Morde an jüdischen Menschen und Vergewaltigungen von jüdischen Frauen verübt wurden. Ausschreitungen gegen Juden werden seither mit dem russischen Wort „Pogrom" bezeichnet.

Wie in fast allen Orten in Hitlerdeutschland wurde auch das unter so großen finanziellen Opfern von der jüdischen Gemeinde Lingen 60 Jahre zuvor erbaute Gotteshaus niedergebrannt. Der Zeitzeuge Bernhard Fritze erinnerte sich an den 10. November 1938: „Die Mutter weckte uns so gegen 7 Uhr morgens. Wir Jungen standen nicht sogleich auf. Als sie aber rief: ‚Bei Gels Bernd (damals Gastwirtschaft und Kolonialwarengeschäft), da brennt's', waren wir schnell unten. Das Butterbrot in der Hand, rannten wir zum Schauplatz des Geschehens. Die Synagoge lag bereits in Asche. Feuerwehrleute – SA-Leute! Wir fragten nach der Ursache, nach dem Löschverhalten. Wir vernahmen seltsame Antworten. ‚Wir schützen nur die Nachbarhäuser!' Einer sagte spöttisch etwas ‚vom Benzin im Schlauch...' Bruder Josef und ich erkannten, dass es kein normaler Brand war. Wir rannten zur Schule (...), es wurde höchste Zeit. Unterwegs sahen wir, dass am Geschäftshaus Markreich in der Großen Straße etwas los war. Schaufensterscheiben, Gegenstände lagen auf der Straße. SA-Leute hielten eine Art Wache. Einbruch oder Plünderung? Ich fragte meinen Studienrat, der wohl schon im Bilde war, nach dem Sinn der Aktion. Er wich aus. Er fand die Sache anscheinend in Ordnung, nur die Zerstörung von volkseigenem Gut - er meinte die Verkaufsgüter der Judengeschäfte - hielt er nicht für richtig. Mittags war das Thema bei Tisch dran. Die Mutter schwieg, der Vater auch, der doch sonst in Geschichte und im Tagesgeschehen immer bestens orientiert war. Warum schwieg er? Er war Postbeamter. Wenn er die Sache mit Worten verurteilt hätte, wäre es für unsere Familie vielleicht gefährlich geworden, denn sicher hätte ich das Gehörte weitererzählt."[122]

Auch Hermann Silies hatte das Vorgehen der Nazis – nicht nur als Zeuge - erlebt: „Der Terror gegen die Juden, aber auch gegen die Kirche und die kirchlichen Gruppen wurde immer bedrohlicher. Als Mitglied des Schülerbundes Neudeutschland kam ich in einem Konflikt unserer Gruppe mit der Hitler-Jugend mit einer schriftlichen Androhung der Verweisung vom Gymnasium davon, während drei ältere Gruppenmitglieder die Schule verlassen mussten. Mein Vater wurde als Beamter wegen seiner Nichtmitgliedschaft in der Partei und wegen meines Verhaltens von seinen Vorgesetzten bedrängt und in seiner beruflichen Laufbahn benachteiligt. In eine solche Situation der Angst fiel der 9. November 1938. Als ich an diesem Morgen vor der Schulzeit zum Bäcker ging, sah ich Flammen in der schräg gegenüberliegenden Synagoge. Sofort verständigte ich die Bäckersfrau und bat darum, die Feuerwehr zu benachrichtigen. Das sei bereits geschehen, wurde mir gesagt, und ob ich nicht die SA-Leute an der Synagoge gesehen habe. Die Synagoge brannte unter der Kontrolle der SA und der später hinzugekommenen Feuerwehr nieder. Unterdes wurden die jüdischen Geschäfte zerstört und geplündert. Dieser Morgen verbreitete in der Bevölkerung Entsetzen und Abscheu, aber der notwendige offene Protest – der Aufschrei - blieb aus, aus Angst um die eigene Existenz, einer Angst, die nicht unbegründet war."[123]

Der von Hermann Silies angesprochene Konflikt mit der HJ zeigte, dass die Nazis bereits 1935 ihren Allmachtanspruch mit allen Mitteln durchsetzten, auch gegen minderjährige Schüler. Die Lingener Ortsgruppe des katholischen Schülerbundes „Neudeutschland" (ND) hatte sich bereits vor der Machtübertragung an die Nazis auf dem Gelände eines Landwirtes eine Blockhütte errichtet. „Im Sommer 1933 entging diese der Beschlagnahmung, indem der ND sie dem Bauern Lübbers schenkte. Mit Zustimmung des Bauern wurde die Hütte aber auch von der HJ genutzt. Dem ND gefiel das gar nicht. Er bat Lübbers, die Blockhütte abreißen zu können, und der sagte zu. Da der Abriss jedoch unterblieb, übergab Lübbers sie im März 1935 der HJ. Offenbar in Unkenntnis darüber riss der ND die Hütte am 29. März ab. Die Reaktion war massiv. Bürgermeister Plesse rief zu einer Massenkundgebung der NSDAP auf und verkündete der zahlreich auf dem Marktplatz erschienenen Menge, ‚Spitzbuben' hätten sich ‚in ihrem fanatischen Hass verleiten lassen, das Heim der Hitlerjugend zu zerschlagen', und streute Gerüchte über angebliche Hintermänner. Einige NDler wurden stundenlang verhört, von der Gestapo in Schutzhaft genommen und der Schule verwiesen. Elternhäuser wurden durchsucht und von aufgehetzten Bürgern mit Steinen beworfen. Drei Lehrer wurden strafversetzt, weil sie sich für die NDler einsetzten. Wenig später musste auch Schuldirektor Hartmann gehen. Am 15. April schließlich wurde der Lingener ND (…) verboten."[124]

Der Lingener Stadtarchivar Mirko Crabus beschreibt die Verbrechen der Pogromnacht so: „In Lingen findet gerade – wie in anderen Städten auch – eine Gedenkfeier der NSDAP anlässlich des Putschversuchs vom 9. November 1923 [125] statt. Dazu hat man sich auf der Wilhelmshöhe versammelt. Die Feierlichkeiten enden nach Mitternacht. - Zwischen ein und zwei Uhr wird die Synagoge von der Lingener SA in Brand gesetzt. Gegen zwei Uhr erscheint ein Mann auf der Polizeiwache und meldet ein Feuer in der Stadt. Einer der beiden diensthabenden Polizisten geht daraufhin durch die Stadt und lokalisiert den Brand im Gertrudenweg. Sein Kollege Josef Jendryschek ruft daraufhin Polizeimeister Schmeling zu Hause an, doch der ist bereits von einem Nachbarn informiert und erklärt, alles Weitere zu veranlassen. Schmeling ruft nun – so wird er später aussagen – Bürgermeister Plesse an. Der erklärt, alles Erforderliche bereits veranlasst zu haben. In den nächsten Stunden geschieht jedoch nichts. Weder Schmeling noch Plesse informieren die Feuerwehr. - Erst gegen 5:00 Uhr wird der SA-Sturmbannführer Heinrich Helfers von SA-Obersturmtruppführer Wilhelm Beckmann geweckt. Auf der Polizeiwache erhält Helfers dann den Befehl, den Feuerwehrmann Johann Erdbrinck zu wecken. Als Erdbrinck die Wache erreicht, wird er angewiesen, trotz des Brandes keinen Feueralarm zu geben. In Begleitung von SA-Leuten, die ihm der SA-Sturmbannführer Johann Hollmann mitgegeben hat, begibt sich Erdbrinck daraufhin zur brennenden Synagoge. Die SA riegelt das Gelände ab. Obwohl das Feuer schon seit Stunden brennt, beschränkt es sich bis jetzt noch auf das Innere der Synagoge. Erst als einige SA-Leute gegen 6:00 Uhr mit einem schweren Stück Holz die Synagogentür aufstoßen, lässt der Luftzug das Feuer um sich greifen. Bald steht die Synagoge vollständig in Flammen. Jetzt etwa treffen die ersten Feuerwehrleute ein. Unter ihnen ist auch der Gerätewart der Feuerwehr, Karl Kremer. Er erinnert sich: ‚Als wir die Schläuche angeschlossen hatten und löschen wollten, kam der Befehl, dass die Synagoge nicht zu löschen sei'. Deshalb beschränken sie sich darauf, ein Übergreifen des Feuers auf die Nachbarhäuser zu verhindern. Auch das Schulgebäude bleibt verschont; es grenzt allzu nah an die anderen Gebäude.“[126]

„Auf den Trümmern des Gebäudes errichtet die SA danach ein Schild mit der Aufschrift ‚Hier stand einmal eine Synagoge', das vom Inhaber eines örtlichen Fischgeschäftes gefertigt wurde. Der Fotograf des in der

Woche nach dem 9. November aufgenommenen Fotos ist ein 18- jähriger Gymnasiast (Hermann Silies, ap/fwp), der in der Nähe der Synagoge wohnte. Nach seinen im Stadtarchiv überlieferten Aussagen passte er beim Fotografieren einen Moment ab, als niemand auf der Straße war, da er das Gefühl hatte, etwas Verbotenes zu tun.“[127]

Trümmer der Lingener Synagoge mit triumphierendem Schild von Nazis.
Quelle: Stadtarchiv Lingen (Foto: Hermann Silies)

Später wurden die stehengebliebenen Mauern der Synagoge zerstört. „Das Gelände, auf dem die Synagoge gestanden hatte, wurde 1939 verkauft. Der neue Eigentümer ließ die Trümmer beseitigen. Sie wurden zur Befestigung von Wegen und Uferböschungen verwendet.“[128]

Für Bentheim wird berichtet: "Am 9. November 1938 verbrachte die SA-Reserve, Männer im Alter von 35 Jahren und älter, ihren Dienstabend wie üblich in der Gaststätte Lenzing in Bentheim. Zu später Stunde wurde plötzlich der Befehl zum Antreten gegeben. Man marschierte los in Richtung Wilhelmstraße. Diese Straße trug damals die Bezeichnung ‚Straße der SA'. Der Zug hielt vor dem Kaufhaus von Albert Wertheim (…). Die SA- Männer zertrümmerten die beiden Schaufensterscheiben, die Haustür wurde eingetreten, die Ladeneinrichtung demoliert. Der Zug marschierte weiter zur Synagoge. Es flogen Steine, die Fensterscheiben gingen zu Bruch, das Innere der Synagoge wurde verwüstet. - Mit großem Lärm holten die SA-Männer den Vorsteher der Synagogengemeinde, Egon Neter, aus dem Bett. (…) Die Männer riefen: ‚Du, Judenlümmel, komm' heraus!' Nach einer Weile erschien Egon Neter, einen Bademantel über den Schlafanzug gezogen, und wandte sich an einen der Männer und sagte: ‚Ach Johann, (…) Du kennst mich doch. Ich bin im Weltkrieg gewesen und habe das Eiserne Kreuz bekommen.'[129]

Dennoch brachten die Nazis Neter ins Gefängnis, ohne ihm Gelegenheit zu geben, sich anzukleiden.

„In Nordhorn wurde die Synagoge nicht (…) angezündet. Die Nordhorner Bürger waren sogar ausdrücklich dagegen, die Synagoge abzubrennen. Aber nicht aus Mitleid oder Mitgefühl, sondern aus Angst um ihre eigenen Wohnhäuser. Denn hätte man die Synagoge angezündet, hätte das Feuer womöglich auf die umliegenden Häuser übergegriffen. Daher nahmen sich 20-30 SA-Männer Bauwerkzeuge eines örtlichen Bauunternehmens und fingen an, die Synagoge abzureißen. Gegen die Zerstörung wurde nichts unternommen. (…) Für die Zerstörung der Synagoge musste jedes Mitglied der jüdischen Gemeinde in Nordhorn Abbruchkosten von 250 Reichsmark zahlen. Die Juden in Nordhorn durften sich erst die Zerstörung ihrer Synagoge ansehen und mussten sie dann bezahlen. (…) Außerdem war der Vorsteher Salomon de Vries gezwungen, das Grundstück für einen Spottpreis von 544 Reichsmark zu verkaufen. Das Synagogengrundstück wurde der jüdischen Gemeinde nie wieder zurückgegeben."[130]

Das jüdische Bethaus in Freren blieb erhalten. Es befindet sich im Besitz der Jüdischen Gemeinde Osnabrück und wird vom Forum Juden-
Christen Altkreis Lingen e.V. betreut. Der Frerener Heimatforscher
Lothar Kuhrts erklärte uns im Interview auf unsere Frage, warum das
Bethaus nicht zerstört wurde. „Es handelte sich um das Wohnhaus der
Familie Manne, das nah am Nachbarhaus stand. Um das Nachbarhaus
nicht zu gefährden, wurde in der Reichspogromnacht nur der Gebetsraum zerstört und geplündert. So ist das Bethaus meines Wissens das
einzige jüdische Gotteshaus im Emsland, das erhalten blieb. Bethaus
heißt es, weil sich der Betraum in einem Wohnhaus befand. Die Gemeinde hieß aber Synagogengemeinde.“[131] In Freren besteht das jüdische Bethaus – aufwändig restauriert - bis heute.

Das jüdische Bethaus in Freren um 1919.
Foto: Jüdische Geschichtswerkstatt Samuel Manne Freren,
mit freundlicher Genehmigung

Möglicherweise besonders darüber erbost, dass sie das Bethaus nicht anzünden durften, ließen sich die Antisemiten in Freren etwas Besonderes einfallen: „In Freren werden die Männer in einem Viehwagen stundenlang durch den Ort gefahren. Die Witwe Schw. wird misshandelt und mehrere Tage im Gefängnis in Freren gefangengehalten. Geschäfte werden zerstört und geplündert, Warenlager sichergestellt."[132]

Zerstört wurde auch die Synagoge in Papenburg. „Mit der ‚Machtergreifung' der Nationalsozialisten (…) verschärfte sich die Lebenssituation auch für die Papenburger Juden. (…) Der von den Nationalsozialisten inszenierte Judenpogrom im November 1938 fand auch in Papenburg willige Vollstrecker. Am frühen Morgen des 10. November trafen (…) die entsprechenden Befehle ein. Man verhaftete zunächst die Papenburger Juden. Die erwachsenen Männer wurden dann über Osnabrück in das Konzentrationslager Oranienburg verschleppt. - 20 SA-Männer hatten gegen 7.30 Uhr die Tür der Synagoge aufgebrochen und Feuer gelegt. In einem Bericht heißt es: ‚Am 10. November 1938 brachte die SA mit Pech gefüllte Fässer in die Synagoge, häufte darüber mehrere Bündel Stroh, legte 6 Thora-Rollen zuoberst und zündete das Ganze an. Die Synagoge mit allen Ritualien ist ein Opfer dieses Feuers geworden.' Weil aber die Synagoge nicht richtig brennen wollte, schleppten die SA-Männer mehrere Kanister mit Benzin heran, um das Feuer zu beschleunigen."[133]

„Am frühen Morgen des 10. November 1938 wurde die Synagoge in Meppen vom lokalen SA-Sturm in Brand gesetzt und bis auf die Grundmauern eingeäschert. Etwa zeitgleich drangen SA- und örtliche Polizeitruppen in die Wohnungen und Geschäfte der Meppener Juden ein, demolierten Einrichtungen und warfen das Mobiliar auf die Straße. Unter Drohungen wurden die verängstigten Bewohner abgeführt und im Haus der SA- Standarte festgehalten, wo sie gedemütigt und auch geschlagen wurden. Von hier aus verschleppte man einige Männer - über

Lingen und Osnabrück - ins KZ Sachsenhausen. Der Brandschutt des Synagogengebäudes wurde alsbald abgefahren und das Gelände einge-ebnet; bei den Arbeiten sollen auch einige Meppener Juden eingesetzt worden sein. Das Grundstück wurde später von der Kommune zu einem Spottpreis erworben".[134]

In Brand gesetzt wurden ebenso die Synagogen in Haren und Sögel. Dort zerstörte die SA „darüber hinaus jüdische Geschäfte und Wohnungen; das Vieh der jüdischen Viehhändler wurde verteilt und verkauft."[135] Aus dem Betraum der jüdischen Menschen in Haselünne, aus „Brandschutzgründen" nicht zerstört, wurden Kultgegenstände geraubt und öffentlich verbrannt.[136] Ebenso wurde in Werlte mit dem Betraum im Haus der Familie Jacobs verfahren. „Da sich vor dem Haus eine Tanksäule der Poststation befand, begnügte sich das SA-Kommando aus Meppen am 10. Nov. 1938 damit, den Betraum zu verwüsten und die sakralen Gegenstände auf dem Marktplatz zu verbrennen, da eine Brandstiftung zu gefährlich erschien. Die Gemeinde Werlte hatte schon 1939 den Ratsbeschluss gefasst, das Haus von Jacobs zu erwerben, dieser Beschluss wurde aber obsolet, da die Auswanderung nicht gelang. Nach der Deportation fiel das Haus an das Finanzamt, von dem die Gemeinde Werlte es dann kaufte, um ein Gemeindebüro einzurichten. Nach dem Bau des Werlter Rathauses übernahm die Oldenburger Landesbank das ganze Gebäude und baute es völlig um. Heute steht an der Stelle von Jacobs Haus die Hümmlinger Volksbank."[137]

Über die Synagoge in Lathen wird eine besondere Grausamkeit aus der Pogromnacht berichtet: „An diesem Tag betete die Gemeinde Sterbegebete für den schwerkranken Egon Schaap. Mitglieder der SA aus Meppen stürmten das Gotteshaus und verschütteten im Innern Benzin. Auf die anwesenden Beter wurde keine Rücksicht genommen. Nur mit Mühe konnten sie sich ins Freie retten. Hier wartete schon die Polizei, um die Männer zu verhaften. Der Gefängniskeller in Meppen war Sammellager für den Weitertransport in das KZ-Sachsenhausen. - Der 9. November ist als Zerstörungstag in die Geschichte eingegangen. Zerstört wurden neben den Gebäuden aus Stein auch die Verbindungen zu den jüdischen Mitmenschen."[138]

Die meisten Synagogengemeinden waren gegen Feuer versichert. Die Versicherungssummen kassierte die Nazi-Regierung, um ihre Kriegsvorbereitungen zu finanzieren.

Die meisten nichtjüdischen Deutschen nahmen den Nazi-Terror gegen jüdische Menschen in der Pogromnacht widerspruchslos hin. Es gab aber seltene Ausnahmen. Eine davon wird aus Sögel im Emsland berichtet. Als die dortige Synagoge in der Pogromnacht in Brand gesetzt wurde, entdeckte der christliche Nachbar der Synagoge, Bernhard Knipper „in den glühenden Ruinen die Torarolle. Knipper (…) wusste um die Bedeutung der Schriftrolle. Er nahm sie mit nach Hause und versteckte sie im Hohlraum einer Stufe des Treppenhauses, das von der Wohnstube zum Wirtschaftsgebäude seines Hauses führte. Damit brachte er sich selbst in höchste Gefahr. Die SS, die etwas ahnte, durchsuchte Knippers Haus mehrmals, ohne allerdings das (…) Versteck zu finden."[139]

Nicht überall versagten Polizei und Feuerwehr in der Pogromnacht. In Berlin verhinderten mutige Polizeibeamte unter Leitung des Polizeioberleutnants Wilhelm Krützfeld (1880-1953) den Brand der Neuen Synagoge. „Als Krützfeld erfuhr, dass eine Gruppe entfesselter und fanatisierter SA-Leute die Neue Synagoge in der Oranienburger Straße in Berlin-Mitte in Brand gesetzt hatte, rückte er mit mehreren Kollegen aus, stellte sich dem randalierenden Pöbel in den Weg und zwang ihn mit vorgehaltener Pistole zum Rückzug. Danach veranlasste er die von ihm herbeigerufene Feuerwehr, den Brand zu löschen. - In der Nacht, in der jüdische Geschäfte vom SA-Mob zerstört, jüdische Mitbürger festgenommen, zusammengeschlagen, verschleppt oder gar getötet wurden, bewies Krützfeld Zivilcourage und soziale Verantwortung. Er schaute nicht weg wie so viele seiner Kollegen und Mitbürger. - Während andere Berliner Synagogen in Schutt und Asche gelegt wurden, waren die Schäden an der Neuen Synagoge, die zu den schönsten jüdischen Gotteshäusern Europas zählte, relativ gering und so konnten auch weiterhin Gottesdienste darin abgehalten werden."[140]

Weder Krützfeld noch seine Beamten wurden von den Nazis belangt.

Der Berliner Polizeibeamte

Wilhelm Krützfeld
(1880 - 1953)

bewahrte

in der Pogromnacht vom 9./10. November 1938

durch mutiges und entschlossenes Eingreifen

diese Synagoge vor Zerstörung

Der Polizeipräsident in Berlin

Gedenktafel an der Neuen Synagoge in Berlin

Fast alle männlichen Juden in Lingen wurden nach der Pogromnacht von der SA verhaftet, die meisten wurden bald wieder freigelassen. Verhaftet und in Konzentrationslager verschleppt wurden vor allem

Juden, deren Vermögen bekannt waren, seitdem sie diese offenlegen mussten. „Sechs Gefangene aber – Bendix Grünberg, Hugo Hanauer, Wilhelm Heilbronn, Fredy Markreich, Neumann Okunski und Jacob Wolff – bleiben inhaftiert. Grünberg, Hanauer und Heilbronn werden Geld, Schlüssel und Uhr abgenommen. (…) Am nächsten Tag um 11:30 Uhr werden die sechs Gefangenen von der SS abgeholt und in das KZ Buchenwald überführt."[141]

Bernhard Grünberg befand sich zu dieser Zeit in der Berliner Umschichtungsstelle. Er wurde wohl von seiner Mutter informiert, wusste aber nicht genau, was das bedeutete. *Mein Vater kam am 10. oder 11.12.1938 aus dem KZ. Am Abend, als ich zu Hause war, klopfte er spät abends ans Fenster. Ich weiß nicht mehr die genaue Zeit, aber es war ja Winter und es war dunkel. Es war für alle eine Überraschung, dass er aus dem Konzentrationslager freigelassen worden war. Damit er freigelassen wurde, musste er ein Papier unterschreiben, dass er innerhalb von drei Monaten auswandern würde. Wenn nicht, würde er wieder in das Konzentrationslager gebracht. - Damals wusste ich nicht, was ein Konzentrationslager war, ich hatte keine Ahnung, auch nicht davon, wie es ihm dort gegangen war. Ich wusste nur, dass er dort gewesen war. Was es mit dem KZ auf sich hatte, erfuhr ich dann von meinem Freund aus der Umschichtungsstelle, den ich später wiedertraf. Damals wusste ich nichts über die Grausamkeit, über das mörderische Verhalten im KZ.*[142]

Wie Bernhard ging es den allermeisten Menschen. Sie wussten nicht genau, was in den Konzentrationslagern vor sich ging. Die jüdischen Häftlinge mussten bei ihrer Entlassung aus dem KZ nicht nur erklären, auszuwandern, unter Androhung schwerer Strafen war ihnen auch verboten worden, über ihre Erlebnisse zu berichten.

Von den Konzentrationslagern, in die nach der Pogromnacht jüdische Männer verschleppt wurden, war Buchenwald das schlimmste. „Die Haft der Juden in Dachau und Sachsenhausen schien dennoch fast 'idyllisch' — wenn man ein solches Wort für einen Aufenthalt gebrauchen darf, der über hundert ‚Novemberjuden' das Leben kostete und den meisten, die noch vor den späteren Deportationen auswandern konnten, dauerhafte psychische und physische Schäden zufügte — im Vergleich zum Schicksal ihrer unglücklichen Glaubensgenossen, die nach Buchenwald kamen."[143]

Das bestätigt auch das Tagebuch von Bernhard Süskind, einem Juden aus dem niedersächsischen Fürstenau, der wie Bendix Grünberg am 11. November 1938 in das KZ Buchenwald verschleppt wurde und der seine Erlebnisse nach seiner Flucht nach Schweden niederschrieb. Die gläubigen jüdischen Menschen aus Fürstenau gehörten zur Synagogengemeinde Freren. Als Vorbemerkung schrieb Süskind, damals 17 Jahre alt:

„Konzentrationslager Buchenwald Meine achtwöchige Lagerzeit eigenhändig niedergeschrieben zum Andenken an das Kulturvolk ‚Das dritte Reich' "[144] Süskind befand sich seit 1936 in einer Hachschara- Einrichtung in Hamburg und bereitete sich mit einer Ausbildung zum Schlosser auf die Auswanderung vor. „Bald sollte unsere Reise in die Vereinigten Staaten losgehen und so wollte ich zum letzten Mal die jüdischen Feiertage im Kreise meiner Angehörigen verbringen."[145] Daher geriet er in das Novemberpogrom in seiner Heimatstadt Fürstenau. Gemeinsam mit anderen Juden aus Fürstenau, darunter seinem Vater, wurden sie ins Gefängnis in Quakenbrück verschleppt. Nach einer schlaflosen Nacht ging es seinem Tagebuch zufolge so weiter: „Gegen 7.00 Uhr morgens erschien der Wärter und brachte uns ein Stück Schwarzbrot mit Kaffeebrühe. Es schmeckte mir gar nicht, aber wenn ich daran denke, dass ich mir zwei Tage später die Hände danach geleckt hätte, klingt es mir noch heute unglaublich. (…) Gegen Mittag wurden wir auf den Hof geführt. Ein Omnibus mit SS - Besatzung stand bereits dort. Man verlas uns folgenden Befehl: ‚Sie gehen jetzt über in die Hände der Geheimen Staatspolizei. Die Begleitmannschaft hat das Recht, auf jeden, der einen Versuch macht, welcher auf Flucht hindeutet, zu schießen'. Es klang in meinen Ohren wie ein Todesurteil. Sodann wurden wir zur Gestapostelle nach Osnabrück verfrachtet. (…) Nachdem man unsere Namen in Osnabrück verlesen hatte, wurden wir wieder in einer Gefängniszelle untergebracht. Alles, was wir besaßen, Uhren, Schlips und Hosenträger oder Bleistifte hatte man uns vorher abgenommen. (…) Wir mochten vielleicht eine Stunde in der Zelle verbracht haben, als die Tür aufflog und ein wilder SS-Mann mit einer Reitpeitsche bewaffnet hereinstürzte. (…) ‚Wo kommt ihr her und wohnen dort noch mehr Juden?'- ‚Ja, unsere Angehörigen', sagte mein Vater in ruhigem Ton. ‚Weshalb hat man die noch nicht aufgehängt?' Keiner antwortete auf diese Frage. Auf diesen Moment hatte der Hitlersoldat gewartet, und schon sausten die Schläge in das Gesicht meines Vaters. Dann verließ er die Zelle. Ich weiß keine Worte dafür, wie mir dabei zumute war. (…) Jeder Schlag, den mein Vater bekam, traf mich genauso.

Als wir allein waren, hörten wir das Klatschen der Schläge aus den Nebenzellen. Mein Vater sagte: ‚Wir müssen uns noch daran gewöhnen.' (…) Am Abend mussten wir uns wieder aufstellen. (…) Mit den Worten ‚Ihr macht jetzt eine Fahrt ins Blaue', bekamen wir eine trockene Stulle und wurden wieder in einen Omnibus verstaut. (…) Wir durften nicht miteinander sprechen. (…) Da der Wagen eigentlich nur für 20 Personen eingerichtet war, wir aber 39 waren, saßen wir wie die Heringe zusammengepresst. Sehr vielen wurde unterwegs schlecht. Sie mussten sich übergeben. Falls einer von ihnen etwas beschmutzte, musste er sehr große Qualen ausstehen.

Wir mochten wohl 5 Stunden gefahren sein, als der Wagen (…) anhielt. Dann konnten wir nacheinander unter Bajonettüberwachung austreten. Danach kam ein Gestapomann in unseren Wagen. Wir wurden auf die grässlichste Weise ausgefragt, wir mussten gezwungenermaßen falsche Eingeständnisse machen. War einer Kaufmann oder Viehhändler, musste er auf die Frage ‚Was warst du?‘ antworten: ‚Ich war ein Volksbetrüger‘ und andere Sachen mehr. Nachdem sich die SS-Leute in einer (…) Wirtschaft angesoffen hatten, ging es weiter. (…) - Durch die Strapazen der vergangenen 2 Tage waren wir sehr gleichgültig geworden. Bald sahen wir schon die Schilder, die uns den Weg zur Hölle wiesen. ‚Zum Konzentrationslager Buchenwald‘, stand auf ihnen. Postenketten wurden passiert, dann hielt das Auto vor dem Haupttor. Vor diesem Tor standen SS-Leute mit Keulen, Gummiknüppeln und Reitpeitschen bewaffnet. (…) An der Spitze der Kommandant. - Von unseren Begleitern wurden wir aus dem Bus getrieben. Schon sausten auf uns die Schläge der Sadisten nieder. Fußtritte wurden verteilt. Man stellte uns den Fuß, so dass manche hinstürzten. Auf diese am Boden liegenden Menschen trampelten sie dann herum. Dann flogen uns noch die gemeinsten Schimpfwörter zu, die keiner von uns je in den Mund genommen hätte. Dann mussten wir uns in Fünferreihen aufstellen und im ‚Laufschritt marsch!‘ ein Tor passieren, durch das knapp ein Mann passte. Die daraus entstehende Panik nutzte die SS, und die Reitpeitschen sausten wieder auf uns hernieder. Blutüberströmt kamen wir endlich in das Lager. Ein trauriger Anblick bot sich mir. (…) Tausende von Kameraden standen bereits auf dem Appellplatz, die meisten von ihnen mit verbundenen Köpfen. Kriegsbeschädigte, Krüppel, auch sie fehlten nicht. Der jüngste Lagerhäftling war 15 und der älteste 87 Jahre alt. - Sodann bekamen wir eine Häftlingsnummer in die Hand gedrückt. ‚Wer sie verliert, bekommt 25 auf den Arsch!‘ Es war der erste Befehl, aber er sagte mir genug. Danach durften wir in unsere Baracke gehen. Sie glich einem Bienenkorb, vollgestopft mit Menschen, die in einzelnen Fächern lagen. In jeder Baracke ca. 2000 Mann. Ich verkroch mich in eine Ecke, um den Ereignissen entgegenzuharren.“[146]

Die so von Süskind beschriebene Hölle, in die auch die Männer aus Lingen verschleppt wurden, wird von einem Autor, der die Geschichte des dortigen Konzentrationslagers aufarbeitet, so dargestellt: „Zwischen den Konzentrationslagern Sachsenhausen, Dachau und Buchenwald gab es 1938 erhebliche Unterschiede, und zwar nicht so sehr, was die Behandlung der Gefangenen durch die SS, die Zwangsarbeit und den alltäglichen Terror betraf wie hinsichtlich der allgemeinen Lebensverhältnisse, der Unterbringung und der Hygiene."[147] Kein Konzentrationslager war auf die schlagartige Aufnahme von Tausenden Gefangenen vorbereitet. „‚Massenblocks‘, das heißt mehrfach überbelegte Baracken, prägten in Buchenwald, das im Juli 1937 als letztes der drei Lager auf einer Rodung acht Kilometer nördlich von Weimar eröffnet wurde, ab Mitte 1938 die Gesamtsituation. Außerdem existierten Behelfsunterkünfte von kaum zu unterbietender Primitivität."[148]

Anfangs gab es keine sanitären Anlagen und kaum Wasser. Die Baracken waren ohne Fenster, sie „waren schnell behelfsmäßig aus dünnen Brettern zusammengezimmert worden, mit Dachpappe abgedeckt, der Fußboden war festgetretener Lehm. Der Bau hatte nur eine Tür und folgende Abmessungen: 100 Meter lang, 12 Meter breit und 5 Meter hoch. Auf der rechten Seite stand ein Schlafregal, 2 Meter tief mit 4 Fächern, jedes 50 Zentimeter hoch. Im Abstand von 1,35 Meter stand ein Pfosten, dazwischen mussten vier Mann liegen, das war nur hochkant möglich, Stroh und Decken gab es nicht."[149]

Die Verschleppten mussten dreimal am Tag oft stundenlang draußen antreten – es war November – Regen und Kälte wirkten als Foltermethode. Die SS-Männer - oft von Neid auf die Bildung und die wirtschaftlichen Erfolge der Juden angetrieben -, die die Herrschaft in den Konzentrationslagern hatten, schlugen nach Belieben zu. Die Menschen wurden krank. Etwa 250 wurden ermordet.

Da es keine Toiletten gab, mussten die jüdischen Häftlinge ihre Notdurft in der Novemberkälte auf offenen Latrinen im Freien und ohne Papier verrichten. Ein Häftling erinnert sich: „Die Latrinen waren zwei

Riesengruben mit Balken um die vier Seiten. Es gab Schläge, und manche wurden von den Balken in die Gruben gestoßen. Man kann sich vorstellen, was das in den wasserlosen Zuständen bedeutete."[150]

Eine Besonderheit stellte auch die Inschrift über dem Eingangstor des KZ Buchenwald dar. Während die Nazis in anderen KZs zynisch „Arbeit macht frei" wählten, hieß es über dem Buchenwald-Tor ebenso zynisch „Jedem das Seine."

Korrupte SS-Verbrecher zwangen jüdische Menschen, ihnen ihr Auto zu einem Spottpreis zu verkaufen, mit dem Argument, sie dürften es ja doch nicht mehr fahren. Heinrich Himmler, Chef der SS und der Polizei, ein besonders übler Naziverbrecher und Massenmörder an der Staatsspitze, hatte „per Erlass vom 3. Dezember (1938, ap/fwp) Führerscheine und Zulassungsbescheinigungen für Juden für ungültig erklärt und die Ablieferung angeordnet."[151] Wahrscheinlich wurde auch Bendix Grünberg auf diese Weise seines Autos beraubt.

Die SS in Buchenwald unter dem besonders korrupten Lagerkommandanten Koch[152] bereicherte sich an dem wenigen Besitz, den die Juden in das Konzentrationslager mitnehmen durften. „Ein Blick in die überlieferten Karten der Häftlingsgeldverwaltung, deren Auswertung noch nicht abgeschlossen ist, lässt ahnen, was an Bargeld geraubt wurde. Den Karten zufolge wären nämlich fast alle nach Buchenwald verbrachten Juden ohne einen Pfennig angekommen. Sämtlich mussten sie sich das Geld für die Rückfahrt von Angehörigen schicken lassen. Selbst von diesen Geldern erpresste die SS mindestens zweimal — auf den Karten am 28.11. und 8.12.1938 als „Sonderzahlung" deklariert — erhebliche Beträge."[153]

Es liegt ein Dokument aus dem KZ Buchenwald vor. Demzufolge trug Bendix Grünberg, geb. am 8.4.1888 zu Haren-Ems, die Häftlingsnummer 25211. Am 30.11. 1938 gingen 30 Mark für Bendix Grünberg ein, sehr wahrscheinlich von Bernhards Mutter Marianne Grünberg zugesandt, eingetragen ist als Absender Bendix Grünberg, Lingen (Ems). Ausgezahlt wurden die 30 Mark, für die Bernhards Vater eine Unterschrift leistete, am 8.12.1938.

Dokument Archiv Arolsen (International Center on Nazi Persecution)
Korrespondenzakte T/D-402 045, mit freundlicher Genehmigung

Weiteren uns dankenswerterweise überlassenen Dokumenten aus dem Archiv Arolsen zufolge wurde Bendix Grünberg am 10. Dezember

1938 aus Buchenwald entlassen. Es war ein Samstag, Schabatt, an dem gläubige Juden eigentlich nicht reisen dürfen. Eine weitere Demütigung durch die Nazis.

„Mein Vater wurde glücklicherweise als einer der Ersten wieder lebend aus Buchenwald entlassen, weil er als jüdischer Soldat im Ersten Weltkrieg gekämpft hatte. Er kam zuhause an am Abend, bevor ich am nächsten Morgen wieder nach Berlin zurückfahren musste. So hatten wir nur eine ganz kurze Zeit zusammen. Ich kann mich nicht erinnern, über was wir gesprochen haben“, so erinnert sich Bernhard Grünberg in unserem Telefoninterview.[154] In welchem gesundheitlichen Zustand war sein Vater wohl, als er nach Hause kam? Nach Wochen, teils erst nach Monaten kehren die KZ- Häftlinge kahlgeschoren nach Lingen zurück.

Viele jüdische Menschen wurden in und nach der Pogromnacht ermordet, mindestens 400 verloren ihr Leben in der KZ-Folter. In der Folge der Pogromnacht wurden Juden fast alle Berufe verboten. Jüdische Kinder durften keine öffentlichen Schulen mehr besuchen. Wie erwähnt durften Juden nicht mehr Auto fahren.

Wenige Informationen finden sich in der Literatur darüber, wie es jüdischen Frauen in der Zeit des Naziterrors ging. So musste Bernhards Mutter die Entscheidung über seine Teilnahme am Kindertransport allein treffen. Jüdische Frauen trugen die Hauptlast der Versorgung der Familie. Immer schwieriger wurde es, Lebensmittel zu beschaffen. „Angesichts der sich stetig verschlechternden Lebensbedingungen erwartete man von den Frauen, dafür zu sorgen, dass Familie und Haushalt ‚funktionierten‘. Jüdische Frauen versuchten, wenn möglich, billigere Mahlzeiten zuzubereiten, ihre Wohnung allein instandzuhalten, ihre Kleidung selbst zu flicken und mit weniger Geld im Haushalt auszukommen. (…) Sie mussten ihre Lebensmittel in Geschäften mit zunehmend feindseligem Personal einkaufen und all ihre Aufgaben mit immer weiter schrumpfenden finanziellen Mitteln zu bewältigen. Darüber hinaus hatten die Frauen verängstigte Kinder zu trösten und Familienmitgliedern wieder Mut zu machen, die Frustrationen und Schikanen ausgesetzt waren."[155]

Nachdem ihre Männer – insgesamt mindestens 30.000 - nach der Pogromnacht in die Konzentrationslager verschleppt worden waren, versuchten ihre Frauen verzweifelt, sie zu befreien. Da den Männern in den Lagern ihr Geld und ihre Wertsachen geraubt wurden, mussten die Frauen versuchen, das Fahrgeld für den Fall aufzutreiben, dass die Männer entlassen wurden, so wie erwähnt auch Marianne Grünberg.

Die Ziele der Nazis konnten nur durchgesetzt werden, weil sich neben eigens geschaffenen Verbrecherorganisationen wie SA, SS oder Gestapo alle deutschen Behörden – von der Polizei und dem Militär bis hin zu Beamten im Finanzwesen oder in kommunalen Behörden – den Zielen der Nazis unterwarfen oder sich aktiv am Terror beteiligten.[156]

Die jüdischen Deutschen hatten die Schäden der von Nazihorden verbrochenen Pogromnacht zu bezahlen und eine Milliarde Reichsmark „Schadensersatz" zu leisten. Die Vorbereitung auf den von Hitler geplanten Eroberungskrieg hatte die Staatsfinanzen zerrüttet. Das den Juden geraubte Vermögen sollte die Aufrüstung finanzieren. Der rauschgiftsüchtige Massenmörder Hermann Göring, der für die Rüstung zuständige Minister Hitlers, hielt nach der Pogromnacht eine interne Rede: „Sehr kritische Lage der Reichsfinanzen. Abhilfe zunächst durch die der Judenschaft auferlegte Milliarde und durch die Reichsgewinne aus Arisierung."[157]

Der verbrecherische Text der Verordnung zur Beraubung der Juden:

Abschrift

„Verordnung über eine Sühneleistung der Juden deutscher Staatsangehörigkeit. Vom 12. November 1938.

Die feindliche Haltung des Judentums gegenüber dem deutschen Volk und Reich, die auch vor feigen Mordtaten nicht zurückschreckt, erfordert entschiedene Abwehr und harte Sühne.

Ich bestimme daher auf Grund der Verordnung zur Durchführung des Vierjahresplans vom 18. Oktober 1936 (Reichsgesetzbl. I S. 887) das Folgende:

§ 1 Den Juden deutscher Staatsangehörigkeit in ihrer Gesamtheit wird die Zahlung einer Kontribution von 1.000.000.000 Reichsmark an das Deutsche Reich auferlegt.

§ 2 Die Durchführungsbestimmungen erlässt der Reichsminister der Finanzen im Benehmen mit den beteiligten Reichsministern.

> Berlin, den 12. November 1938.
> Der Beauftragte für den Vierjahresplan
> *Göring*
> Generalfeldmarschall
> Reichsgesetzblatt I, S.1579 v. 12.11.1938"

Die Opfer der Morde der Pogromnacht wurden auf diese Weise von den Nazis zu Tätern erklärt. Die Umwertung von Wörtern war typisch für die Nazisprache.[158]

Unter „Arisierung" verstanden die Nazis, dass Juden ihre Geschäfte, ihren Landbesitz oder ihre Häuser zu einem viel zu geringen Preis an Nichtjuden verkaufen mussten. Die Käufer mussten einen höheren Preis bezahlen, der Gewinn floss in die Staatskasse. Den jüdischen Menschen wurden auch noch die geringen Erlöse von den Nazis gestohlen. So wurde in Nazideutschland die wirtschaftliche Existenz der Juden vernichtet, um den Juden zu schaden, ihre Flucht zu verhindern und den verbrecherischen Eroberungskrieg zu finanzieren.

Der Raub jüdischen Eigentums setzte sich in Lingen wie folgt fort. Zu den nach der Pogromnacht nach Buchenwald Verschleppten gehörten auch der Vorsteher der Synagogengemeinde, Jakob Wolff. „Nach seiner Rückkehr bemühte sich Jacob Wolff gemeinsam mit seinem Stellvertreter Wilhelm Heilbronn um den Verkauf des Synagogengrundstücks. Im April 1939 verkauften sie es an zwei Nachbarn. Der Verkaufserlös von 1168 Reichsmark sollte eigentlich der Reichsvertretung (...) zugute kommen, um Lingener Juden bei der Ausreise zu unterstützen. Der Lingener Landrat erreichte jedoch eine Überweisung an den Bezirksfürsorgeverband der Kreisverwaltung." [159]

Beraubt wurde nicht nur die Minderheit der wohlhabenden Juden. Alle berufstätigen Jüdinnen und Juden hatten, wie alle Arbeiter und Angestellten, in die Sozialversicherungen, insbesondere in die Rentenversicherung einbezahlt. Durch die Ausgrenzung, die Vertreibungen und die Morde an jüdischen Menschen wurden ihnen die Renten geraubt, der „Gewinn" für die Rentenkasse wird auf eine halbe Milliarde Reichsmark geschätzt.[160]

Die Novemberpogrome – nach Wolfgang Benz der Beginn der Schoa - war die letzte antijüdische Maßnahme, die Bernhard Grünberg in Deutschland miterlebte. Er bekam über die nachfolgenden Naziverbrechen lange Zeit keine Informationen.

Wir fassen daher nur kurz zusammen, wie es für seine Familie und die anderen Lingener Juden, denen die Flucht nicht gelungen war, weiterging.

Berufsverbote zerstörten die Existenzgrundlage für die jüdischen Menschen, so auch das Geschäft von Bendix Grünberg. Wie sein Vater verzweifelt versuchte, dennoch Geld für die Familie zu verdienen, schilderte BG so: *Ich erhielt* (nach der Nazizeit, ap/fwp) *eine Einladung von einem Onkel aus Amerika. Ein Bruder meiner Mutter lebte vor seiner Auswanderung in Göttingen. Sie besaßen ein Schuhgeschäft. Als sie auswanderten, übernahm mein Vater die noch vorhandenen Schuhe und versuchte, sie zu verkaufen.*[161]

Bald mussten alle Juden ihre Häuser verlassen, um in sogenannte „Judenhäuser" zusammenzuziehen. „Auf wenige Quadratmeter Wohnraum zusammengepfercht mussten die Familien fortan in Zwangsgemeinschaften leben."[162] In Lingen wurde das Haus der Familie Wolff (Marienstraße 4) im August 1939, das Haus der Familie Herz (Wilhelmstraße 21) Anfang 1940, kurz vor dem „Bielefelder Transport", als „Judenhaus" eingerichtet.[163]

Bernhard Grünberg führte zu den Verbrechen aus: *Vor der Deportation wurden alle Juden in Lingen gezwungen, in nur zwei Häusern zu wohnen. Ihr ganzer Besitz, Möbel, Haushaltsgegenstände und Wertgegenstände wurden konfisziert und bei öffentlichen Versteigerungen verkauft, der Gewinn ging an den Staat. Sondergesetze hatten eine verheerende Auswirkung auf ihr Leben. Es war ihnen nicht erlaubt, irgendwelche Transportmittel zu besitzen, öffentliche Verkehrsmittel zu benutzen, ins Kino oder Theater zu gehen, sich in öffentlichen Parks aufzuhalten oder Haustiere zu besitzen. Von sechs Uhr abends bis sieben Uhr morgens unterlagen sie einer Ausgangssperre. Wöchentlich mussten sie sich bei der Polizei melden, sie benötigten eine polizeiliche Erlaubnis, um reisen zu können; ihre Lebensmittelkarten waren mit einem „J" (für Jude) markiert und ihre Lebensmittel durften sie nur in bestimmten Geschäften kaufen. Alle mussten einen Davidstern und den Buchstaben „J" an ihrer Kleidung tragen. Ihre Bankkonten waren eingefroren und sie konnten sich nur eine festgelegte Summe für Lebensmittel abholen. Jeder, der das Glück hatte, auswandern zu können, musste eine spezielle Emigrationssteuer bezahlen.*
[164]

BG beschreibt die finanziellen Verbrechen der Nazis zutreffend. Aus Schüttorf im Landkreis Grafschaft Bentheim wird beispielhaft berichtet, wie der Nazistaat jüdisches Eigentum raubte. Der erfolgreiche Kaufmann Josef Löwenstein musste im Juli 1938 eine Vermögensaufstellung an die Oberfinanzbehörde Hannover abliefern. Er meldete, dass er

Grundbesitz im Wert von 27.500 Reichsmark (RM), 3.950 RM Betriebs-
vermögen und 32.000 RM Sparvermögen besitze. „Um der Gefahr ent-
gegenzuwirken, dass das Geld ins Ausland gelangen könnte, erfolgte
eine Woche später die Sicherungsanordnung durch die Behörde. Nur
noch mit schriftlicher Zustimmung konnte die Familie über ihr Eigentum verfügen."[165] Als Josef Löwenstein nach der Pogromnacht und seiner Verschleppung in das KZ Sachsenhausen mit seiner Familie auswandern wollte, war ihm dies verwehrt, da sein Vermögen gesperrt war.

Der Raub jüdischen Eigentums ging weiter, als die Schoa systematisch
ins Werk gesetzt wurde. Auch die in die Vernichtungslager verschleppten und großenteils ermordeten jüdischen Menschen wurden beraubt.
„Am 25. November 1941 erging die 11. Verordnung zum Reichsbürgergesetz. Nach dieser verloren alle deutschen Juden, die sich im Ausland
aufhielten, auf einen Schlag ihre deutsche Staatsangehörigkeit und ihr
gesamtes Vermögen – das an das Deutsche Reich fiel. (…) Tatsächlich
wurde die 11. Verordnung dann nicht nur auf die jüdischen Emigranten
angewendet, sondern auch auf die seit Herbst 1941 deportierten deutschen Juden, die nach der behördlichen Terminologie ‚mit dem Über-
schreiten der Reichsgrenzen ihren Wohnsitz oder gewöhnlichen Auf-
enthaltsort ins Ausland verlegten.' "[166]

Der Finanzverwaltung oblag die Aufgabe, den zurückgelassenen
Hausrat sowie das übrige Vermögen der verschleppten und in den Ver-
nichtungsstätten im Osten ermordeten deutschen Juden zu verwalten
und zu verwerten. Lothar Kuhrts berichtet: „Als 1941 die Deportationen stattfanden – wohlüberlegt an Weihnachten - haben sich auch in
Freren viele bereichert. Die größte Versteigerung jüdischen Eigentums
1941 musste wegen Überandrangs von der Polizei geschlossen werden."[167]

Es existiert eine Liste der Osnabrücker Gestapo, die auch für die Fi-
nanzämter gedacht war. „In den Unterlagen des Oberfinanzpräsidenten

Hannover ist die Transportliste der Gestapo Osnabrück erhalten."[168]
Orte im Emsland und der Grafschaft Bentheim, aus denen jüdische
Menschen mit dem sogenannten „Bielefelder Transport" verschleppt
wurden (Regierungsbezirk Osnabrück): Haren 6, Nordhorn 6, Haselünne 20, Herzlake 2, Papenburg 10, Lathen 3, Freren 6, Lingen 8, Sögel 38, Meppen 7, Werlte 24, Gildehaus 6, Neuenhaus 3. Die Transportliste mit insgesamt 174 Namen trägt die Überschrift „Aussiedlung der
Juden aus dem Regierungsbezirk Osnabrück."[169]

Die Nummern 101 bis 108 der mit <u>Lingen</u> überschrieben Teilliste, die
an das Finanzamt Lingen weitergeleitet wurde:

Abschrift

(Name	Geb.- Tag/ Ort	Beruf	Wohnhaft)
101. Grünberg Bendix I.	18.4 88 Haren	Landwirt	Wilhelmstr. 21
102. Grünberg Marianne S. geb. Valk	4.12.92 Emden	Ehefrau	Wilhelmstr. 21
103. Grünberg Gerda S.	17.9.20 Lingen	Hausangest.	Wilhelmstr. 21
104. Heilbronn Wilhelm I.	28.1.85 Lengerich Kr. Lingen	Arbeiter	Marienstr. 4
105. Heilbronn, Carolin S.	24.12.84 Jemgum		Marienstr. 4
106. Heilbronn, Ruth S.	14.11.21	Hausangest.	Marienstr. 4
107. Heilbronn, Josef I.	27. 10.80	Landwirt	Marienstr. 4
108. Heilbronn, Rose S.	19. 1.01 Bücken [170]		Marienstr. 4

Das „I" steht jeweils für „Israel", das „S" für Sara. Die Angaben über die Geburtsjahre über 80 beziehen sich auf das 19., die anderen auf das 20. Jahrhundert.

Die unter der Nr. 106 aufgeführte Ruth Heilbronn, Tochter des 1933 von einem Nazi zusammengeschlagenen und später seines Eigentums beraubten Wilhelm Heilbronn, haben wir bereits zu ihren Erfahrungen als Schülerin zitiert. Sie berichtete: „1938, als mein Vater (nach der Pogromnacht, ap/fwp) nach Buchenwald verschleppt wurde, war ich in Berlin. Ich besuchte eine jüdische Schule (…) und lernte dann Krankenschwester und Kindergärtnerin.- Am 9. Dezember 1941 bekam ich ein Telegramm von meinen Eltern, dass sie nach dem Osten deportiert werden. Man musste damals als Jude – wir trugen zu der Zeit den Judenstern und hatten auch schon separate Lebensmittelkarten mit einem ‚J' - eine Erlaubnis einholen, wenn man an einen anderen Ort wollte; denn man konnte sich nicht mehr frei bewegen. Ich holte mir also die Erlaubnis und kam dann von Berlin nach Lingen zurück. Die Bahnreise war nicht sehr angenehm. Juden mussten in einem separaten Abteil sitzen. (…) In Lingen meldete ich mich dann freiwillig zu dem Transport mit meinen Eltern…"[171]

Ruth Heilbronn berichtet vom Beginn des Bielefelder Transports in Lingen: „Es war im (Lingener) Rathaus, wo schon die Familie Grünberg und deren Tochter warteten sowie ein Onkel und eine Tante von mir. Ein Polizist, sein Name war Brandt, begleitete uns. Er weinte die ganze Zeit wie ein Baby."[172]

Diese und spätere Verschleppungen führten viele Menschen wie erwähnt nach Riga in Lettland. Um Platz für die aus Deutschland verschleppten Menschen zu schaffen, wurden zuvor die meisten lettischen Juden ermordet. [173]

In Riga und in anderen Vernichtungslagern wurden fast alle im Emsland und der Grafschaft Bentheim verbliebene sowie die in die Niederlande, geflohenen und dann den Nazis in die Hände gefallenen Juden ermordet. Die dritte und letzte Verschleppungsaktion der verbliebenen emsländischen Juden aus Lingen erfolgte am 29.7.1942 in das KZ Theresienstadt.[174]

Über ihre schrecklichen Erfahrungen berichtete Ruth Heilbronn in einem großen Interview: „Mein Vater hatte (…) fünf Brüder. Sie alle dienten im Ersten Weltkrieg, (…), denn sie waren alle sehr groß (‚six feet tall'- über 1,80 Meter, ap/ fwp). Mein Vater diente bei den Kürassieren (..) in Frankreich und Deutschland. Mein Vater erhielt das Eiserne Kreuz Erster und Zweiter Klasse. Später gab Göring allen Frontsoldaten das „Feldehrenkreuz", auch den jüdischen.

Mein Vater ist im Mai 1942 in Riga erschossen worden. Ein deutscher Soldat erkannte meinen Vater und fragte ihn ‚Wilhelm, was machst du hier?' Mein Vater machte ihm ein Zeichen, ‚sei still', und sagte nur ‚Brot'. Am folgenden Tag brachte dieser Soldat meinem Vater ein Stück Brot. Und abends am Tor, zurück in das Getto, wurde dieser Laib Brot bei ihm gefunden, meine Mutter und ich wurden gerufen, wir hatten in der Reihe zu stehen, und dann haben sie ihn vor unseren Augen erschossen. Seine letzten Worte waren: 'Kaiser Wilhelm sagte, der Dank des Vaterlandes sei Euch gewiss.' "[175]

Wir werden noch mehrmals auf die bemerkenswerte, starke Person Ruth Heilbronn zurückkommen, die nicht nur den Mord an ihrem Vater, sondern auch den an ihrer Mutter sowie anderer jüdischer Menschen aus Lingen oder Verwandten aus Rheine miterleben musste, darunter der Eltern und der Schwester von Bernhard Grünberg.

BG vermutete, dass sein Vater bald nach der Ankunft in Riga starb: *Mein Vater konnte nur Milchgerichte vertragen. Auf keinen Fall durfte er fette Sachen zu sich nehmen. Er hatte eine Erkrankung des Magens, er benötigte eine besondere Ernährungsweise. So nehme ich an, er wurde nicht lange nach seiner Ankunft in Riga ermordet. Sein Name ist nur im Buch von Leuten genannt, die man verhaftet hat. - Es ist besser, bald zu sterben, als am Leben zu bleiben. Die schlechte Behandlung ist vorbei. Das hört sich schlimm an, aber es ist die Wahrheit!* [176]

Zum Abschluss dieses Kapitels ein Gedicht von Mascha Kaléko:

Höre, Teutschland
(in memoriam Maidanek und Buchenwald)

Der Tag wird kommen, und er ist nicht fern,
Der Tag, da sie ans Hakenkreuz euch schlagen.
Da wird nicht eine Seele um euch klagen,
Und nicht ein Hund beweinen seinen Herrn.

Umsäumt von Stacheldraht und Kerkermauern,
Sind euch die frischen Gräber schon gerichtet,
Voll feister Würmer, die auf Nahrung lauern.
Habt ihr die Gier in ihnen doch gezüchtet.

Geschändet habt ihr selbst die gute Erde.
Sie hat das Höllentreiben wohl gesehen.
Und auch die Raben wissen, was geschehen,
Als ihr wie Wölfe einfielt in die Herde.

Sie werden kommen aus dem Land im Osten,
Wo eure Panzertanks im Blute rosten.
Im Schlaf umzingeln werden euch die Scharen,
Die eurer Mordlust stumme Opfer waren.

Ihr Wimmern wird euch in den Ohren dröhnen,
Wenn sie vereint der Massengruft entsteigen.
Noch braust der Sturmwind, gegen euch zu zeugen.
Er hörte Nacht um Nacht das grause Stöhnen.

Grell schreit von eurer Stirn das rote Zeichen.
Verflucht auf ewig sei Germaniens Schwert!
Verhasst ward mir der Anblick eurer Eichen,
Die sich von meiner Brüder Blut genährt,
Verhasst die Äcker, die da blühn auf Leichen.

Wie hass ich euch, die mich den Hass gelehrt …[177]

Mit freundlicher Genehmigung von dtv Verlagsgesellschaft mbH & Co. KG
Aus: Mascha Kaléko, Gisela Zoch-Westphal (Hrsg.): Die paar leuchtenden
Jahre. Mit einem Essay von Horst Krüger. dtv, München 2003.

[89]Telefonat BG - ap (GRÜNBERG–INTERV.)

[90]Zu der Zeit, in der wir dieses Buch schreiben, wird darüber diskutiert, den Begriff „Rasse" im Grundgesetz zu ersetzen, ohne die damit gemeinte Schutzfunktion für Minderheiten aufzugeben.

[91] Jenaer Erklärung (LIT)

[92]www.holocaustremembrance.com/de/node/196?focus=antisemitismandholocaust-denial, dl 9.04.2021

[93]Wohl von Haselberg (LIT) S. 8

[94]Nicht erst, wie oft zu lesen, in seiner Rede zum Jahrestag seines Machtantritts am 30.01.1939, in der Hitler die „Vernichtung der jüdischen Rasse" ankündigte.

[95]vgl. Hitler, Mein Kampf, zit.n. Schörken (LIT); Nazis sind Militaristen, sie sehen die politische Auseinandersetzung als Krieg an, daher auch der Name des Hitlerpamphlets und die alberne Vorliebe der Nazis für Uniformen.

[96]vgl. zur Herkunft des Liedes Herbst (LIT)

[97]Dagegen ist die Sprache der Sinti und Roma, das Romanes, eine arische Sprache.

[98] vgl. Friedlander (LIT) S. 211; heute werden die Sinti und Roma nicht mehr als „Zigeuner" bezeichnet, da dies als herabsetzend gilt; weder BG noch Friedlander verwenden den Begriff in beleidigender Absicht.

[99]Wie sich die Nazis ihre Rassentheorie zurechtbogen, sieht man auch daran, dass sie die mit ihnen verbündeten Japaner als „asiatische Arier" bezeichneten. - Die „Deutschen Christen", die größte Strömung unter den Protestanten in der Nazizeit, verkündeten, Jesus sei in Wirklichkeit „Arier" gewesen. Die Bekennende Kirche, die auf der christlichen Wahrheit bestand, stellte nur eine kleine Minderheit in der Evangelischen Kirche dar.

[100] Blume (LIT), S.181

[101] Brenner (LIT) S.4

[102] Da der 2. Weltkrieg noch bevorstand, sprachen die Zeitgenossen bis 1939 nur vom „Weltkrieg", wenn sie vom internationalen Krieg von 1914 bis 1918 sprachen, den wir nach dem von Hitlerdeutschland, dem faschistischen Italien und dem militaristischen Japan verbrochenen 2. Weltkrieg jetzt den 1. Weltkrieg nennen.

[103]Lingener Tagespost v. 1.11.2011 (ZEITUNG); umfangreiche Infos über die Gedenkstätte finden sich unter https://diz-emslandlager.de/ und gedenkstaette-esterwegen.de

[104]Faulenbach (LIT); nach Carl von Ossietzky wurde die Universität Oldenburg benannt.

[105]vgl. z.B. www.ndr.de/geschichte/chronologie/Seit-85-Jahren-ziehen-die-Moorsoldaten,moorsoldaten109.html

[106] vgl. Bröring (LIT); vgl. ausführlich zu den Emslandlagern Kosthorst/Walter (LIT)

[107] Das Forum Juden-Christen Altkreis Lingen e.V. bemüht sich seit 2020 um eine Umbenennung der Straße.

[108] vgl. Remling (LIT) S. 96 f. (i.f. Remling)

[109] Crabus, Lingen im Nationalsozialismus (LIT) (i.f. Crabus NS)

[110] ebd.;

[111]Ruth Foster-Heilbronn, zit.n. Scherger, Verfolgt und ermordet. (LIT), S. 34, i.f. Scherger 1

[112] „Gesetz zur Wiederherstellung des Berufsbeamtentums" vom 7.4.1933

[113] vgl. Remling S. 98

[114] Schneider (LIT), S.4; vgl. auch Schöffling (LIT)

[115] Remling S.99; Als „Schutzhaft" bezeichneten die Nazis willkürliche Verhaftungen ohne irgendwelche Rechte für die Verschleppten, vgl. Kosthorst/Walter (LIT) S.27 f.

[116] vgl. Sels (LIT), S.10 ff.

[117]„Die Nürnberger Rassegesetze haben uns die Stadtbürgerschaft genommen, genauso wie den Juden auch. Sie haben uns die Rechte als deutsche Staatsbürger genommen. Sinti und Roma wurden diffamiert, kriminalisiert, ausgegrenzt und wie die Juden später in die Vernichtungslager und in die Gettos des Ostens deportiert." Romani Rose, Vorsitzender des Zentralrates der Sinti und Roma im Deutschlandfunkinterview (www.deutschlandfunk.de/sinti-und-roma-aktivist-romani-rose-wir-haben-einen-neuen.1295.de.html?dram:article_id=482994) dl 9.4.2021)

[118] Nur wenige Ehepaare trennten sich deswegen. Sehr viele nichtjüdische Partner hielten zu ihren Gattinnen oder Gatten. Berühmt ist der Aufstand nichtjüdischer Frauen, die in der Berliner Rosenstraße 1943 die Freilassung ihrer verhafteten jüdischen Ehemänner durchsetzten. Vgl. Stolzfus (LIT)

[119] Grunberg 2003 (GRÜNBERG-LIT), S.146;

[120] Die Pogrome wurden organisatorisch und durch Manipulation der Öffentlichkeit generalstabsmäßig vorbereitet, vgl. Benz, Wolfgang: Gewalt im November 1938 (LIT) , S.52 -89 sowie S.109-110 (i. f. Benz, Gewalt)

[121] Benz, Gewalt, S.187

[122] Fritze (LIT)

[123] Silies (LIT)

[124] Crabus NS

[125] Hitler hatte gemeinsam mit dem General von Ludendorff (Miterfinder der „Dolchstoßlegende") vergeblich versucht, die demokratisch gewählte bayrische Regierung zu stürzen und die Macht in Bayern zu übernehmen. Seither feierten die Nazis jährlich den 9. November.

[126] Crabus, Die Reichspogromnacht in Lingen (LIT)

[127] Gels (LIT), S.84

[128] Emsländische Landschaft (LIT), S. 22

[129] Schmidt, Liesel (LIT) S.86

[130] Evangelisches Gymnasium Nordhorn (LIT)

[131] Interview Lothar Kuhrts (ZEITZEUGEN) (i.f. Kuhrts- Interview)

[132] Lingener Tagespost v. 9.11.1988 (ZEITUNG)

[133] Schüpp , Synagoge in Papenburg (LIT), S.16

[134] Alicke (LIT)

[135] Wellenbrock (LIT) S.426

[136] vgl. Rüländer (LIT) S.46; d.i. korrekt Rülander, ap/fwp)

[137] Mitteilung von Herrn Joseph Meyer, Werlte, per E-Mail am 21.10.2020 – vielen Dank.

[138] Hanschke (LIT) S. 24 - Die meisten Brandstifter kamen nach dem Sieg über die Nazis 1945 unbestraft davon, einige wenige wurden zu geringen Haftstrafen verurteilt. vgl. Lingener Tagespost v. 8.11.2013 (ZEITUNG)

[139] Judentum begreifen (LIT), S.9; Knipper übergab die Torarolle nach dem Sieg über die Nazis an Louis Grünberg, der die Schoa überlebt hatte.

[140] Ferlet (LIT); Krützfeld stammte aus Schleswig-Holstein. Die Landespolizeischule des Landes trägt den Namen „Wilhelm Krützfeld".

[141] Crabus, Reichspogromnacht (LIT)

[142] Schoa-Interview; der erwähnte Freund ist Hans Arenstein, mit dem BG in seiner Zeit in der Umschichtungsstelle die Großstadt Berlin erkundet hatte; auf ihn werden wir im Kapitel „Leben und Überleben in der neuen Heimat" zurückkommen.

[143] Thalmann, Rita/Feinermann, Emanuel: „Die Kristallnacht", Frankfurt 1988, S. 174, zit. nach Stein, Harry (LIT) ; i.f. Stein, Harry

[144] Zit.n. Kuhrts, Beitrag zur Geschichte der Juden (LIT) S.94; i.f. Kuhrts 1; vgl. auch Suskind (LIT), S.46-49, dort auch Berichte über Morde an Häftlingen in Buchenwald.

[145] Süskind zit.n. Kuhrts 1, S. 94;

[146] Süskind zit.n. Kuhrts 1, S.95-97

[147] Stein, Harry S. 22

[148] ebd.

[149] Der Buchenwald- Häftling Julius Feist, zit.n. Stein, Harry S.31

[150] Der Buchenwald- Häftling Michael Maynard, zit.n. Stein, Harry, S.30

[151] vgl. Stein, Harry S. 39

[152] Seine „Ausbildung" erhielt Karl-Otto Koch u.a. im KZ Esterwegen. Er wurde später wegen seiner hemmungslosen Selbstbereicherung selbst von der insgesamt korrupten SS bestraft und 1945 im KZ Buchenwald erschossen.

[153] Stein, Harry S. 39

[154] Telefoninterview (GRÜNBERG-INTERV.)

[155] Kaplan (LIT) S.84f.

[156] vgl. Goldhagen (LIT)

[157] Göring zit.n. Heim (LIT), S.10

[158] vgl. Heine (LIT)

[159] Crabus, Die Lingener Synagogengemeinde (LIT) vgl. zu Jakob Wolff auch das Kapitel „Wille zur Versöhnung".

[160] vgl. Aly (LIT) S.54 f.

[161] Telefonat Angela Prenger- Bernhard Grünberg am 14.10.2020 (GRÜNBERG–INTERV.)

[162] Jüdisches Museum Westfalen (LIT) S.80

[163] vgl. Crabus NS

[164] Grunberg 2003, S.148 f.; gemeint ist mit „Emigrationssteuer" die „Reichsflucht-steuer."

[165] Ökumene-Ausschuss (LIT), S. 23

[166] Senatsverwaltung (LIT).

[167] Kuhrts – Interview

[168] vgl. Freier (LIT)

[169] ebd.

[170] ebd.; Hervorhebungen ap/fwp

[171] zit.n. Scherger 1998, S. 50

[172] Foster (LIT)

[173] vgl. Smirin (LIT), der Morde an lettischen und „reichsdeutschen" Juden darstellt; vgl. auch Jahn (LIT), S. 30-47

[174] vgl. Lingener Tagespost v. 13.12.1991 (ZEITUNG)

[175] Foster (LIT); vgl. zu Ruth Foster, geb. Heilbronn auch die Kapitel „Verschweigen und erinnern" und „Wille zur Versöhnung").

[176] Telefonat BG- ap v. 13.09.2020 (GRÜNBERG–INTERV.)

Fluchtmöglichkeiten?

Die Naziregierung raubte den Juden alles Geld. Dann sagten sie: Ihr könnt auswandern. Aber dafür müsst ihr zahlen. Wie sollten sie dann noch auswandern? [177]

Nicht selten wird die Meinung geäußert, „die Juden" hätten doch einfach Deutschland verlassen können, dann hätten sie überlebt. Dazu ist zunächst festzustellen, dass von 1933 bis 1941 etwa 400.000 Menschen Nazideutschland verlassen hatten. Davon waren etwa 360.000 wegen der antisemitischen Bedrohung geflohene jüdische Menschen.

Etwa 40.000 politische Gegner der Nazis – jüdische und nichtjüdische - flüchteten, weil sie die Drohungen der Nazis gegen sie von Beginn an ernst genommen hatten. [178] Vor allem jüdische Menschen aus der sozialen Oberschicht und der gehobenen Mittelschicht war die Bedrohung durch den lebensbedrohenden Judenhass der Nazis bereits in den frühen Jahren des Naziterrors bewusst geworden. Mit gefragten akademischen Berufen (Arzt, Jurist) oder als bekannte Schriftsteller oder Journalisten sowie mit ausreichenden Geldmitteln ausgestattet, fanden sie Aufnahme, zunächst vor allem in den Niederlanden, Belgien oder Frankreich. Es flohen auch viele arme jüdische Menschen, die nichts zu verlieren hatten.

Viele Juden wollten jedoch nicht auswandern. Ein wesentlicher Grund dafür war, dass sich jüdische Deutsche vor allem als <u>Deutsche</u> verstanden. Warum sollten sie das Land verlassen, in dem sie lebten und arbeiteten, Steuern bezahlten, Wehrdienst geleistet hatten und gute Nachbarschaft pflegten? An Antisemitismus waren sie Zeit ihres Lebens gewöhnt. Oft wurde geäußert: „Es wird wohl nicht so schlimm kommen." Bernhard Grünberg berichtete uns, dass auch sein Vater zu Beginn der Nazizeit so gedacht und gesprochen habe: *Er hat immer gesagt „Die Nazizeit wird nicht lange dauern. Irgendwann ist das alles vorbei.'*[179]

Diese Einstellung änderte sich bei sehr vielen jüdischen Menschen spätestens nach dem Terror der Novemberpogrome, die ihnen die wirkliche Gefahr für Eigentum, Leib und Leben vor Augen führte. Sie wollten sich nun in anderen Ländern in Sicherheit bringen. Aber da waren die jüdischen Deutschen bereits eines großen Teils ihres Eigentums und damit einer Fluchtmöglichkeit beraubt.

Auf weitere Gründe geht Bernhard im Zusammenhang mit Erinnerungen an seine Zeitzeugenarbeit ein: *Das Ziel meiner Vorträge in Schulen ist, die Schüler wissen zu lassen, wie schrecklich das Leben für Juden während der Nazizeit war, wie die Menschen gelitten haben. Ein Beispiel: Beim letzten Mal war ich in einer Schule. Es waren etwa 150 Schüler versammelt, sie hörten intensiv zu. Ich habe über mein eigenes Leben berichtet und darüber, was in den Konzentrationslagern geschah.- Es stellte sich heraus, dass einer der Schüler der Sohn meiner Hotelwirtin war. Sie erzählte mir, ihr Sohn sei mit zwei Fragen nach Hause gekommen. Erstens wollte er wissen, warum sich die Juden nicht mit Waffen verteidigt hätten, und zweitens, warum die Juden nicht in andere Länder geflohen wären. Das ist der Kenntnisstand, den sie hatten. Sie haben nicht verstanden, was wirklich vorging. Wo hätten die Juden hingehen sollen? Kein Land wollte sie aufnehmen.*

Zu den Waffen greifen? Sie wären sofort erschossen worden. Das wäre, als wenn man zwei Soldaten gegen Tausend oder auch nur Hundert hätte kämpfen lassen. [180]

Wie BG darstellte, erschwerten oder verboten viele europäische und außereuropäische Länder während der Herrschaft des Naziterrors den Juden die Einreise. Vielfach wurden jüdische Flüchtlinge als Bedrohung für den „Arbeitsmarkt" angesehen.

Am 12. März 1938 marschierte Hitlers Armee in Österreich ein, das in der Folge Teil des Deutschen Reiches wurde. Für die etwa 200.000 jüdischen Menschen in Österreich hatte dieser „Anschluss" katastrophale Folgen. „Eine Besonderheit stellten in Österreich die ‚wilden Arisierungen' nach dem ‚Anschluss' dar. So wurden jüdische Frauen und Männer willkürlich und ohne Rechtsgrundlage aufgefordert, ihre Wohnungen zu räumen und diese für Parteigenossen, NS-Sympathisanten oder andere Personen freizumachen. Jüdische Geschäfte und Unternehmen wurden von selbst ernannten ‚kommissarischen Leitern' übernommen, die den Eigentümern ihre Betriebe weit unter Wert abpressten. (…) Treibende Kraft hinter den ‚wilden Arisierungen' und den ‚Anschluss'-Pogromen waren österreichische Nationalsozialisten, die nach vielen Jahren der Illegalität nun die Stunde der Abrechnung (…) gekommen sahen. Dies mag auch die selbst für NS-Funktionäre aus dem ‚Altreich' überraschende Vehemenz des Gewaltausbruchs unmittelbar nach dem ‚Anschluss' in Österreich zum Teil erklären."[181]

Viele Länder, wie etwa die Schweiz, die ab 1938 nach dem „Anschluss" Österreichs durch Nazideutschland ihre Grenzen rigoros für die vielen jüdische Flüchtlinge aus Deutschland und Österreich schlossen, befürchteten zudem negative Auswirkungen in ihrem Verhältnis zu Deutschland. „Auf Veranlassung der Schweiz wurden Pässe der deutschen und österreichischen Juden mit einem großen ‚J' gekennzeichnet – eine Maßnahme, die es der Schweiz ermöglichte, jüdische Flüchtlinge an der Grenze zu erkennen und abzuweisen."[182] Schweizer Grenzbeamte schickten so etwa 30.000 Flüchtlinge zurück in die Arme der Nazis.[183]

„Bis 1939 forcierte und bremste der NS-Staat die Auswanderung der Juden gleichzeitig. Die Verdrängung der Juden aus der Wirtschaft förderte deren Emigrationswillen, aber die Ausplünderung durch Vermögenskonfiskation und ruinöse Abgaben hemmte die Auswanderungsmöglichkeiten. Eine Heimtücke des Regimes bestand darin, dass es den

Antisemitismus zu exportieren hoffte, wenn die aus Deutschland vertriebenen verarmten Juden zum sozialen Problem in den Ausnahmeländern würden."[184]

In Italien herrschte der Faschismus unter Hitlers Vorbild und Verbündetem Mussolini. Österreich war, wie erwähnt, dem Deutschen Reich einverleibt worden. „Der Zionistenführer Chaim Weizmann brachte die Situation damals auf den Punkt: 'Die Welt scheint nur zwei Arten von Ländern zu haben; die, in denen die Juden nicht leben können, und die, in die sie nicht einreisen dürfen.'" [185]

In Europa gab es somit nur sehr wenige Zufluchtsmöglichkeiten, denn auch Großbritannien und Frankreich betrieben eine abweisende Einwanderungspolitik. In Spanien war eine faschistische Regierung an der Macht. Der spanische Putschist und spätere Diktator Franco war von Nazideutschland und dem faschistischen Italien bei seinem Bürgerkrieg gegen die demokratisch gewählte Regierung unterstützt worden.[186]

Das unter britischem Mandat stehende Palästina war für viele Juden ein begehrtes Exilland, allerdings war eine legale Einwanderung sehr schwierig. Die Briten fürchteten, dass eine wachsende Zahl jüdischer Bewohner den Antisemitismus unter der arabischen Bevölkerung fördern könnte. Eine illegale Einwanderung versuchten die britischen Behörden mit allen Mitteln zu verhindern.[187]

„Doch selbst außerhalb von Europa blieb Juden die Zuflucht versagt. Im Mai 1939 legte das Schiff ‚St. Louis' der Hamburg-Amerika-Linie mit 930 jüdischen Flüchtlingen an Bord in Hamburg mit dem Ziel Havanna (Kuba) ab. Darunter war auch der damals 59-jährige Viehhändler Max Frank aus Lingen. In Havanna angekommen, erklärten die kubanischen Behörden die Landeerlaubnis der Passagiere für ungültig. Die ‚St. Louis' musste Havanna verlassen und steuerte in Richtung Florida. Aber (der amerikanische, ap/fwp) Präsident Roosevelt und sein Kabinett verweigerten die Aufnahme der Flüchtlinge. Im Juni musste das Schiff wieder nach Europa fahren. Max Frank wurde später in Belgien von der Gestapo gefasst und nach Auschwitz deportiert, wo er im September 1942 ermordet wurde.“[188] Der antisemitische Hetzer Joseph Goebbels triumphierte über die Irrfahrt der St. Louis: „Sie sehen, niemand will die Juden haben.“[189]

Etwa 130.000 Juden gelang die Einreise in die USA, doch waren die Bedingungen sehr streng. Es gab Einwanderungsquoten, es musste eine Bestätigung eines US-amerikanischen Bürgers vorgelegt werden, damit die Flüchtlinge nicht zu einer sozialen Belastung werden würden.[190]

Ein weiterer Grund: Antisemitismus gab es nicht nur in Deutschland. Sehr deutlich trat der Hass auf Juden in Polen auf, wohin bis 1939 viele deutsche Juden geflohen waren, wohin sie aber zum Teil auch aus Nazideutschland ausgewiesen wurden, wenn sie von dort stammten. Es gab Antisemitismus in der Schweiz, in Frankreich, in Großbritannien und in den USA.

Wie erwähnt wurde die Flucht städtischer Juden mit akademischen oder künstlerischen Berufen durch Fremdsprachenkenntnisse, finanzielle Mittel und internationale Kontakte erleichtert. Vielen jüdischen Familien, vor allem in ländlichen Bereichen wie dem Emsland oder der Grafschaft Bentheim, standen diese Möglichkeiten nicht offen. Als Viehhändler, Schlachter oder Kaufleute übten sie Berufe aus, die in möglichen Aufnahmeländern genügend vorhanden waren. Als viele dieser Landjuden – darunter auch die Eltern von Bernhard Grünberg – ihren Besitz unter Zwang verkauften und ausreisen wollten, war es zu spät. Es gelangte BG wahrscheinlich nicht zur Kenntnis, dass sein Vater einer Karteikarte der Gestapo Osnabrück zufolge vergeblich versucht hatte, im Juni 1938 eine Auswanderung nach Palästina zu erreichen; möglicherweise hatte Bendix Grünberg seinen Sohn auch aus diesem Grund zur Umschichtungsstelle geschickt.

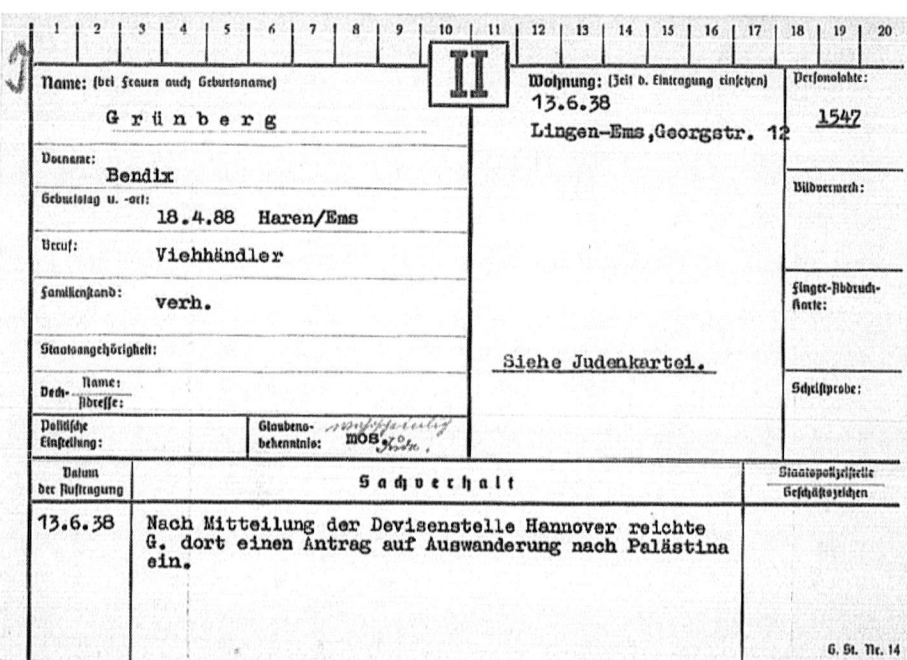

Aus der Kartei der Gestapo Osnabrück.
Quelle: Dokument Archiv Arolsen (International Center on Nazi Persecution)
Korrespondenzakte T/D-402 045,
mit freundlicher Genehmigung

Die Nazis erschwerten unter anderem durch Erhebung der „Reichs-fluchtsteuer" Juden die Ausreise und verboten sie 1941 ganz. Die Schoa war bereits in Planung.

Juden in Großstädten konnten sich zudem besser vor den Verfolgun-gen schützen, da sie eher anonym bleiben konnten. So hat in Berlin eine größere Zahl jüdischer Menschen den Naziterror in Verstecken über-lebt. Landjuden waren dagegen den Nazis bekannt. Sie konnten sich nur selten verbergen.

Wem die Ausreise gelang, war nicht immer auf Dauer gerettet, denn der Welteroberungskrieg der Nazis verlief zunächst für sie erfolgreich. Wer nach Polen, Dänemark oder Norwegen, wer nach Belgien, in die Niederlande oder nach Frankreich geflohen war, fiel den Mördern in die

Hände, nachdem die Armeen Hitlerdeutschlands diese Länder überfallen hatten.[191] Zu Geflohenen aus Lingen: „Mitglieder der beiden Familien Hanauer ließen sich auf Ibiza nieder oder flohen – wie auch Mitglieder der Familie ten Brink – in die USA. Doch nicht jede Flucht verlief erfolgreich. Die meisten Lingener Juden flüchteten nach Belgien und in die Niederlande. Beide Länder wurden 1940 von Deutschland besetzt. Viele Lingener und ehemalige Lingener Juden wurden im niederländischen Durchgangslager Westerbork interniert."[192]

Bernhard Grünberg besuchte 2013 mit einer Delegation
des Forum Juden-Christen Altkreis Lingen e.V. Camp Westerbork.
Ihn begleiteten seine Wegbegleiterinnen Leonie Edgell (links) und
Karen van Coevorden vom Holocaustzentrum Beth Shalom.
Foto: Andreas Eiynck, mit freundlicher Genehmigung[193]

„Camp Westerbork" war 1939 von der niederländischen Regierung als Durchgangslager eingerichtet worden, um nach der Pogromnacht die große Zahl jüdischer Flüchtlinge aus Nazideutschland unterzubringen. Nach dem Überfall auf die Niederlande im Mai 1940 machten die Nazis Westerbork zum Getto. Von dort wurden die jüdischen Menschen in die Vernichtungslager im besetzten Osteuropa verbracht, um sie dort zu ermorden. Auch die durch ihr Tagebuch bekannt gewordene Anne Frank war hier eingesperrt, bevor sie im KZ Bergen-Belsen ermordet wurde. Heute gibt es dort wie in Westerbork sehr sehenswerte Gedenkstätten.

Wie verzweifelt sich Menschen nach den Erfahrungen der Pogromnacht um Ausreise bemühten, wird aus der folgenden Schilderung deutlich: „In der Schweiz, Dänemark und Schweden haben wir Anträge auf Einreiseerlaubnis gestellt. Es war alles erfolglos (…). Im Frühjahr 1939 (…) haben wir uns durch einen Agenten für 3000 Mark die Einwanderungs-Permission (Erlaubnis, ap/fwp) für Mexiko verschafft, wir haben aber das Visum nie erhalten, weil das Mexikanische Konsulat verlangte, dass wir Pässe vorlegen sollten, die zu einer Rückreise nach Deutschland berechtigte, und solche gab die deutsche Behörde für Juden nicht aus. Dann erhielten wir im August 1939 wirklich das Permit für England. Aber es kam zu spät, erst zehn Tage vor Kriegsausbruch, und in dieser Zeit konnten wir nicht die Formalitäten bei den deutschen Behörden erledigen. (…) Im Frühling 1940 bekamen wir die Einreise-Erlaubnis für Portugal. Wir machten alles fertig, beantragten unsere Pässe,- da kam der Einmarsch der deutschen Truppen nach Holland, Belgien und Frankreich, ein Flüchtlingsstrom ergoss sich nach Portugal, und die portugiesische Regierung widerrief telegrafisch sämtliche erteilten Genehmigungen."[194]

Schon vor der Pogromnacht 1938 gab es Bemühungen der Zentralwohlfahrtsstelle der deutschen Juden und einer Unterorganisation des Jüdischen Frauenbundes[195] jüdische Waisenkinder aus Deutschland in Pflegefamilien oder Waisenhäuser im Ausland zu vermitteln. „Der Erfolg war minimal. Laut der (…) aus den Arbeitsberichten der Reichsvertretung zusammengestellten Zahlen gelang es von 1934 bis 1936, etwa 50 Kinder in England und der Schweiz und sechs in den Niederlanden unterzubringen, alle ‚mit dem klaren Ziel einer Weiterwanderung nach Beendigung der Ausbildung.' In die USA gelangten bis 1938 etwa 500 Kinder, und die Tendenz war abnehmend.“[196]

Der Terror der Pogromnacht 1938 führte aller Welt das wahre Gesicht der Nazis vor Augen. Der damit verbundene Schock bewog einige Regierungen, ihre Blockade zumindest gegenüber der Aufnahme von Kindern zu lockern. Mit der Bedingung der Weiterwanderung ließen die Niederlande 1.850 jüdische Kinder einwandern.

Belgien nahm in den Jahren 1938 und 1939 etwa 1.000 jüdische Kinder in 17 Kindertransporten auf, wie die von den Niederlanden aufgenommen Kindern war es für die meisten – wie für die anderen geflohenen Juden - nur eine Rettung auf Zeit.[197] Der Schock der Pogromnacht ermöglichte es ca. 40.000 deutschen jüdischen Menschen nach Großbritannien zu fliehen.

Erwähnen möchten wir die mutige Aktion, die dänische Fischer zur Rettung von 7.000 Jüdinnen und Juden unternahmen. Als Hitlerdeutschland im April 1940 – die schwedische Neutralität respektierend – Dänemark und dann Norwegen besetzte, ergab sich Dänemark schnell. Deswegen blieb die dänische Regierung im Amt.

Um die „friedliche Besetzung" nicht zu gefährden, verzichteten die Nazis zunächst auf antijüdischen Terror. Das änderte sich im Oktober 1942. Die Nazis, enttäuscht darüber, dass die „arischen" Dänen ihnen weiterhin ablehnend gegenüberstanden, wollten nun auch die dänischen Juden in die Vernichtungslager verschleppen. Aber die bevorstehenden Deportationen wurden von dem deutschen Botschaftsangehörigen Georg Ferdinand Duckwitz den dänischen Sozialdemokraten mitgeteilt, die ihrerseits die jüdischen Organisationen warnten. So konnten sich die meisten dänischen Jüdinnen und Juden in Sicherheit bringen. „Als die deutsche Polizei in der Nacht des 2. Oktober mit den Verhaftungen begann, mussten sie feststellen, dass die meisten Wohnungen leer waren. (…) Insgesamt wurden anstatt der geplanten 6000 lediglich 202 Juden verhaftet, in den nächsten Tagen stieg die Zahl der Verhafteten auf 481."[198]

Schweden, das eigentlich wie so viele Länder kaum jüdische Einwanderung zuließ, wurde durch das Schicksal der norwegischen Juden aufgeschreckt und bot allen dänischen Juden Asyl an. So wurden „insgesamt über 7000 Personen (…) in einer einmaligen Rettungsaktion mit Booten über den Øresund nach Schweden gebracht. Die meisten von ihnen flohen im Zeitraum zwischen dem 4. und dem 9. Oktober von Anlegeplätzen im Großraum Kopenhagen. In die Flucht- und Rettungsaktion waren zahlreiche dänische Zivilisten involviert – sie halfen den Flüchtlingen bei der Suche nach geeigneten Verstecken, beim Transport und nicht zuletzt organisierten zahlreiche dänische Fischer die Überfahrt. Seriöse Schätzungen gehen von circa 10.000 Helfern aus, die spontan und ohne zentrale Organisation dafür sorgten, dass ein Großteil der jüdischen Bevölkerung vor der Deportation gerettet werden konnte. Da es sich dabei um eine Vielzahl von Einzelaktionen handelte, lassen sich die einzelnen Fluchtrouten und Namen der Beteiligten heute nur noch schwer rekonstruieren. In Schweden wurden die geretteten dänischen Juden in provisorischen Unterkünften, oft Schulen oder leerstehende Ferienanlagen, untergebracht, wo sie sicher bis zum Ende des Krieges bleiben konnten."[199]

Viele Geflüchtete lebten mit dem Gedanken, nach Deutschland zurückkommen zu können. Sie beobachteten das Land, aus dem sie fliehen mussten.

Zum Abschluss dazu ein Gedicht von Eva Aschner:

Wellenlänge 450

Das Radio da vor dir: Berichte, Klänge …
dir zuckt die Hand. Du suchst die Wellenlänge;
die ist von früher dir noch wohlbekannt.
Es klopft dein Herz. In kurzen Augenblicken
kannst du die weite Ferne überbrücken
und Stimmen hören aus dem Heimatland…

Gleich wirst du hören, was die drüben singen …
Da horch: Erst ferne, - Laute zu dir dringen,
doch kein Gesang. Es ist ein Mann der spricht,
Was sagt er nur? Schon kannst du es erkennen:
Nur Namen, - Namen scheint er da zu nennen …
Was liest er da? Sein Ton gefällt mir nicht.

„…bekannt, die Heeresmacht zu untergraben, -
und dass sie Sabotage betrieben haben,
zu schädigen gesucht den deutschen Staat.
Sie haben Öl und Waffen frech vernichtet -
und werden deshalb alle hingerichtet -
bei Tagesanbruch, morgen, für Verrat.“

Du wolltest hören, was sie drüben singen -
ja, weißt du nicht, dass sie ums Leben ringen?
Nun packt mich heiße Scham, Empörung, Wut.
Du hörst dich angstvoll und verzweifelt fragen:
Wie kann ich helfen, die Faschisten schlagen,
bevor das Land ertrinkt in eurem Blut?[200]

[177] Telefonat BG-ap v. 14.10.2020 (GRÜNBERG-INTERV.)

[178] vgl. Zadek (LIT) S.10 f.

[179] Telefonat BG-ap v. 14.10.2020 (GRÜNBERG-INTERV.)

[180] SCHOA - INT; jüdischen Widerstand dokumentiert Lustiger (LIT)

[181] Fritz/Hammerstein (LIT), S. 8

[182] Seiler/Wacker (LIT), S. 30

[183] Gegen diese Politik richtete sich der Polizeihauptmann Paul Grüninger, der mit gefälschten Dokumenten mindestens 3.000 Juden das Leben rettete. „Paul Grüninger zahlte für seine Menschlichkeit einen hohen Preis. Er wurde im Mai 1939 fristlos entlassen. Zwei Jahre später verurteilte ihn das Bezirksgericht St. Gallen wegen Urkundenfälschung. Der ehemalige Polizeioffizier musste sich von nun an mit karg entlöhnten Arbeiten durchschlagen. Zeitweise ernährte er seine Familie als Verkäufer von Regenmänteln. Erst 23 Jahre nach seinem Tod wurde Paul Grüninger juristisch rehabilitiert." Hasler (LIT)

[184] Benz (LIT), Die Kindertransporte S.10

[185] Salewsky (LIT), S.16

[186] Dennoch konnten zeitweise Menschen aus Frankreich über Spanien in die USA fliehen, da Franco im Hitler-Weltkrieg neutral blieb.

[187] vgl. Benz 2, S.10

[188] Lingener Tagespost v. 09.05.2009 (ZEITUNG)

[189] vgl. Feldman (LIT), S. 98. Gisela Feldman berichtet, dass amerikanische Küstenschutzboote die St. Louis begleiteten, damit niemand schwimmend das Ufer erreichen konnte. Ihr und ihren Eltern gelang schließlich die Flucht nach Großbritannien.

[190] vgl. Benz 2, S.10; Aufnahme fand in den USA auch die Philosophin Hannah Arendt, deren vom Lingener Künstler Peter Lütje gestaltete Büste vor der Gedenkstätte Jüdische Schule in Lingen (Ems) zu sehen ist.

[191] In den von den Nazis beherrschten Ländern wurden auch viele Menschen gerettet. Evangelische Christen bewahrten beispielsweise in Südfrankreich etwa 5.000 Menschen vor der Verfolgung, darunter sehr viele Kinder vor der Ermordung. vgl. Schott (LIT)

[192] Crabus, Mirko: Lingen im Nationalsozialismus (LIT)

[193]Übersetzung des niederländischen Textes: Erinnerungszentrum Lager Westerbork Museum - Lagergelände – Denkmal. Lager Westerbork ist die Geschichte vom 102.000-fachen Mord an einem Menschen: einer Mutter, eines Vaters, eines Großvaters, einer Großmutter, eines Onkels, einer Tante, eines Bruders, einer Schwester, eines Sohnes, einer Tochter, eines Neffen, einer Nichte, eines Freundes, einer Freundin, eines Nachbarn, eines Klassenkameraden,… Es ist auch die Erzählung von 5.000 Überlebenden.

[194]Freund (LIT) S.74

[195]Der Jüdische Frauenbund, der sich neben der Frauenemanzipation auch soziale Arbeit zum Ziel setzte, wurde 1904 gegründet, nach dem Sieg über den Naziterror 1953 wiedergegründet.

[196]Krohn (LIT) S.94

[197]vgl. Lern- und Gedenkort Jawne (LIT)

[198]Reinhold (LIT); Duckwitz wurde später von Yad Vashem als „Gerechter unter den Völkern" geehrt. In der Bundesregierung von Bundeskanzler Willy Brandt wurde Duckwitz Staatssekretär im Auswärtigen Amt.

[199]ebd.

[200]Aus: Walter, Fritz (Hg.): Mut - Gedichte junger Österreicher. Verlag Jugend Voran, Wien 1943; zit. n. Schmidt, Herbert (LIT), S 70.

Rettung durch Kindertransport

Zu der Zeit wusste ich ja gar nicht, warum ich weg musste. Mir hatte niemals jemand gesagt, warum ich in dem Zug war, warum man mich nach England schickte, was der Kindertransport war. Ich dachte, es ist eine weitere Station meiner Ausbildung. Auf der östlichen Seite hatte man mich nach Berlin geschickt, um einen Beruf zu lernen und ich habe gedacht, ich fahre nach Rheine, irgendwo hin, um eine weitere Ausbildung zu bekommen.[201]

Am 13. Dezember 1938, einem Dienstag, stieg Bernhard Grünberg in Berlin in einen Zug der Deutschen Reichsbahn. Mit ihm waren etwa 300 Kinder und Jugendliche zwischen zwei und siebzehn Jahren in diesem Zug. Bernhard wusste nicht, wohin die Reise gehen würde. Er glaubte, so hat er es oft erzählt, bald wieder zu Hause in Lingen zu sein.

An anderer Stelle erinnert sich Bernhard an seine Wahrnehmung zu dieser Zeit so: *Ich nahm die Fahrt nach England nicht ernst, ich dachte, es wäre ein Spaß, ich dachte, ich fahre in Urlaub. Ich war 15, ich wusste nicht, um was es ging. Ich hatte keine Ahnung von Emigration, Emigration war für mich ein Fremdwort. Ich kann mich nicht erinnern, worüber wir am letzten Abend sprachen, bevor ich nach Berlin fuhr, um dort am Kindertransport teilzunehmen, mein Gedächtnis ist da ganz blank. Ich denke, dass meine Eltern wussten, was das bedeutete, aber ich wusste es nicht. Ich denke, dass ich mich nicht erinnern kann, weil ich es nicht ernst genommen habe. (...) Später, als ich alles verstanden hatte, als ich den Grund kannte, konnte ich mein Denken von damals selbst nicht verstehen.*[202]

Über die Situation seiner Familie zur Zeit seiner Abreise sagte uns Bernhard am Telefon über achtzig Jahre später: *Als in Berlin gesagt wurde, dass ich mit dem Kindertransport fahren könnte, musste jemand die Genehmigung geben. Mein Vater war ja im KZ in Buchenwald. So musste meine Mutter entscheiden, ob ich mitgehen kann oder nicht. Ich nehme an, es muss eine sehr schwere Entscheidung für sie gewesen sein, ohne dass sie wusste, was der Vater sagen würde, von dem sie ja nicht wusste, ob er überhaupt lebend aus dem KZ herauskommen würde.*[203]

Später vermutete Bernhard: *Es muss eine fürchterliche Entscheidung für sie gewesen sein, ihren einzigen Sohn in ein fremdes Land zu schicken, ohne dass er die Sprache kannte und ohne zu wissen, ob sie ihn je wiedersehen würde. Später habe ich selbstverständlich verstanden, dass sie die richtige Entscheidung getroffen hat, aber damals muss es ihr das Herz gebrochen haben.*[204]

Viele Jahre später war BG klar, unter welchem Druck seine Mutter gestanden hatte, als sie die Entscheidung über seine Abreise treffen musste. *Mein Vater war ja im Konzentrationslager und meine Mutter konnte nicht wissen, wie lange er dort bleiben würde, ob er überhaupt zurückkommen würde. Es muss eine zusätzliche besondere Last für sie gewesen sein, nicht zu wissen, was er zu der Entscheidung sagen würde, dass sie seinen einzigen Sohn hatte abreisen lassen. Sie trug die ganze Verantwortung auf ihren Schultern.*

Bendix Grünberg kam an dem Abend aus dem KZ Buchenwald nach Hause, bevor Bernhard die Fahrt nach Berlin zum Kindertransport antrat. *Mein Vater kam am 10. oder 11.12.1938 aus dem KZ. Am Abend, als ich zu Hause war, klopfte er spät abends ans Fenster. Ich weiß nicht mehr die genaue Zeit, aber es war ja Winter und es war dunkel. Damals wusste ich nicht, was ein Konzentrationslager war, ich hatte keine Ahnung, auch nicht davon, wie es ihm dort gegangen war. Damals wusste ich nichts über die Grausamkeit, über das mörderische Verhalten im KZ. Damals habe ich auch nicht realisiert, dass das das Ende der Familie war. Das kam mir nicht in den Sinn.*[205]

Bernhard Grünberg konnte niemals mit seinen Eltern über diese Entscheidungssituation sprechen.

Im Bahnhof der westfälischen Stadt Rheine, die nur wenige Kilometer von seiner Heimatstadt Lingen an der Ems entfernt liegt, stieg ein Mann in den Zug. Er ging auf der Suche nach Bernhard von Waggon zu Waggon, bis er ihn fand. Es war Bernhards Vater, Bendix Grünberg. Mit diesem Handeln, das für ihn sicher ein großes Risiko darstellte, brachte Bendix Grünberg zum Ausdruck, dass er mit der Entscheidung seiner Frau einverstanden war.

Er begleitete Bernhard bis zur Grenze zwischen Deutschland und den Niederlanden in Bentheim, heute Bad Bentheim. Dort stieg der Vater aus, um nach Lingen zurückzufahren. Bernhard erinnert sich: *Wie es ihm gelungen ist, in den Zug in Rheine einzusteigen, um mich bis nach Bentheim zu begleiten, habe ich keine Ahnung. Auch kann ich mich nicht erinnern, über was wir uns unterhalten haben, kein einziges Wort. Dass mein Vater in den Zug kam, war ja etwas ganz Besonderes.*[206]

Das ist sehr zutreffend. Es gibt viele Berichte von Kindern und Jugendlichen, die in einem solchen Zug gefahren waren, aber niemand kann davon berichten, dass sie oder ihn ein Elternteil ein Stück der Strecke begleitet hätte.

Dass die Kindertransportzüge durch die Niederlande fuhren, hatte mehrere Gründe. „Von allen Flüchtlingskomitees eignete sich das holländische am besten, das erste Stadium der Auswanderung zu leiten – den Schritt in eine freundliche Umgebung. Die Grenze lag nahe am dichtbevölkerten Ruhrgebiet, und ein weitläufiges Eisenbahnnetz verband die beiden Länder. Die Hoffnung auf einen Alternativweg über Frankreich war bereits an politischer Unschlüssigkeit gescheitert (…). Die einzige Alternative, nämlich die Kinder direkt von deutschen Häfen ausreisen zu lassen, schien zu sehr vom guten Willen der Nazis abzuhängen."[207]

Die schließlich gewählte Reiseroute führte mit dem Zug nach Hoek van Holland und dann mit der Fähre nach Harwich.

„Züge ins Leben - Züge in den Tod." Zur Erinnerung an die Kindertransporte und an die in den Vernichtungslagern ermordeten Kinder schuf der durch „Kindertransport" gerettete Künstler Frank Meisler auch in Berlin ein Denkmal am Bahnhof Friedrichstraße. Die beiden Skulpturen im Vordergrund – rotbraun gefertigt – symbolisieren die Kindertransportkinder. Die grauen Statuen im Hintergrund stellen die über 1,5 Millionen ermordeten Kinder dar. Foto: © Jörg Ihlau

Wir fragten Bernhard: „Wie hast du dich gefühlt, als dein Vater in Bentheim aussteigen musste?" Bernhard: *„Ich hatte keine Ahnung, dass ich meinen Vater zum letzten Mal sehen würde, dass ich niemals nach*

Lingen zurückkehren würde, dass ich meine Eltern und meine Schwester niemals wiedersehen würde. Es war alles, sagen wir mal, im Dunklen.["]208

Später ordnete Bernhard Grünberg die Rettungsaktion so ein:

Durch die Anstrengungen der jüdischen Gemeinden in Deutschland und Großbritannien wurde die britische Regierung veranlasst, Kinder zwischen zwei und siebzehn Jahren ins Land zu lassen. Bedingung dafür war, dass die Kinder keiner - bezahlten oder unbezahlten - Arbeit nachgehen und keine Leistungen des Staates beanspruchen würden. Zudem sollten sie so schnell wie möglich in ein anderes Land weiterreisen. Damit waren die Kindertransporte geboren. Zwischen dem 1. Dezember 1938 und dem Beginn des Zweiten Weltkriegs im September 1939 war es 10.000 jüdischen Kindern und anderen gestattet, ins Land zu kommen. So wurden wir alle vor dem sicheren Tod bewahrt.[209]

Das ist eine gute Zusammenfassung der später so benannten „Kindertransporte".

Am 15. November 1938 empfing der britische Premierminister Neville Chamberlain eine Abordnung einflussreicher britischer Juden und der überwiegend christlichen Quäker,[210] um über eine vorübergehende Aufnahme von Kindern und Jugendlichen in Großbritannien zu verhandeln. Die jüdische Gemeinde in Großbritannien verpflichtete sich zur Stellung von Garantiesummen für die Reise- und Umsiedlungskosten der Kinder in Höhe von 50 Pfund pro Kind (nach heutiger Kaufkraft etwa € 500.-) und versprach, die Kinder im Land zu verteilen. Sie sollten eine angemessene Ausbildung bekommen. Später sollten die Kinder, so die Vereinbarung, mit ihren Familien wieder vereinigt werden und eine neue Heimat im britisch verwalteten Palästina finden.

Vielfach waren Frauen die treibende Kraft bei der Vorbereitung und der Organisation der Kindertransporte, so zum Beispiel die Quäkerin Bertha Bracey, die nach dem Ersten Weltkrieg in Deutschland hungernden Kindern geholfen hatte und daher gut deutsch sprach. „Nach der

‚Kristallnacht' fragte (der in der Fluchthilfe für Juden engagierte jüdische Deutsche ap/ fwp) Wilfried Israel, der von Bertha Braceys Tätigkeit im Nürnberg der Zwanziger Jahre (des 20. Jahrhunderts, ap/fwp) gehört hatte, ob sie mit einer Quäkerdelegation nach Berlin reisen würde, um der britischen Regierung Bericht über die verzweifelte Lage junger Juden in Deutschland zu erstatten. Es galt als zu gefährlich für britische Juden, nach Deutschland zu fahren (…). Nach ihrer Rückkehr gehörten sie und ein anderer Quäker, Ben Greene, zu einer Delegation, die am 21. November 1938 den Innenminister Sir Samuel Hoare (…) überzeugte, erleichterte Einreise für Kinderflüchtlinge, deren Unterhalt entweder durch eigene Mittel oder durch andere Personen garantiert werden kann', zu genehmigen. Die Operation Kindertransport konnte beginnen."[211] Den Reisegruppen wurden Blockvisa ausgestellt, und jedes Kind bekam eine Nummer.

Die britische Regierung stimmte somit trotz vieler Bedenken - nicht zuletzt aus Furcht vor wachsendem Antisemitismus und wegen hoher Arbeitslosigkeit - der Rettung jüdischer Kinder zu, verweigerte aber eine finanzielle Unterstützung.

So fanden, wie BG im Zitat ausführte, in den Jahren 1938 und 1939 knapp 10.000 jüdische Kinder und Jugendliche im Rahmen der Kindertransporte Zuflucht in Großbritannien. Sie durften - ohne ihre Eltern - einwandern, sofern ein Förderer oder eine Pflegefamilie für sie gefunden wurde.

Neben den Bemühungen der Auswanderung nach Palästina durch die Reichsvertretung waren die Kindertransporte die größte Rettungsaktion für unbegleitete jüdische Kinder in der Geschichte des Naziterrors. Die Bereitschaft der britischen Regierung zu den Kindertransporten ist vor dem Hintergrund der weitgehenden Ablehnung vieler Länder zur Rettung jüdischer Menschen nicht genug hervorzuheben. So äußerte sich auch Bernhard Grünberg immer wieder.

Das Refugee Children's Movement (RCM) beschaffte Bürgschaften für die aufzunehmenden Kinder und organisierte gemeinsam mit anderen Hilfsorganisationen Unterkünfte für die Kinder und Jugendlichen.

In Nazideutschland übernahm die Reichsvertretung die Durchführung der Kindertransporte. Tausende Kinder und Jugendliche zu finden, ihre Ausreise zu regeln und den Transport per Eisenbahn zu organisieren, stellte die Hilfsorganisationen in Deutschland und in Großbritannien vor riesige Herausforderungen.

Um dies darzustellen, gehen wir auf zwei leider weitgehend vergessene Helden der Rettungsaktion ein, auf Norbert Wollheim und Geertruida-Wijsmuller-Meijer. Neben ihnen waren selbstverständlich viele andere engagierte und mutige Retterinnen und Retter an den Kindertransporten beteiligt.

Die Reichsvertretung sprach den sozial engagierten Norbert Wollheim (1913–1998), der als Jude sein begonnenes Jurastudium wegen des Naziterrors nicht weiterführen durfte, mit der Bitte an, die Kindertransporte in Nazideutschland zu organisieren. „In Berlin war Norbert Wollheim Zeuge des Pogroms vom 9./10. November 1938 geworden und unterstützte in den folgenden Wochen jüdische Männer, die an diesen Tagen von der Gestapo ins KZ Sachsenhausen verschleppt worden waren. Sie wurden nun wieder entlassen, waren jedoch häufig verletzt, misshandelt und krank, und versuchten, zu ihren Familien zurückzukehren. ‚Damals begriff ich, dass Rabbiner Leo Baeck, der mein Lehrer und geistiger Mentor war, Recht hatte, als er sagte, dass die historische Stunde des deutschen Judentums zu einem Ende gekommen sei.‘ "[212] Wollheim, der seine selbstlose Hilfsbereitschaft damit bezahlte, dass ihm die geplante Flucht vor den Nazis nicht mehr möglich war, stürzte sich in die Arbeit. „In Deutschland war die Aufgabe zunächst, in ganz Deutschland jüdische Kinder zu finden, die die Kriterien erfüllten – unter 17 Jahre,

gesund, mit Einverständnis der Eltern, da diese ja nicht mitgehen durften –, für sie die Ausreiseformalitäten zu regeln und festzulegen, wann
sie von Berlin nach England reisen sollten. Während Wohltätigkeitsor-
ganisationen in den jüdischen Gemeinden vor Ort die Kinder aussuch-
ten und ihre Unterlagen nach Berlin schickten, war es Norbert Wollheims Aufgabe, die Listen der einzelnen Transporte zusammenzustellen
und sie mit den Organisationen in England abzustimmen, was häufig
nächtlicher Telefongespräche bedurfte, auf die er manchmal mehrere
Stunden warten musste wegen der schlechten Verbindungen."[213]

Örtliche jüdische Organisationen wählten die Kinder und Jugendlichen aus. In Bernhard Grünbergs Fall war es die Berliner Umschichtungsstelle. „Die Eltern brachten ihre Kinder aus ganz Deutschland
nach Berlin, von wo sie in besonderen Waggons abfuhren. Norbert
Wollheim hatte mit Kindern und Eltern erst in Berlin bei der Verabschiedung am Bahnhof direkt zu tun. Hierfür mietete er im Schlesischen
Bahnhof einen separaten Saal an, da die Gestapo den Eltern verboten
hatte, ihre Kinder auf den Bahnsteig zu begleiten, um öffentlich sicht-
bare Abschiedsszenen zu vermeiden. In diesem Saal war es seine Aufgabe, mit einer kurzen Ansprache den endgültigen Abschied zwischen
Eltern und Kindern einzuleiten."[214]

Wollheim erinnerte sich an die geleistete Arbeit und die damit verbundenen schweren Belastungen für alle Beteiligten so: „Oft arbeiteten wir
die ganze Nacht durch. Die politische Lage veränderte sich von Minute
zu Minute, und wir wollten unser Ziel von 10000 Kindern so rasch wie
möglich erfüllen. (…) Unsere Aufgabe bestand darin, die Transporte entsprechend den in den Zügen verfügbaren Plätzen zu planen. Nach der
Bearbeitung der Anträge durch das Innenministerium in England wurden diese zusammen mit den entsprechenden Bewilligungen wieder an
uns zurückgeschickt, und wir verständigten dann die Eltern, dass ihre
Kinder eine Einwanderungserlaubnis für England bekommen hatten. Oft

kam es vor, dass Eltern nur für ein Kind eine Einreisebewilligung bekamen, für dessen Geschwister aber nicht. In einem solchen Fall mussten wir den Eltern sagen, dass es uns leid tue, wir aber nur jene Kinder aufnehmen könnten, die bereits eine Bewilligung in Händen hätten. (…) Sobald wir drei- oder vierhundert Bewilligungen beisammen hatten, legten wir sofort ein Datum für die Abreise des Transportes fest."[215]

Zunächst durften die Helfer der Reichsvertretung die Züge nur bis Bentheim begleiten. Später erlaubte die Gestapo eine Begleitung bis England, aber nur unter der Bedingung, dass die Begleitpersonen umgehend nach Deutschland zurückkehren würden. Hätte nur eine der Begleitpersonen die Gelegenheit zur Flucht genutzt, hätten die Nazis die Kindertransporte sofort beendet. „Es lag also bei der Auswahl der Begleiter/innen eine große Verantwortung auf Norbert Wollheim. Er begleitete selbst vier oder fünf der etwa 20 Kindertransporte von Berlin nach England, auch einige nach Schweden, denn auch Schweden entschloss sich, jüdische Kinder aus Deutschland aufzunehmen. Die Reisen nach England nutzte Wollheim zudem für organisatorische Absprachen mit den Mitarbeiter/innen des Refugee Children's Movement dort."[216]

Insgesamt organisierte Wollheim Kindertransporte für etwa 7.000 Kinder und Jugendliche.

„Norbert Wollheim war ein Meister der Verhandlungskunst: Einmal stellte er z.B. fest, dass einer seiner Schützlinge die festgelegte Altersgrenze überschritten hatte: ‚Er war gerade aus (dem KZ, ap/fwp) Dachau entlassen worden. (…) Er war groß und breit, und man sah ihm an, dass er über achtzehn war. Doch ich sagte ihm, er müsse sich unter allen Umständen um drei Jahre jünger machen (…). In Harwich rief mich der Einwanderungsbeamte zu sich. Der Junge stand zitternd vor ihm. ‚Fragen Sie ihn, wie alt er ist', sagte der Beamte. Der Junge hatte perfekt gelernt. ‚Er sagt, er ist 1924 geboren, übersetzte ich."[217] Der junge Mann konnte in England bleiben.

Norbert Wollheim an Deck eines Schiffes.
Er begleitet jüdische Kinder zu einem Erholungsaufenthalt
in einem Sommerlager in Dänemark, etwa 1935.
Quelle: United States Holocaust Memorial Museum (www.ushmm.org),
mit freundlicher Genehmigung

Nur selten wird darauf hingewiesen, dass ja auch die Nazis ihr Einverständnis zu den Kindertransporten geben mussten. Weil sie die Juden ausrauben wollten, verboten sie den Kindern die Mitnahme von größeren Geldbeträgen oder Wertgegenständen wie etwa Schmuck. Bernhard erinnert sich: *Was ich mitnehmen durfte, weiß ich noch genau. Uns wurde nur erlaubt, einen von uns selbst tragbaren Koffer sowie ein Handgepäck und zehn Reichsmark mitzunehmen, das waren damals maximal 6- 8 Britische Pfund.*[218]

Die Nazis erlaubten den Flüchtlingen aus zwei Gründen, nur so wenig Geld mitzunehmen. Zum einen hatte der Raub jüdischen Eigentums begonnen, zum anderen hofften sie, dass die mittellosen „Kinder" England zur Last fallen und damit den Antisemitismus in den Aufnahmeländern verstärken würden.

Eine nichtjüdische niederländische Frau hatte erheblichen Anteil daran, dass die Nazi- Behörden den Kindertransporten nach England zustimmten: Geertruida Wijsmuller- Meijer (1896-1978). Ihre Eltern hatten nach dem Ersten Weltkrieg hungernde Kinder aus Deutschland und Österreich aufgenommen, was bei ihr einen bleibenden Eindruck hinterlassen hatte. Ihr Leben lang engagierte sie sich ehrenamtlich in Hilfsorganisationen, um sich dem Wohl von Kindern zu widmen. Nach der Machtübertragung an die Nazis in Deutschland verhalf sie zahlreichen jüdischen Kindern zur Flucht aus Nazideutschland.

Sie baute in Deutschland und den Niederlanden ein Netzwerk mit jüdischen und nichtjüdischen Helfern auf. „Wijsmuller-Meijers Erfahrungen in der Fluchthilfe aus dem Dritten Reich waren der Grund, dass die britischen Hilfsorganisationen sie Anfang Dezember 1938 um Hilfe baten."[219]

Auch in Österreich, im März 1938 an Hitlerdeutschland „angeschlossen", entfesselten die Nazis sofort ihren judenfeindlichen Terror. Als die bedrängte Wiener jüdische Gemeinde vom Angebot der britischen

Regierung zur Rettung von Kindern und Jugendlichen hörte, ging ihr Vorsitzender, Josef Löwenberg, - sofort nach dem „Anschluss" inhaftiert und gefoltert, dann aber wieder entlassen - davon aus, dass etwa 35.000 Jugendliche in Österreich die Voraussetzungen für einen Kindertransport nach Großbritannien erfüllen würden. „Zweifel bestanden jedoch an der Kooperationsbereitschaft der Nazis. Löwenberg bat deshalb um die Entsendung eines Repräsentanten ‚als Beistand zur Durchsetzung unserer Pläne'. Gefragt war eine Persönlichkeit mit genügend Durchsetzungsvermögen, um bei Adolf Eichmann Gehör zu finden, einem Bürokraten, der sich nur schwer, schon gar nicht von einem Juden, festnageln ließ. (Man) fand die ideale Kandidatin hierfür in Amsterdam. Die Bankiersgattin Gertrude Wijsmüller-Meijer, eine entschlossene und energische Frau, die sich mit beachtlichem Organisationstalent voll und ganz der Flüchtlingsbewegung widmete. Sie war keine Jüdin und sprach gut Deutsch. Jedoch verfügte sie weder über Ortskenntnis noch über Beziehungen, die ihr innerhalb der österreichischen Verwaltungshierarchie weiterhelfen konnten. Hiervon unbeeindruckt flog sie am 3. Dezember nach Wien."[220] Eichmann hatte, Beginn seiner steilen Karriere in Nazideutschland bis zum Hauptverantwortlichen für die Schoa, die „Zentralstelle für jüdische Auswanderung" in Wien organisiert. Er betrieb die Ausplünderung und die Ausweisung jüdischer Menschen so effektiv, dass nach seinem Vorbild die „Reichszentrale für jüdische Auswanderung" in Berlin geschaffen wurde.

Wijsmuller sagte als Zeugin im Eichmann-Prozess [221] im August 1960 in Jerusalem aus: „Ich kam samstags mittags in Wien an. Ich machte mich sofort auf den Weg zur (Israelitischen, ap/fwp) Kultusgemeinde. Das jüdische Viertel war mit Seilen abgesperrt. Die Juden durften es nicht einmal verlassen, um die Straße zu überqueren. Auf meinem Weg zum Palästina-Büro wurde ich unter dem Verdacht, Jüdin zu sein, in der Nähe der Kultusgemeinde verhaftet. Ich hämmerte an meine Zellentür und erklärte, ich sei keine Jüdin. Bei meiner Entlassung drohte ich, alle Zeitungen der Welt über die Behandlung von Ariern in Wien zu informieren. Man bedauerte den Irrtum, und ich wurde gefragt, was man für mich tun könne. Ich bat um einen Termin bei Eichmann. Man entließ mich mit der Versicherung, Entsprechendes zu veranlassen.' "[222]

Wijsmuller-Meijer berichtet weiter: „Ich wurde in ein riesiges Zimmer geführt. Am Ende des Raumes war ein Podium. Dort saß Eichmann, neben sich eine sehr helle Lampe. Ich ging mit ausgestreckter Hand auf ihn zu. ‚Herr Doktor, ich bin Frau Wijsmüller, ich möchte mit Ihnen sprechen.' Darauf schrie er mich an: ‚Wir sind es nicht gewöhnt, mit Frauen zu reden.' ‚Wie schade. Wie Sie wissen, bin ich verheiratet, und da mein Mann arbeitet, müssen Sie sich schon mit mir begnügen. Darf ich mich setzen?'

Eichmann war so erstaunt, dass ich entgegen seiner Erwartung nicht vor ihm zitterte, dass er mir erlaubte, mich zu setzen. Ich erklärte ihm dann, es läge die Genehmigung der britischen Regierung für die Einwanderung von 10.000 jüdischen Kindern vor und, dass ich beauftragt worden war, mit ihm den Ablauf der Aktion zu besprechen. ‚Haben Sie einen Brief der englischen Regierung?' ‚Nein.' (…) Dann schickte er nach dem Juden Friedmann. Er fragte ihn: ‚Kennen Sie Frau Wijsmüller?' - ‚Nein.' - ‚Kennen Sie Herrn Friedmann?' ‚Nein.'

Dann wandte sich Eichmann wieder an Herrn Friedmann: ‚Jetzt inszenieren wir den Witz des Jahrhunderts: Diese Frau besitzt kein Regierungsdokument, das sie legitimiert, Kinder nach England zu bringen. Wir werden einen Transport von 600 Kindern zusammenstellen, der am Sonnabend Mittag (Schabbat!) die Grenze überqueren muss, dann kann Frau Wijsmüller zeigen, wie sie die Kinder ins Land bringt.' Ich bedankte mich und sagte, ich hoffte, ihn wiederzusehen."[223] Eichmann war überzeugt, dass Wijsmuller-Meijer das in so kurzer Zeit nicht umsetzen könne. „Aber ‚Tante Truus', wie die Kinder sie nannten, organisierte innerhalb weniger Tage einen Sonderzug. Bereits am 10. Dezember fuhr der erste Kindertransport (aus Wien ap/fwp) ab.

Geertruida Wijsmuller-Meijer neben ihrer Büste in Amsterdam
Foto: Nationaal Archief NL

(…) 74 Kindertransporte sollten folgen, in den neun Monaten bis zum Ausbruch des Zweiten Weltkriegs. (…) Nach Kriegsbeginn rettete Geertruida Wijsmuller-Meijer weiter Kinder aus den Niederlanden und dem besetzten Frankreich, indem sie sie nach Spanien oder in die Schweiz brachte.“[224]

Die Kinder und Jugendlichen, die durch Kindertransporte nach England gerettet wurden, nannten sich Zeit ihres Lebens „Kinder". Bernhard Grünberg schilderte anschaulich, wie er den Kindertransport erlebte. Nachdem sein Vater am Grenzbahnhof Bentheim ausgestiegen war, fuhr der Zug auf ein Nebengleis und blieb dort stehen. Männer in Uniformen betraten den Zug. *An die Reise habe ich die Erinnerung, dass an der deutschen Grenze deutsche Uniformierte ('German Guards') in den Zug kamen, durch die Abteile gingen und alle Koffer öffneten. Sie stahlen viele Gegenstände. Das bedeutet, dass viele Kinder der Dinge beraubt wurden, die sie an ihr Zuhause und an ihre Eltern hätten erinnern können. Zu meinem Glück wurde mein Koffer nicht geöffnet. Daher konnte ich behalten, was meine Mutter mir liebevoll eingepackt hatte, einschließlich eines Fotoalbums meiner Familie, das ich als meinen Schatz gehütet habe.*"[225]

Die Männer raubten den Kindern viele für sie wertvolle Gegenstände und oft auch das bisschen Geld. Solche traumatischen Erfahrungen werden in vielen Berichten von „Kindern" erwähnt. Ein Mädchen erinnert sich: „Zwei uniformierte, braungestiefelte Deutsche – einer mit SS- Abzeichen – betraten unser Abteil. Sie zeigten auf die Koffer, die geöffnet werden mussten. Keiner sprach ein Wort. Wir sahen einfach mit möglichst sorglosen Mienen zu, wie sie die Koffer durchsuchten. Es gab ein Gerücht, dass der ganze Transport zurückgeschickt werden würde, wenn auch nur einer beim Schmuggeln von Geld oder Schmuck ertappt würde. Schließlich verließen die Uniformierten den Zug, und wie sahen sie in Gruppen auf dem Bahnsteig stehen. Erst als der Zug sich wieder in Bewegung setzte, atmeten wir auf."[226]

Ein Junge hatte weniger Glück: „Ich war sehr stolz auf meine Briefmarkensammlung. Ein SA-Mann fand sie in meinem Rucksack und fing an, das Gepäck eines anderen zu durchsuchen. Als er mir den Rücken zukehrte, setzte ich mich auf das Briefmarkenalbum. Er schien dies gemerkt zu haben, denn er drehte sich um und gab mir eine Ohrfeige. Dann nahm er das Album (...)"[227]

Bernhard Grünberg erzählt 2016 in seinem Wohnzimmer in Derby ap
von seinem Fotoalbum.
Foto: Esther Prenger

Es wird Bernhards Mutter nicht leicht gefallen sein, das Fotoalbum herzugeben. Sie wird gewusst haben, dass ihr Sohn ein solches Erinnerungsstück benötigen würde. Sie musste sorgsam auswählen, womit die Erinnerung an seine Familie angesichts der Umstände aufrecht erhalten werden könnte. Bernhard konnte ja nur einen Koffer mitnehmen.

Sie hatte sehr gut entschieden. Für viele von ihren Familien getrennte Kinder und Jugendliche waren solche Gegenstände die einzige Verbindung mit ihrem Zuhause, der einzige materielle Beweis, dass die Familie existiert.

„Die Gegenstände dienen nicht nur der Selbstvergewisserung (…) sie halten über die Distanz hinweg die Verbindung, sie trösten, da sie suggerieren, dass die Eltern zwar weg, aber nicht verloren sind."[228] So eine besondere Bedeutung hatte das Fotoalbum für Bernhard Grünberg. Es wurde sein wertvollster Besitz. Viele Fotos in diesem Buch stammen aus diesem Album.

Auch das folgende Erlebnis hatte BG sehr häufig geschildert. *An manche Dinge erinnere ich mich fotografisch, andere weiß ich gar nicht mehr. Woran ich mich erinnere, ist der Empfang in Holland. Da waren viele Menschen am Bahnsteig, wir bekamen Süßigkeiten, Früchte, Schokolade, Getränke, alles, was mich als Kind erfreute.*[229]

Ort dieses Empfanges war die niederländische Stadt Oldenzaal. Die Freude, die Bernhard darüber auch achtzig Jahre später noch zum Ausdruck brachte, teilten fast alle „Kinder", die ihre Erlebnisse niederschrieben. So auch Gideon Behrendt: „An der ersten Station in Holland hielt der Zug an, und eine Gruppe holländischer Damen erwartete uns. Sie reichten uns Sandwiches und heiße Getränke durch das Fenster. Dieses herzliche Willkommen munterte uns auf, und Aufmunterung hatten wir nötig."[230]

An solchen Empfängen hatte Geertruida Wijsmuller-Meijer großen Anteil. Als wieder einmal ein Zug aus Berlin in Oldenzaal eintraf, mussten die wartenden Frauen besorgt feststellen, dass die angekündigten Waggons mit den erwarteten „Kindern" fehlten. Als Wijsmuller-Meijer, von „Kindern" ebenso spöttisch wie verehrend auch „Die Dampfwalze" genannt „nun sah, dass die Kinder nicht im Zug waren, setzte sie sich, Böses ahnend, in ihr Auto und fuhr zielstrebig über die Grenze nach Bentheim. Hier entdeckte sie die beiden Personenwagen auf einem Nebengleis. Was war geschehen? Die Gestapo-Männer hatten die beiden Wagen besonders intensiv und rücksichtslos auf Wertgegenstände hin untersucht, (...). Dabei hatten sie sich ‚wie die Vandalen' aufgeführt, die Koffer der Kinder durchwühlt und sogar bei einigen Leibesvisitationen vorgenommen. Diese Durchsuchungen waren so zeitraubend, dass der Zug, um Verspätungen zu vermeiden, ohne die beiden Wagen weitergefahren war. Als Geertruida Wijsmuller-Meijer dies sah, herrschte sie die Gestapo-Leute an und kritisierte sie lautstark, so dass die Männer betreten und kleinlaut ihre ,Arbeit' einstellten. ,Lammfromm', wie es in einem englischsprachigen Text heißt, halfen sie den Kindern sogar, ihre Koffer neu zu packen. Die beiden Wagen wurden dann an den nächsten Zug Richtung Holland angehängt, und pünktlich konnte noch die Abendfähre in Hoek van Holland nach England erreicht werden."[231]

Norbert Wollheim überlebte im Gegensatz zu seiner ermordeten Ehefrau und ihrem ermordeten Kind die Folter in Konzentrationslagern. In einem Interview, auf das sich wohl der vorstehende Text bezieht, schildert er eine Begegnung mit „Tante Truus". „Dieser erste Transport ist mir immer noch sehr lebhaft in Erinnerung, denn als wir zur Grenze kamen, waren nicht alle, oder keiner der SS-Wächter, die die Zollangelegenheiten regelten, geschult in diesen Dingen… sie bestiegen die Wagen und verhielten sich wie Vandalen. Sie attackierten nicht die Kinder, aber sie behandelten das Gepäck … es war vollständig zerstört, das Gepäck. Sie rissen es auseinander, auf der Suche nach Schmuck, fremder Währung und solchen Sachen. Sie konnten nichts finden, aber das ist zumindest, was sie taten, und jeder Versuch, sie davon abzuhalten, war mit Sicherheit vergeblich. - Und dann war es so schlimm, dass sie die Wagen mit den jüdischen Kindern von dem anderen Zug trennten und der Zug nach Holland abfuhr. Und als dieser Zug ohne die Kinder in Holland ankam, warteten die Behörden dort und sahen, dass die Kinder nicht da waren. Und unter den Leuten, die dort dienten (…) waren zwei Damen, an deren Namen man sich mit Dankbarkeit erinnern sollte. Beide nichtjüdisch. Die eine war Frau Fontaine, die andere Frau Wijsmuller, die sogar mit Herrn Eichmann zu tun hatte. Eine sehr mutige, wundervolle Frau. Sie war die Ehefrau eines bekannten Bankiers in Holland, hatte keine Kinder und verwendete all ihre Zeit vornehmlich Kindern zu helfen, nichtjüdischen, jüdischen, und plötzlich kam sie aus Holland. Sie hatte den Weg von Holland nach Bentheim zurückgelegt und als sie sah und hörte, was passiert war … vergesst nicht, es war kurz vor dem Beginn des Kriegs … sie stürzte sich zwischen diese SS-Leute. Es war … ich war so dankbar, und so, zu einem solchen Ausmaß, dass einer dieser SS-Männer sagte, ‚ich habe das Gefühl, Sie mögen uns nicht besonders' und sie sagte ‚Nun, persönlich vielleicht, aber als Gruppe sind Sie unmöglich'. Aber dann, interessanterweise, durch ihre Interventionen, beendeten sie den Vandalismus. Die beiden Wagen wurden dann an einen späteren Zug angekoppelt, der es noch pünktlich zur Fähre schaffte."[232]

Im Sommer 1939 hatte das Refugee Children's Movement zunehmend Schwierigkeiten mit der Finanzierung der Transporte, im August ging das Geld ganz aus. Mit dem Überfall Nazideutschlands auf Polen endete im September 1939 jede Möglichkeit, weitere Kinder und Jugendliche aus Deutschland und Österreich herauszubringen.

Eine dramatische Rettungsaktion in letzter Sekunde ging wiederum auf Geertruida Wijsmuller-Meijer zurück. „Ein letzter Transport verließ am 14. Mai 1940 auf dem Frachtschiff Bodegraven den (niederländischen ap/fwp) Hafen Ijmuiden – dem Tag, an dem Rotterdam bombardiert wurde und einen Tag, bevor Holland kapitulierte – unter dem Feuer deutscher Kampfflugzeuge. Die achtzig Kinder an Bord waren bei früheren Transporten nach Holland in vermeintliche Sicherheit gebracht worden."[233]

Bei der Darstellung, wie es nach der Ankunft in Harwich für ihn weiterging, stützen wir uns vor allem auf Bernhard Grünbergs Erinnerungen. Vieles von dem, was er berichtet, ist beispielhaft für viele „Kinder" in seinem Alter.

An den Empfang in Oldenzaal erinnerte er sich lebhaft, aber: *Danach weiß ich über die Fahrt nichts mehr. Ich erinnere mich an die Ankunft, wie ich jetzt weiß, in Harwich. Da habe ich in Erinnerung, dass ein Lokführer uns zurief „Gerechtigkeit und Frieden!" Daran erinnere ich mich, dass ein einfacher Lokführer sich als Teil des Empfangskomitees verstand und uns das zurief. - In Harwich wurden eine größere Zahl „Kinder" von Erwachsenen, die wussten, dass sie ankamen, abgeholt, sozusagen adoptiert, andere hatten vielleicht Verwandte dort. Die andern, die nicht in Empfang genommen worden waren, wurden in ein Ferienlager in Lowestoft geschickt, da gab es Holzhütten direkt am Meer, du konntest das Meer sehen, und wenn nicht, konntest du es riechen. In jeder Hütte waren zwei oder vier Pritschen.[234]*

Wir fragten Bernhard im Telefoninterview: Wie hast du dich gefühlt, als du allein in England angekommen warst? Seine Antwort: *Ich war ja nicht allein, da waren die anderen Kinder, die mit im Zug waren. Ich hatte mich nicht allein gefühlt. Man hat mich sofort in ein Ferienlager gebracht. Ich habe immer gedacht, wenn Hitler aus der Regierung ist, dass ich dann nach Hause zurück komme und wir als eine Familie weiterleben können. Ich habe mir keine Sorgen gemacht, mein Glaube war, dass ich eines Tages meine Eltern wiedersehen würde. Wir wurden versorgt von einem Komitee (RCM, ap/fwp) und sie mussten versichern, dass sie nie etwas vom englischen Staat bekommen würden. Sie mussten sich selbst um die Versorgung kümmern.[235]*

Die folgenden Erfahrungen hat BG immer wieder geschildert, sie hatten sich fest in sein Gedächtnis eingebrannt. *Es war Dezember, es war sehr kalt. In der ersten Nacht hatte ich mich wie üblich entkleidet, und da ist man bald vor Kälte gestorben. In den folgenden Nächten – es waren ungefähr 14 Tage -, habe ich nur meinen Mantel ausgezogen, die anderen Kleider habe ich anbehalten, es war bitterkalt. Wir bekamen abends Flaschen mit warmem Wasser, die waren am Morgen gefroren, so kalt war es. Aber ich kann mich nicht erinnern, dass sich jemand beklagt hätte. Wir waren Jungen, und wir haben darüber gelacht. - Danach kamen wir in ein anderes Ferienlager nach Dovercourt. Dort gab es Ziegelhäuschen, da war es viel wärmer. Da gab es einen großen Saal, da haben wir uns versammelt, um die Zeit auf die beste Weise zu verbringen. - Ich erinnere mich an einen Jungen und ein Mädchen, mit denen ich Zeit verbrachte, aber ich kann mich an die Namen nicht erinnern.*[236]

„Kinder" vor den „Ziegelhäuschen" in Dovercourt,
Foto: harwichhavenhistory.co.uk

Über das Ferienlager Dovercourt liegt ein Bericht des Women's Voluntary Services - eine Freiwilligenorganisation für Soziale Arbeit - vor, der im wesentlichen Bernhards positiven Eindruck bestätigt, in dem auch die Aufgaben des Camps beschrieben werden.

Abschrift

„Am 12. Januar (1939, ap/fwp) besuchte ich zusammen mit Lady Marion Phillips das Dovercourt Camp für geflüchtete Kinder in der Nähe von Harwich. Das Camp gehört der Firma Butlins, die dort Ferienhütten mit dem Ziel errichtet hatte, diese Stadtkindern im Sommer für zwei

Pfund in der Woche zu überlassen. Diese Kinder sind auf dem Land in Meeresnähe, sie genießen das Gemeinschaftsleben und essen in einem Hauptgebäude.

Das Dovercourt- Camp wurde von der Firma Butlins mit einer Vollpensions-Vereinbarung übernommen. Es ist eine Art Clearingsstelle für geflüchtete deutsche und österreichische jüdische und nichtarische Kinder, bis andere Vereinbarungen getroffen werden können. Diese Kinder sind im Alter von 5 bis 18 Jahren. Ihre Eltern sind meistens tot oder in Konzentrationslagern. Die Nazibehörden sind offenbar sehr froh, die Kinder los zu sein, mit der Ausnahme von siebzehnjährigen und älteren Jungen, die sie zur Arbeit verpflichten wollten. Sie kamen durch Holland, (…). Sie kommen in unterschiedlicher Zahl nach England (80 - 120). - Ergebnisse. Die Leiter des Camps sind voller Menschenkenntnis, Lebenskraft und ständig bemüht, eine freundliche Atmosphäre zu schaffen. Es werden große Anstrengungen unternommen, die Zukunftshoffnungen der Kinder zu unterstützen und ihnen so zu helfen, die Vergangenheit zu vergessen. Wenn man berücksichtigt, was sie durchgemacht haben, scheinen sie wunderbar glücklich zu sein. Die Bedingungen bezüglich Heizung, Kleidung und Gesundheit waren gut, und die Zeit, die für Entspannung aufgewendet wurde, erschien uns angesichts der Umstände sehr erfolgreich zu sein. Eine bessere Organisation für Unterricht und mehr Abwechslung bei den Spielen wären ohne Zweifel bei einem längeren Aufenthalt und in getrennten Camps für Mädchen und Jungen möglich. - Als einziges zu bemängelndes Defizit fällt die verbesserungsfähige Ernährung auf. Die Entschuldigung dafür ist die Schwierigkeit, in so kurzer Zeit angemessene Unterkünfte zu finden, daher bestand die Notwendigkeit, die am einfachsten verfügbaren Unterkünfte zu nehmen."[237]

Als „nichtarisch" (non-aryan) wurden jüdische Kinder aus nichtreligiösen Familien bezeichnet. Bekanntlich machten aber die Nazis keinen

Unterschied zwischen gläubigen und nichtgläubigen jüdischen Menschen.

Über seine weiteren Stationen nach dem Aufenthalt in Dovercourt berichtete BG: *Danach (…) brachten sie eine Gruppe älterer Jungen, vielleicht 20 oder 25, in ein Haus der Heilsarmee in Harwich. Dort wurden wir phantastisch behandelt, es war wie ein Zuhause fern von Zuhause. Das werde ich nicht vergessen, weil du nicht behandelt wurdest wie eine Nummer in einem großen Lager. Es war ein großer Unterschied zu der Unterbringung bis dahin. Leider hat es nicht lange gedauert, ich weiß nicht genau, wie lange. Wir konnten uns die Stadt, die Küste, das Meer ansehen, wir hatten ein wirklich gutes Leben dort. Unterricht bekamen wir nicht, wir waren ja alle aus dem Schulalter heraus.*[238] An diese Zeit erinnerte sich BG immer wieder: *(…) ich erinnere mich mit großer Freude für den Rest meines Lebens an die Freundlichkeit und große Rücksichtnahme, die uns jedermann in dem Heim entgegenbrachte. Ich habe keinen Zweifel daran, dass dieses half, die Last von Zuhause fort zu sein in einem fremden Land, ein wenig leichter zu ertragen.*[239]

Für fast alle „Kinder" gilt, was Barry Turner über deren erste Zeit in Großbritannien schreibt: „Es war ein Neubeginn in einer neuen Sprache: der Anfang ständig wachsender Forderungen an ihre Anpassungsfähigkeit und Begabung zu überleben."[240]

Eine der beeindruckendsten Leistungen Bernhard Grünbergs ist die Art und Weise, in der er sich die englische Sprache aneignete. Wir erinnern uns: Am Gymnasium Georgianum in Lingen hatte er die Fächer Latein und Französisch, nicht aber Englisch. Er erzählte: *Ich hatte ja einige Stunden in Berlin* (in der Umschichtungsstelle, ap/fwp), *aber da habe ich ja nicht wirklich Englisch gelernt. Zu der Zeit (in Harwich) habe ich mich hingesetzt – ich weiß nicht mehr warum – und habe englische Zeitungen gelesen. Das war sehr effizient. Ich kannte einige Wörter und habe mir vorgestellt, was die anderen, die ich nicht kannte, bedeuten könnten. Bald konnte ich zwei volle Sätze auf Englisch lesen. Auf diese Weise habe ich mehr und mehr Englisch gelernt. Ich hatte kein Wörterbuch, aber ein populäres Lehrbuch von zu Hause, aber damit konnte man nicht wirklich Englisch lernen. Du kannst die Wörter lernen, aber du kannst die Sprache nicht sprechen. Zu der Zeit war ich ja von deutschsprechenden Jugendlichen umgeben, natürlich sprachen wir Deutsch.*[241] Anders als viele andere „Kinder" verlernte er die deutsche Sprache nicht. Er erinnerte sich später: *Ich bin sehr glücklich darüber, dass ich die deutsche Sprache in mir wachgehalten habe. Die meisten, die mit dem Kindertransport nach England kamen, haben ihre Deutschkenntnisse verloren. Ich freue mich darüber, dass ich beide Sprachen beherrsche.*[242]

Zur Begründung seiner erfolgreichen Anstrengungen, die englische Sprache zu erlernen: *Obwohl ich nie einen Englischkurs besuchte, hat man mein Englisch bald verstehen können. Ich wollte so schnell wie möglich Englisch beherrschen. Ich wollte so schnell wie möglich als eine englische Person angesehen werden. Es sollte niemand sagen: 'Wie sprichst du? Du gehörst nicht hierher!* [243]

Das rasche Erlernen der Landessprache war für sein späteres Leben sehr wichtig. Kaum jemand in Großbritannien konnte nur ansatzweise ahnen, was es bedeutete, in Nazideutschland jüdisch zu sein. Daher war so etwas wie Mitleid mit den jüdischen Flüchtlingen nicht zu erwarten.

Die schöne Zeit im Heim der Heilsarmee war rasch vorbei und BG trat, wie viele „Kinder", eine Reise durch mehrere Unterkünfte an. *Dann mussten wir das Haus der Heilsarmee verlassen, ich glaube, weil Seeleute wiederkamen. Danach war ich für eine kurze Weile in London, daran habe ich aber keine Erinnerung. Ich weiß auch nicht mehr genau, ob ich erst in London oder erst in Waddesdon war. Da war eine große Gruppe von „Kindern", die nach Waddesdon zu Lord Rothschild kommen durften, um Platz in Dovercourt zu schaffen. Vielleicht war ich erst in Waddesdon und dann in London, ich weiß es nicht mehr.[244]*

Bis dahin erging es Bernhard seiner Erinnerung nach bei seinen Stationen in der Obhut der RCM gut. Dann folgte etwas, was er in vielen Texten und Interviews als eine fürchterliche Erfahrung beschreibt, wenngleich diese Zeit zunächst mit einer Überraschung und einer erfolgreichen Arbeit begann:

Als Mitte 1939 der Krieg sehr wahrscheinlich wurde, erlaubte uns die Regierung, entweder in der Landwirtschaft oder in Kohleminen zu arbeiten. Als einer von 15 Jungen wurde ich in eine Landwirtschaftsschule in Wallingford, Berkshire geschickt.[245]

Gerade, als ich dort ankam, erhielt ich – keine Ahnung, woher sie die Adresse wussten - ein komplettes Tischlerwerkzeug aus Deutschland, das mein Vater mir noch vor dem Krieg geschickt hatte. Denn ich war ja am Tischlerhandwerk in Berlin interessiert gewesen. Ich bekam diese Werkzeuge in mein Zimmer gebracht – einen Teil, einen anderen Teil bekam ich später.[246]

Bernhards Vater hatte die Werkzeuge in einer großen Kiste versandt. Diese Kiste diente BG bis an sein Lebensende als Werkzeugschrank. „Es waren Werkzeuge der renommierten Firma ULMIA - OTT aus Ulm. Der Nachbar des Vaters in der Georgstraße, Tischler Berning, hatte ihn bei der Auswahl der Werkzeuge beraten. Es handelte sich um verschiedene Hobel."[247]

Er konnte das Werkzeug und seine in der Umschichtungsstelle erworbenen Holzbearbeitungskenntnisse umgehend anwenden.

Aus welchem Grund weiß ich nicht mehr, aber ich wurde beauftragt, für einen Herrn, der in der Nähe wohnte, Fensterrahmen für ein Gewächshaus zu bauen. Das hatte ich nie zuvor gemacht. Ich habe alles geplant, aber es gab ein Problem. Ich war gewohnt mit metrischen Maßen zu arbeiten, aber das Holz für die Rahmen kam in englischer Größe. Das wusste ich nicht, bis das Holz ankam. Aber, gleichviel, ich konnte das Gewächshaus fertigstellen.

Tischlerwerkzeuge
aus der Sendung seiner Eltern,
ausgestellt im Gedenkort Jüdische Schule Lingen (Ems)
Foto: fwp

Der Herr, für den ich das Treibhaus gebaut hatte, arbeitete in einer Autofabrik, ich weiß nicht, in welcher Position, aber er hat sicher nicht am Fließband gearbeitet. Er versprach mir, er wolle zusehen, dass ich eine Arbeitsstelle in der Autofabrik bekommen könnte. Daraus wurde nichts.[248]

Diese Enttäuschung schilderte er ebenfalls sehr häufig. *Dieser Mann sah sich meine Arbeit an und sagte zu mir: 'Wenn es nicht zum Krieg kommt, verschaffe ich dir eine Anstellung in meiner Autofabrik.'*[249] Er hätte diese Arbeit sehr gern angenommen, denn er hätte lieber in der Industrie mit Maschinen als mit Holz gearbeitet.

Abgesehen von dieser Möglichkeit, seine in der Umschichtungsstelle erworbenen Fähigkeiten als Tischler anzuwenden, war das Leben in der Jugendstrafanstalt schrecklich, ja lebensbedrohend für Bernhard Grünberg. Der Umgangston entsprach dem einer Strafanstalt. Kontakte konnte er nicht knüpfen. Mit der Ausnahme seiner Arbeit als Tischler konnte ihn nichts vom harten Leben in der Anstalt ablenken. Er fühlte sich wie in einem Gefängnis. Er war der Verzweiflung sehr nah.

Wenn ich in dieser Erziehungsanstalt hätte mehr als zwölf Monate bleiben müssen, hätte ich Selbstmord begangen. Ich weiß nicht, ob ich es getan hätte, aber ich habe daran gedacht.[250]

Es retteten ihn seine Erfahrungen bei der Hilfe für seinen Vater. Seine Arbeit mit den Kühen hatte ihm die Kenntnisse gebracht, die ihn aus der verhassten Einrichtung herausführten.

Erst kurz vor dem Krieg hat man uns erlaubt, zu arbeiten. Mein Glück war, dass ich zu Hause in Lingen gelernt hatte, unsere Kühe zu melken – mit der Hand, nicht mit einer Maschine. Ich kann sagen, dass ich besser melken konnte als andere.

Der einzige Weg, wie ich aus der Erziehungsanstalt herauskommen konnte, war, mich für ein Praktikum in einem Kuhstall freiwillig zu melden. Wenn ich dort hätte beweisen können, dass ich melken konnte, hatte ich Aussicht auf eine Arbeitsstelle auf einem Bauernhof.[251]

In einem Telefonat mit uns drückt Bernhard es so aus: *Ich stand völlig allein da. Aber ich hatte bei meinem Vater etwas gelernt, was ich nun sehr gut gebrauchen konnte: Kühe melken.*[252]

Als die Aufsichtsperson sah, wie gut ich die erste Kuh molk, war sie sehr zufrieden, er wollte keine weiteren Beweise für meine Fähigkeit, ich wurde nicht weiter getestet. Ich war vielleicht drei oder vier Wochen dort, dann bekam ich meinen ersten Job.[253] BG wurde „dritter Melker" auf einem Milchbauernhof. Von der „Wallingford Farm Training Colony bekam er das folgende Zertifikat:

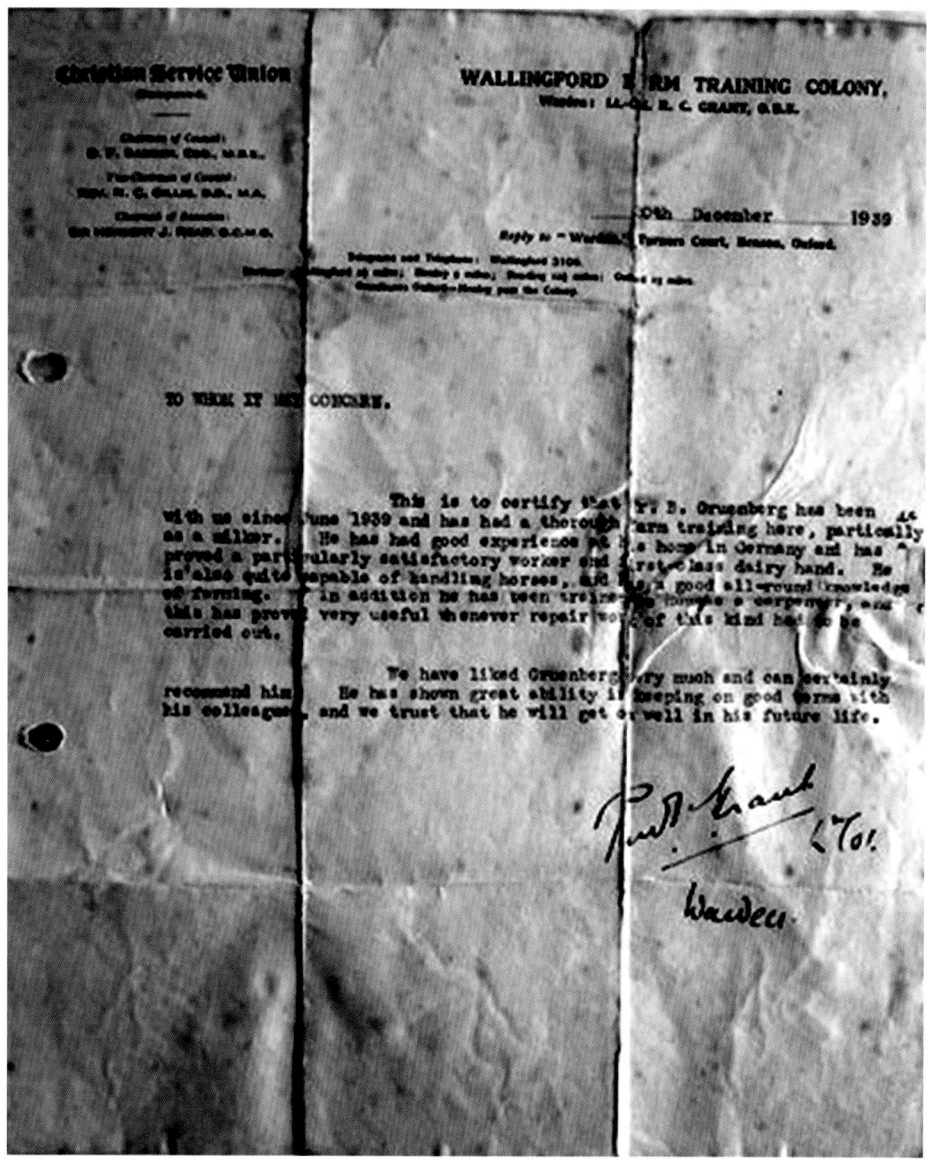

Quelle.
Holocaust Centre Beth Shalom,
Laxton
(dort von BG überlassen)

Abschrift (Übersetzung: fwp)

„Christliche Hilfsunion –
Wallingford Landwirtschaftliches Ausbildungslager
Direktor: Oberstleutnant M.C. GRANT (...) 10. Dezember 1939
(...)

An JEDEN, DEN ES ANGEHEN KÖNNTE

Hiermit wird bestätigt, dass Herr B. Gruenberg seit dem Juni 1939 bei uns eine landwirtschaftliche Ausbildung durchlaufen hat. Er hatte gute Sachkenntnisse von Zuhause in Deutschland mitgebracht, insbesondere als Melker. Er hat sich als besonders zufriedenstellender und als erstklassiger Arbeiter in der Milchviehwirtschaft erwiesen. Er ist ebenso ziemlich gut im Umgang mit Pferden einzusetzen. Er hat gutes landwirtschaftliches Allgemeinwissen. Zusätzlich hatte er eine zehnmonatige Ausbildung als Zimmermann, was er bei Holzreparaturarbeiten sehr gut unter Beweis stellen konnte.

Uns hat Gruenberg sehr gut gefallen und wir können ihn sicher weiterempfehlen. Er hat große Fähigkeit darin bewiesen, mit seinen Kollegen gut auszukommen und wir sind sicher, dass er dies auch in seinem zukünftigen Leben so halten wird,

(Unterschrift – Paul Grant, Oberstleutnant, Direktor)"

Wie vielfach in der Literatur beschrieben, war es für die „Kinder" seelisch sehr belastend, ohne ihre Eltern in einem fremdem Land zu sein. *Meine erste Arbeitsstelle war in der Nähe von Oxford in einem kleinen Dorf. Das änderte mein Leben, ich fühlte mich wieder als Mensch, ich wurde behandelt als Mensch. Niemand sagte: ‚Da kommt der kleine Judenjunge.' Ich wurde Teil der Gemeinschaft, obwohl ich dort nicht geboren wurde. Es war, als wenn ich nach Hause gekommen wäre, ich konnte arbeiten wie zu Hause.*

Aber wenn ich abends nach dem Essen in mein Zimmer ging und ich allein war, strömten die Tränen über mein Gesicht.[254]

So ging es fast allen „Kindern". Bei Studien zu ihren seelischen Belastungen wurden Verlassensängste, Ruhe- und Rastlosigkeit, Bindungsunfähigkeit, Neigung zu Depressionen, extreme Unsicherheiten sowie ein tiefes Misstrauen gegenüber Menschen genannt.

Als besonders traumatisierende Erfahrungen, die bis in das hohe Lebensalter fortwirken, gelten

- Wie auch bei BG: Erinnerungen an Demütigungen (etwa durch Schulkameraden),
- Verfolgungen durch die Nazis,
- Trennung von den Eltern mit dem Gefühl des Verlassenseins,
- Verlust der eigenen Familie,
- wiederholter Wechsel von Beziehungspersonen, die in der Regel nicht deutsch sprachen,
- Außenseiterdasein im fremden Land und die
- „Survivor guilt".[255]

Mit dem letzten Punkt sind die Schuldgefühle gemeint, die viele Überlebende der Schoa trafen: Warum habe ich überlebt, meine Eltern, Geschwister oder Verwandte aber nicht?

Die „Kinder" befanden sich, wie erwähnt, im Alter von zwei bis 17 Jahren. Wie auch Bernhard Grünberg waren die meisten nicht auf die Trennung vorbereitet, sie kannten, wie Bernhard, die Gründe für ihre – ja immer kurzfristig beschlossene - Abreise nicht.

Das gilt umso mehr, je jünger die „Kinder" waren. „Die Leiden sehr kleiner Kinder infolge Trennungen von primären Bezugspersonen müssen als überwältigend eingeschätzt werden. Häufig werden sie unterschätzt, weil Kleinkinder sie sprachlich kaum artikulieren können. Die Erfahrung lehrt, dass das kindliche Unglück nicht nur in spontaner Traurigkeit, in Verstimmungen oder Depressionen zum Ausdruck

kommt, sondern sich häufig in somatischen Reaktionen (...) nieder-
schlägt. (...)"[256]

Weitere teils traumatische Trennungen erfolgten bei Kriegsbeginn, als
Kinder und Jugendliche bis zu 15 Jahren - darunter etwa 3.000 „Kin-
der" - zum Schutz gegen die Bomben der Naziluftwaffe aus größeren
Städten in ländliche Gebiete evakuiert wurden. [257]

Die meisten „Kinder" hatten lange Zeit nicht gewagt, über das ihnen
zugefügte Unrecht und über ihr Leiden zu reden. „Dies liegt wohl daran,
dass ihnen lange nicht zugestanden wurde, über ihre Erlebnisse und
Verluste zu trauern. Die Umwelt und das eigene Bewusstsein schienen
zu sagen, dass ‚wahre Überlebende' nur die aus den Konzentrationslagern Zurückgekehrten seien, während den ‚Kindern' eigentlich nichts
passiert sei, da sie die schlimmste Zeit ja im sicheren Großbritannien
zugebracht hätten." [258]

Eine Sozialpsychologin bewertet die psychische Lage der „Kinder" ähnlich: „Die Kinder, die durch Kindertransport überlebt haben,
wissen um die Beliebigkeit und Zufälligkeit ihres Überlebens; sie hätten
ebenso wie einige Hunderttausend andere Kinder deportiert und um-
gebracht werden können. Vor allem in diesem Kontext ist der Grat zwischen Leben und Tod ein schmaler; der Tod ein ständiger Begleiter der
(noch) Lebenden. Unausgesprochen gibt es immer eine Relation zu den
Lagern. Auschwitz gilt als Synonym für Millionen Tote und als Refe-
renzsystem für Unvorstellbares. Überlebende Kinder durch Kindertransport beziehungsweise Kinder, die mit ihren Familien flüchten
konnten, tendieren dazu, ihr Leid zu relativieren, sie meinen, nichts
‚derart Schlimmes' erlebt zu haben, weil es sich in Anbetracht der Vernichtungslager ‚geringer' ausnimmt."[259] So äußerte sich auch Bernhard
Grünberg oft.

„Kinder", die sich – wie Bernhard Grünberg – in der Adoleszenz, der
Ablösungsphase vom Elternhaus befanden, konnten sich trotz auch sie

treffenden Belastungen leichter im fremden Land zurechtfinden. Dennoch litt auch BG unter der Trennung: *Ich hörte kaum etwas von Zuhause, ich wusste nicht, was in Lingen vorging. Es konnte den ganzen Tag erscheinen, als wenn alles in Ordnung wäre, aber wie es in mir vorging, wusste niemand. Es kam jeden Abend heraus.* [260]

Dass sich seine Eltern um ihn sorgten, wird ja allein durch die sehr wertvollen Werkzeuge deutlich, die Bernhard bekam. Die Beschaffung und der Versand müssen für Marianne und Bendix ein sehr großes Opfer gewesen sein, denn wie im Kapitel „Terror der Nazis gegen Juden und andere" dargestellt, war ihre Situation nach der Pogromnacht - wie die aller jüdischen Menschen – durch den Raub jüdischen Eigentums durch die Nazis auch finanziell immer bedrängender geworden.

Zu der Zeit hatte ich Briefkontakt zu meiner Familie. Wenn es über das Rote Kreuz lief, durften es nicht mehr als 25 Wörter sein. Aber wir hatten Verwandte in Holland, ein angeheirateter Cousin.[261] *Dem haben meine Eltern geschrieben, und er hat das an mich weitergeleitet, und umgekehrt. Gewöhnlich war Geld in den Briefen, ich nehme an, von meiner Familie, 20 Shilling oder so. Zu der Zeit schrieb ich einen oder zwei Briefe in der Woche.*

Meine Eltern konnten nicht schreiben, was in Deutschland vor sich ging. Hätten die Nazis herausgefunden, dass jemand die Wahrheit schrieb, wären die Konsequenzen klar gewesen. Jeder wusste das. Es schrieben mir Mutter und Vater. Leider habe ich die Briefe nicht aufbewahrt. Als Holland überfallen worden war, wurde alles beendet. Dann war kein Kontakt mehr möglich.[262]

Immerhin wusste Bernhard so, dass seine Eltern lebten.

Mit der Arbeitsaufnahme als „Dritter Melker" endete Bernhards Zeit bei den Kindertransporten.

Es folgt die Beschreibung seines Lebens in England.

Am Ende dieses Kapitels ein Gedicht von Anna Krommer.

Der alte Koffer

Der alte Koffer steht noch hinterm Schrank,
Ich weiß, dass er verrostet und zerfällt,
Doch ohne ihn ist mir das Zimmer bang,
Der Koffer reiste mit mir durch die Welt.

Der alte Koffer steht noch hinterm Schrank,
Er hielt mein ganzes Gut, jetzt ist er leer.
Ich öffne ihn, wird mir die Zeit zu lang,
Denn wo der Koffer herkommt, komm ich her.

Den alten Koffer brachte ich zur Tür;
Der Bursche trug ihn fort mit anderem Müll.
Und mit dem Koffer ging ein Teil von mir;
Das Zimmer wurde fremd und kalt und still. [263]

Aus: Krommer, Anna: Staub von Städten. Ausgewählte Gedichte.
Hrsg. und eingeleitet von Sabine Prem;
Theodor Kramer Gesellschaft, Wien 1995;
mit freundlicher Genehmigung der Theodor Kramer Gesellschaft

[201]Telefoninterview mit BG am 08.09.2020 (GRÜNBERG-INTERV.), i.f. Telefoninterview

[202] SCHOA-INT (i.f. Schoa-Interview)

[203] Telefoninterview

[204] Grunberg 2009 (GRÜNBERG-LIT) S.99-106 (i.f. Grunberg 2)

[205] Schoa-Interview

[206] Telefoninterview

[207] Turner (LIT), S.51 (i.f. Turner)

[208] Telefoninterview

[209] Grunberg 2003 (GRÜNBERG-LIT), S.146, i.f. Grunberg 2003

[210]„Quäker" war zunächst ein Schimpfwort für diese Religionsgruppe, die sich selbst „Gesellschaft der Freunde" nannte. Später haben sie die Bezeichnung „Quäker" selbst angenommen.

[211]Oldfield (LIT), S.85

[212]Wollheim-Kommission (LIT) (i.f. Wollheim 1); nach Leo Baeck ist das Leo Baeck Institut – New York/ Berlin benannt, eine Forschungsbibliothek und ein Archiv, das sich der Geschichte des deutschsprachigen Judentums widmet.
vgl. https://www.lbi.org/

[213]Wollheim 1

[214]ebd.

[215]Wollheim, zit.n. Benz, Gewalt (LIT), S.195 f.

[216]Wollheim 1; - Schweden nahm etwa 500 „Kinder" auf.- Ein letzter Kindertransport aus Deutschland nach Großbritannien, der eigentlich für Anfang September vorgesehen war, hatte noch in den letzten Augusttagen nach England fahren können; bei diesem Transport war Norbert Wollheim schon nicht mehr als Begleiter dabei, da er fürchtete, evtl. nicht mehr zu seiner schwangeren Frau Rosa nach Berlin zurückkehren zu können. Ihm und seiner Familie gelang die Auswanderung nicht mehr, sie wurden im März 1943 in das Vernichtungslager Auschwitz verschleppt, wo Rosa und ihr kleiner Sohn Uriel sofort nach der Ankunft ermordet wurden. Norbert Wollheim kam ins KZ Buna/Monowitz. Er überlebte und wurde später zum Ankläger der IG Farben, die das Giftgas für die Morde an den Juden mit Hilfe von ZwangsarbeiterInnen hergestellt hatte. Er ging 1951 in die USA, gründete eine neue Familie und starb 1998.

[217]Norbert Wollheim, zit. n. Turner (LIT) S.114; Nach langen Bemühungen wurde 2014 der Vorplatz der Universität Frankfurt nach Norbert Wollheim benannt.

[218]Grunberg 2009 (GRÜNBERG-LIT), S. 99 f.; es waren eher 5 Pfund, nach heutiger Kaufkraft etwa 50 Euro.

[219]Gokl (LIT) (i.f. Gokl) Wijsmuller-Meijer wurde von Yad Vashem als „Gerechte unter den Völkern" geehrt. In den Niederlanden sind viele Straßen und Plätze nach ihr benannt. In Deutschland ist sie nahezu unbekannt. Es gibt Bemühungen, ihr in Bad Bentheim ein Denkmal zu setzen.

[220] Turner S.58; korrekter Name: Geertruida Wijsmuller-Meijer

[221]Eichmann wurde 1961 als Verantwortlicher für die Verschleppung und Ermordung von über fünf Millionen Juden in die Vernichtungslager in Jerusalem zum Tod verurteilt. Seine Befehlsgeber Hitler, Himmler, Göring oder Göbbels, denen er willig zu Diensten war, hatten sich ihrer Verantwortung durch Selbstmord entzogen.

[222]Wijsmuller-Meijer, zit. n. Turner S.58 f.

[223]ebd. S.59

[224]Gokl

[225] Grunberg 2003, S.146

[226]Gerda Jassem, zit.n. Turner S.62

[227]Johnny Blunt, zit.n. Turner S.63

[228]Körte (LIT), S.174 (i.f. Körte)

[229]Schoa-Interview

[230]Behrendt (LIT), S.42; Gideon Behrendt nahm als Freiwilliger in der britischen Armee unter dem Namen Gene O'Brian an der Befreiung von den Nazis teil. 1947 ging er illegal nach Palästina. Seine Autobiografie liest sich spannend wie ein Roman.

[231]Der Grafschafter (ZEITUNG)

[232]Wollheim, First Interview (LIT)

[233]Kindertransport Association (LIT)

[234]Schoa-Interview

[235]Telefoninterview

[236]Schoa-Interview

[237]Women's Voluntary Services (LIT)

[238]Schoa-Interview; es handelte sich um ein Heim für Seeleute, vgl. Autobiography S.3 (GRÜNBERG -LIT), i.f. Autobiografie

[239]Schoa-Interview

[240]Turner S.14

[241]Telefonat BG – ap v. 13.09.2020 (GRÜNBERG-INTERV.)

[242]Telefonat BG -ap v.22.8.2020

[243]ebd.; Thüne (LIT) hat sprachwissenschaftlich untersucht, welche Bedeutung das Erlernen der Landessprache für Teilhabe hat.

[244]Schoa-Interview; Lord Rothschild gehörte einer reichen jüdischen Dynastie an und engagierte sich bei den Kindertransporten.

[245]Es handelte sich um eine Einrichtung für straffällig gewordene Jugendliche, genannt Turners Court, vgl. Autobiografie

[246]Schoa-Interview; die umfangreiche, sehr wertvolle Werkzeugsammlung hat Bernhard z.T. dem Holocaustzentrum Beth Shalom in England, zu einem größeren Teil dem Emslandmuseum in Lingen und zu einem Teil dem Gedenkort Jüdische Schule in Lingen zur Verfügung gestellt; vgl. das Kapitel „Wille zur Versöhnung."- Die industriell hergestellten Werkzeuge, darunter mehrere Hobel, waren von der Lingener Schreinerei Berning mit den Initialen „BG" gezeichnet worden. Dadurch wirkten sie wie bereits benutzt, daher war kein Zoll zu entrichten.

[247]LT v.03.09.1994 (ZEITUNG); die Firma Ulmia existiert 2021 noch. Nach heutigen Preisen hatten die Werkzeuge einen Wert von annähernd € 2000.-; neben den Werkzeugen enthielt die Kiste zwei Wolldecken.

[248]Schoa-Interview;

[249]Telefonat BG- ap 13.09.2020; es handelte sich laut Autobiografie um die Morris-Werke in Cowley.

[250]Schoa-Interview

[251]Schoa-Interview

[252]Telefonat BG – ap und Esther Prenger 22.08.2020 (GRÜNBERG-INTERV.)

[253]Schoa-Interview

[254]Universität Derby (GRÜNBERG -INTERNET) i.f. Universität Derby

[255]vgl. Göpfert (LIT) S.39 sowie Turner, S.119 ff.

[256]Benz, Ute: (LIT), S.139

[257]Den Bombenterror hatte Hitler angeordnet: „Wir werden ihre Städte ausradieren."

[258]Körte (LIT) S.177

[259]Wexberg-Kubesch (LIT), S.14; es wurden etwa 1,5 Millionen jüdische Kinder ermordet.

[260]Universität Derby; dem RCM und anderen Helfern ist hinsichtlich der seelischen Verletzungen von „Kindern" kein Vorwurf zu machen; wie dargestellt, mussten die Kindertransporte in wenigen Tagen begonnen, die Bahntransporte organisiert, Unterkünfte und Pflegefamilien gefunden werden. Dazu kamen die finanziellen Belastungen. Die Schuld am Leiden vieler „Kinder" tragen allein die Nazis.

[261]d.i. Bob de Jong, vgl. die Kapitel „Terror der Nazis gegen Juden und andere" sowie „Wille zur Versöhnung".

[262]Schoa-Interview; die Briefe wurden von den Nazibehörden zensiert. Der Überfall von Nazideutschland auf Belgien, Luxemburg und die Niederlande begann am 10. Mai 1940; bereits am 14. Mai kapitulierten die Niederlande.

[263]zit. n.: Schmidt, Herbert (LIT), S. 629

Leben und Überleben in der neuen Heimat

Ich wollte nicht, dass jemand von meinem Schicksal wusste und ich wollte kein Mitleid. Und so wurde mein Leben in England so gut, wie es unter den Umständen sein konnte. Mein Inneres behielt ich für mich, was nicht bedeutete, dass ich vergessen konnte.
Vieles kann ich nicht vergessen. Und niemals werde ich vergessen, dass ich überlebte, weil ich nach England kommen durfte.[264]

Bernhard Grünbergs erste Arbeitsstelle, die ihn aus der gefängnis-ähnlichen Jugendstrafanstalt befreite und ihm damit möglicherweise wiederum das Leben rettete, war auf einem großen landwirtschaftlichen Gutshof in der Nähe von Turners Court - Aston Rowant Estate in der Grafschaft[265] Oxfordshire.

Über diese Stelle berichtete er: *Da war ich sechzehn.* (im September 1939, ap/fwp) *Dort war ich der dritte Melker in der Milchwirtschaft. Es gab 35 Kühe, die mit der Hand gemolken werden mussten. Es gab genug Arbeit mit den Kühen für uns drei, es musste ausgemistet werden, die Ställe mussten gepflegt werden. Dort war ich glücklich wie ein Sonnen-junge. Ich konnte nicht glücklicher sein.*[266] An anderer Stelle erinnerte er sich: *Das änderte mein Leben, ich fühlte mich wieder als Mensch, ich wurde behandelt als Mensch. Niemand sagte: da kommt der kleine Juden-junge. Ich wurde Teil der Gemeinschaft, obwohl ich dort nicht geboren wurde. Es war, als wenn ich nach Hause gekommen wäre, ich konnte ar-beiten wie zu Hause.*[267]

Zwar war Bernhard, Turners Court entronnen, „glücklich wie ein Sonnenjunge", ein leichtes Leben führte er jedoch keineswegs. *Ich arbei-tete nun 12 Stunden am Tag, sieben Tage in der Woche. Ich verdiente ein Pfund und fünf Shilling in der Woche, ein Pfund musste ich für Unterkunft* und *Verpflegung bezahlen.*[268] Mit anderen Worten arbeitete er für Unter-kunft und Verpflegung: *Also, ich hatte fünf Shilling in der Woche für mich. Aber es hat mich nicht belastet, dass ich kein Geld hatte. Ich war so glücklich, wie man sein konnte, obgleich mein Leben völlig anders war als es gewesen wäre, wenn das Leben in Deutschland normal weitergegangen wäre.*[269] Nach heutiger Kaufkraft entsprechen 5 Shilling etwa 13 Euro. Meistens wohnte Bernhard in den ersten Jahren seines Daseins als Landarbeiter in Hostels, einfachen Wohnheimen.

Bernhard verbarg in den folgenden Jahren seine Trauer, die ihn vor allem nachts einholte. *Ich war nun frei, mein Leben zu leben wie ich wollte. Während der Arbeit dachte ich nicht daran, dass ich nichts über das Schicksal meiner Eltern und meiner Schwester wusste. Aber manch-mal fühlte ich mich allein und ich vermisste meine Eltern. Wenn ich völlig allein war, weinte ich mir die Augen aus. Danach kam ich wieder zu-recht.*[270] An anderer *Stelle: Ich fühlte die Abwesenheit meiner Eltern schmerzhaft. Ich war 16. Kann sich irgendjemand vorstellen, was das für Gefühle für einen sechzehnjährigen Jungen waren?*[271] *Man musste alles al-lein regeln. Das war das Schlimmste. Normalerweise kann man die Mutter oder den Vater fragen. Das ging bei mir nicht so. Ich hatte keinen Men-schen, der mir so vertraut war, dass ich ihm persönliche Fragen hätte stel-len können. So ging es anderen Transportkindern auch.*[272]

Der Beginn von Bernhards erster Arbeitsstelle fiel zeitlich mit dem Überfall der Naziarmeen auf Polen zusammen, womit der 2. Weltkrieg begann. Da Großbritannien - wie auch Frankreich - Garantiemacht Po-lens waren, trat es in den Krieg gegen Hitlerdeutschland ein. Der briti-sche Kriegs-Premierminister Winston Churchill, der eine Allparteien-regierung bildete, hatte den Überlebenskampf seines Landes mit seiner berühmten Rede am 13. Mai 1940, als sich die Niederlage der Nieder-lande und Belgiens abzeichnete, so angekündigt: „Ich habe nichts anzu-bieten außer Blut, Mühsal, Schweiß und Tränen." Zu dieser Zeit ver-

kündeten die Nazis einen Sieg nach dem anderen. Die deutsche Luft-
waffe zerbombte britische Städte. Den Feuerschein konnte Bernhard
manchmal sehen. *Wir waren ja nicht so weit von London entfernt. Zwischen uns und London sind Berge. Und ich konnte jeden Abend sehen, wie
die deutschen Flugzeuge kamen und ihre Bomben geworfen haben, das
konnten wir ganz klar sehen. Man konnte manchmal sehen, wie eine
Bombe explodierte.*[273]

Der Kriegsbeginn hatte für Bernhard zum einen den Verlust der letzten Briefkontakte zu seinen Eltern zur Folge, zum anderen vergrößerte
es seine Sorgen. Über seine eigenen Ängste angesichts des Siegeszuges
der Naziarmeen in Europa und der realen Befürchtung, es könne den
Nazi-Armeen die Invasion von Großbritannien gelingen, sagte uns
Bernhard am Telefon: *Ich wollte auf gar keinen Fall von den deutschen
Nazis verfolgt werden. Das hatte ich schon einmal als Kind erlebt. Einmal
genügt. So hatte ich mir vorgenommen: Wenn die deutschen Truppen in
Ostengland einmarschieren würden, würde ich in den Westen zur Küste
gehen und dort ins Wasser gehen.*[274]

BG versuchte, dieser Angst durch eine Bewerbung als britischer Soldat zu begegnen. *Nachdem ich in Aston Rowant einen Monat oder so gewesen war, hatte ich die angenehme Überraschung, ein weiteres Mal Hans
Arenstein zu treffen, den ich das erste Mal während meiner Zeit in Berlin
getroffen hatte. Nach seiner Entlassung aus dem Konzentrationslager war
er im Januar 1939 auch mit einem Kindertransport nach England gekommen. Wir trafen uns in Dovercourt und in Turners Court wieder. Ich
glaube, es war Ende 1939 oder Anfang 1940, als wir beide uns freiwillig
für die britische Armee meldeten. Aufgrund meines Alters wurde ich nicht
angenommen. Mein Freund Hans Arenstein war ein Jahr älter und konnte
in die Armee eintreten. Ich sah ihn ein weiteres Mal, als seine Armeeein-
heit das Land verließ, aber leider war dies das letzte Mal.*

Bernhards Freund Hans Arenstein bezahlte seinen Mut mit seinem Leben. *Er wurde als Soldat angenommen und kam durch den Krieg bis zum D-Day, der Landung der Alliierten in France in der Normandie am 6. Juni 1944. Er war zu der Zeit bei den Spezialtruppen. Er trat auf eine Mine und starb. Das war sein Ende.*[275]

Aus Bernhards Fotoalbum:
Hans Arenstein alias Harry Andrews

Wie alle jüdischen Soldaten in der britischen Armee bekam Arenstein einen anderen Namen, damit er bei einer Gefangennahme nicht als Jude erkannt werden würde. *(…) Als er sich als Soldat gemeldet hatte, musste sein Name, sein Geburtsort, die Schulen, die er besuchte, alles musste verändert werden. Angenommen, er würde von den deutschen Truppen gefangen genommen, dann würde man ihn sofort als Spion ermorden.* Hans Arenstein hatte ein Testament gemacht. *Woran ich mich erinnere ist, dass ich einen Brief von einem Polizeiamt in der nächstgrößeren Stadt bekam. Darin stand, dass dort ein Fahrrad für mich sei. Ich hatte ja nie ein Fahrrad gehabt. Wie konnte da ein Fahrrad sein? Mein Freund hatte in seinem Testament festgelegt, dass ich das Fahrrad bekommen soll.*[276] BG fuhr dieses Fahrrad, *bis es auseinander fiel.*

Ohne seinen Freund war Bernhard nun völlig auf sich allein gestellt. Bernhards Intelligenz und die Erziehung durch seine Eltern erwiesen sich als äußerst hilfreich für seinen Kampf um einen Platz zum Leben im fremden Land. Da er sich die englische Sprache rasch aneignete und im Umgang mit Kollegen und Arbeitgebern freundlich und zuvorkommend vorging, kam er gut zurecht.

Am Telefon erzählte er uns über den ersten und zweiten Melker, dass er bei dieser ersten Stelle *zwei wunderbare Mitarbeiter* gehabt habe, die absolut zuverlässig und immer hilfsbereit gewesen seien. Sie fragten nie: *Warum? Wieso? - obwohl sie von meinem Jüdischsein wussten. Das werde ich nie vergessen!* [277] An anderer Stelle: *Die Menschen auf dem Bauernhof waren sehr hilfreich, sie haben mich nie als Deutschen gesehen, nur als einen jüdischen Jungen, der glücklicherweise aus Deutschland herauskommen konnte.* [278]

Ganz egal, wo er hingekommen sei, habe er sich mit den Leuten verstanden. Und er konnte beweisen, was in ihm steckte. Er erinnerte sich an einen *äußerst amüsanten Vorfall.* Eine der 35 Kühe begann heftig zu treten, wenn sie vom ersten Melker (head cowman) gemolken wurde. Dem zweiten Melker erging es nicht viel besser. Bei ihm hielt die Kuh ihr Ohr in die Wassertränke, riss unerwartet ihren Kopf zurück und bespritzte Bernhards Kollegen mit Wasser. *Nun fasste ich einen Plan. Ohne dass meine beiden Arbeitskollegen dies bemerken konnten, füllte ich etwas Trockenfutter (cowcake) in meine Tasche und gab dem Tier davon, während ich es molk. Ich hatte nie Probleme mit dieser Kuh und so wurde es zu meiner Aufgabe, diese Kuh zu melken. Niemand fand je heraus, weshalb ich keine Schwierigkeiten mit dieser Kuh hatte.* [279]

Nachdem Bernhard etwa 18 Monate als Melker gearbeitet hatte, wurden ihm Arbeiten mit Pferden übertragen. Zudem erlernte er das Traktorfahren. Er wurde nun etwas besser bezahlt und musste nur noch fünfeinhalb Tage in der Woche arbeiten.

Die Arbeit auf dem Gutshof in Aston Rowant erwies sich für Bernhard noch in anderer Hinsicht als sehr bedeutsam. Auch die aus Hitlerdeutschland geflohenen Jugendlichen erweckten das Misstrauen der britischen Behörden, die sich nach Kriegsbeginn vor deutschen Spionen fürchteten. Auch jugendliche „Kinder" wurden verdächtigt, feindliche Ausländer (Enemy Aliens) zu sein und wurden verhört, teilweise wurden sie interniert, also eingesperrt.[280] Auch Bernhard fürchtete eine Internierung.

Aus Bernhards Fotoalbum: BG bei der Heuernte

Damals wurden in England alle Deutschen befragt, um sicherzustellen, dass sie freundliche Ausländer waren. Das ist mir ohne weiteres gelungen. Ich glaube heute, dass mein damaliger Arbeitgeber – er war sehr bekannt –, dass er damit viel zu tun hatte, dass man mich als freundlichen Ausländer angesehen hatte.[281]

Bernhard erzählte uns, dass er sich immer darum bemüht habe, angenehmere und besser bezahlte Arbeit zu bekommen. Nach drei Jahren in Aston Rowant, also 1942, nahm er eine Stelle als Treckerfahrer auf einer Farm in Northamptonshire, einer an Oxfordshire grenzenden Grafschaft in Zentralengland an. Ebenfalls als Traktorfahrer arbeitete er anschließend auf einer Farm in Stratton Audley, nahe der kleinen Stadt Bicester, wiederum in Oxfordshire.

Diese Arbeitsstation sollte das Leben von Bernhard Grünberg nachhaltig verändern. Er lernte im Frühjahr 1945, also etwa zur gleichen Zeit, als die Nazis endlich besiegt wurden, Daisy Dunnington kennen. In unserem Telefoninterview schilderte BG uns die Begegnung so: *Während der Kriegszeit hatten die Bauernhöfe oft nicht genügend Arbeiter, weil die Männer Soldaten waren. Wenn zum Beispiel die Dreschmaschine kam, musste man extra Leute haben. Die britische Regierung hat dann die Landarmee aufgebaut. Das waren jugendliche weibliche Personen, die sich freiwillig zur Landarbeit gemeldet hatten und dann aushelfen konnten. Sie wurden hingeschickt, wenn ein Bauer sie anforderte. Dann hat man zum Beispiel zwei junge Damen dahin gesendet. Und dadurch habe ich Daisy kennengelernt.[282]*

Die Landarmee bestand nicht etwa aus Soldatinnen. Wie bereits im 1. Weltkrieg organisierte die britische Regierung ab 1939 die „Women's Land Army" (WLA). Großbritannien hatte vor dem 2. Weltkrieg einen großen Teil seiner Nahrungsmittel importiert. Es war der Regierung klar, dass im Krieg diese Art der Versorgung aus finanziellen Gründen und wegen des zu erwartenden Seekrieges nicht mehr durchzuführen war. Dazu kam, dass viele männliche Landarbeiter Soldaten wurden und damit auch die heimische Landwirtschaft ein Arbeitskräfteproblem bekam. Während Hitlerdeutschland diesem Problem durch millionenfache Ausbeutung von Zwangsarbeiterinnen und Zwangsarbeitern beikam, setzte Großbritannien auf Frauen, allerdings wurden auch - zumeist italienische – Kriegsgefangene eingesetzt.

Werbeplakat für die WLA, Imperial War Museums

Zunächst freiwillig, ab 1941 auch als Verpflichtung, arbeiteten auf dem Höhepunkt 1944 mehr als 80.000 junge Frauen in der WLA, darunter auch Daisy Dunnington aus dem Londoner Stadtteil Paddington. Sie

wurden von den Farmen, auf denen sie arbeiteten, direkt bezahlt, allerdings schlechter als männliche Arbeiter. Meistens wohnten sie in Hostels, gelegentlich auch auf den Bauernhöfen.[283]

*Während dieser kurzen Zeit lebte ich in dem Bauernhaus. Die Bauersfrau
hat mich versorgt. Ich hatte mein eigenes Zimmer, ein Wohnzimmer und
auch mein eigenes Schlafzimmer. Als Daisy und ich uns kennengelernt
hatten, haben sie Daisy häufig am Sonntagnachmittag zum Tee eingeladen. So konnten wir uns besser kennenlernen.*[284] Laut Bernhards „Autobiography" war dies häufiger der Fall. *Daisy war zufrieden in der Landarmee, sie machte die Arbeit gern. (…) Wir nannten die Frauen in der
Landarmee oft 'Landgirls.'* [285]

Daisy und Bernhard   Daisy

Aus BGs Fotoalbum

Bernhard verbesserte ständig seine Kenntnisse in der Bedienung von Landmaschinen. Nach etwa dreijähriger Tätigkeit auf der Farm in Stratton Audley wechselte er zu einem Lohnunternehmen, das für die Farmer in der Umgebung von Bicester vorwiegend Dreschmaschinen bereitstellte.

Bernhard Grünberg als Traktorfahrer. Aus Bernhards Fotoalbum

Während der folgenden sechs Jahre, in denen er sich in der Umgebung von Bicester aufhielt, entstand auch eine tiefe, lebenslang andauernde Freundschaft zu einer dort ansässigen Familie. Solche Kontakte waren für den Flüchtling von weitreichender Bedeutung. *Es war da schon lange Zeit her, dass ich etwas von meinen Eltern gehört hatte, und dies spielte sich dann von Zeit zu Zeit in meinem Kopf ab, wenn ich allein war.*[286]

In dieser Zeit entwickelte sich die Beziehung zwischen der 1918 geborenen Daisy und Bernhard. Auch Daisy stand allein in der Welt. Ihre Mutter und ihre Schwester waren verstorben, so dass BG sie nicht mehr kennengelernt hatte. Am 14. Juni 1947 heirateten Daisy und Bernhard in einer Londoner Kirche, dies war Daisys Wunsch gewesen.

Die Feier fand in einem bescheidenen Rahmen statt.[287] Bernhard sagte dazu, Daisy und er seien *nicht in Geld gewickelt* gewesen. Daher habe es auch keine große Hochzeitsfeier gegeben. Bernhard konnte nicht verstehen, wie manche Leute große Hochzeitsfeiern ausrichten würden und hinterher keinen Pfennig mehr hätten.[288] Daisys Vater starb bald nach der Hochzeit.

Bernhard Grünberg hatte kein Problem damit, christlich zu heiraten. Die in seiner Zeit in der Berliner Umschichtungsstelle begonnene Entfremdung von der Religion verstärkte sich in England. So gab es in den Unterkünften der RCM keine religiöse Unterweisung.

Als wir England erreichten und untergebracht werden mussten, kümmerte man sich wenig darum, ob wir religiös erzogen worden waren. Die jüdischen Kinder, die einer jüdischen Familie zugeteilt wurden, konnten ihre jüdische Tradition fortsetzen. Wir anderen dachten: Hauptsache ein Dach über dem Kopf.[289]

Als weitere Begründung: *Meine Haltung zur Religion hatte sich sehr verändert, als ich nach England kam. Ich war völlig auf mich allein gestellt. Ich hatte keine Verwandten, nicht dass ich etwas davon gewusst hätte. Ich war ein völlig Fremder, und Religion spielte in meinem Leben gar keine Rolle mehr. Deswegen hatte ich mich völlig umgedreht und ich sagte ,Religion hätte mich nicht satt gemacht, ich musste arbeiten, um zu leben'. Niemals hatte ich für einen jüdischen Arbeitgeber gearbeitet, habe das auch nicht versucht. Und ich konnte auch nicht religiös leben, ich hätte meinen Arbeitgebern nicht sagen können, ich kann Samstag nicht arbeiten oder an irgendeinem jüdischen Feiertag, dann hätte mich niemand angestellt. Ich war ja gezwungen, für mich selbst zu sorgen. Ich wollte mich auch nicht von irgendeiner Organisation aushalten lassen.[290]*

Hochzeitsfeier.
Quelle: Holocaustzentrum Beth Shalom, Laxton (dort von BG überlassen)

Über Religion dachte Bernhard immer wieder nach. Er entschied sich gegen Kontakte zu jüdischen Gemeinden. *Ich war während meines Aufenthaltes hier in England nur mit einer einzigen jüdischen Familie in Kontakt. Sie lebte hier in Derby. Sie wollte, dass ich wieder religiös lebe. Aber ich wollte das nicht. Ich hatte so oft gehört, dass eine englische jüdische Familie ein Kindertransportkind schlecht behandelt hatte.*[291]

Bernhard Grünberg traf einmal eine Frau wieder, ein Kindertransportkind. *Als Kind war sie einer jüdischen Familie in London zugeteilt worden. Sie erzählte, dass die Mutter der Familie mit dem Auto mit den beiden eigenen Mädchen und dem Kindertransportmädchen zum Einkaufen gefahren sei. Während die beiden eigenen Töchter aussteigen durften und im Geschäft alles Mögliche bekamen, musste das Mädchen aus Deutschland im Auto warten und bekam nichts.*

Das sei nicht das einzige schlechte Beispiel, das er kenne. Gerade Mädchen mussten häufig als Hausmädchen dienen. *Einige Kinder musste man aus den zugewiesenen Familien wieder herausholen, weil sie zu schlecht behandelt wurden.*[292]

Ich werde oft gefragt: ,Warum hast du in England nicht deine jüdische Religion gelebt?' Dann sage ich: ,Religion hat mich nicht versorgt!' Ich musste arbeiten und mich selbst versorgen. Ich schätze, dass 90% aller Kindertransportkinder in der neuen Heimat nicht wieder zur jüdischen Religion gefunden haben. Jüdische Organisationen haben sich nie um uns in den Lagern gekümmert. Es gab keine Synagoge in der Nähe, keine Unterweisung in jüdischer Religion. Denn man musste 10.000 Kinder unterbringen und verpflegen![293]

Nach ihrer Hochzeit schufen sich Daisy und Bernhard einen Hausstand in einem kleinen Haus, in der Grafschaft Northumberland an der Grenze zu Schottland, das zum Anwesen von Bernhards Arbeitgeber gehörte.[294]

BG arbeitete als Landmaschinenmechaniker und Traktorfahrer. Zwei Jahre später wechselte er zu einer Farm in der Nähe. Daisy und Bernhard freundeten sich mit einem Ehepaar aus Newcastle upon Tyne an. Der Mann wurde Bernhards bester Freund, auch als sich räumliche Trennungen ergaben.

Etwa drei Jahre später verlegte das Paar seinen Wohnsitz in den Südosten Schottlands. Dort arbeitete Bernhard auf einer sehr großen Farm als LKW-Fahrer, Landmaschinenführer und Mechaniker.

Den letzten Wohnsitz bezogen Daisy und Bernhard 1971 in Derby in der Grafschaft Derbyshire. Sie kauften im Ortsteil Alvaston eine Haushälfte mit Garten. Bernhard arbeitete bis zu seinem Ruhestand als Landmaschinenmechaniker und LKW-Fahrer.

Fast 22 Jahre arbeitete ich auf einem Hof in Weston-on-Trent in Derbyshire als Lastwagenfahrer und war zuständig für die Instandhaltung der Werkzeuge und des Maschinenparks. In den letzten drei Jahren vor meinem Ruhestand arbeitete ich als LKW- Fahrer bei einer Transportfirma und half bei der Instandsetzung und der Wartung der LKW.[295]

Bis zu Daisys Tod im Jahre 2001 führte das Paar über 54 Jahre eine glückliche Ehe, deren einziger Schatten ihre Kinderlosigkeit war. *Wir haben über 30 Jahre in Alvaston zusammen gelebt. Daisy verdiente immer Geld mit. Ihr Verdienst sollte ihr eigenes Geld sein. Aber Daisy nahm 99% ihres Gehaltes zur Anschaffung von Einrichtungen und Gegenständen für unsere Wohnung, also kaum etwas für sich selbst. - Über Geld haben wir niemals gestritten. Wir konnten immer einen Weg ohne Streit finden.*[296]

Aufgrund von Planungen der Siegermächte der Anti-Hitler-Koalition beschloss die erste Bundesregierung unter Bundeskanzler Konrad Adenauer die sogenannte „Wiedergutmachung".[297]

Bernhard sprach über diesen Begriff im Telefongespräch mit uns laut und sehr empört. *Man kann doch nichts von dem, was geschah, wieder-*

gutmachen. Zwei Wörter seien in seinem Leben wichtig geworden: _Niemals vergeben und niemals verzeihen._[298]

An anderer Stelle führte BG aus: _Nach dem Krieg gab es die sogenannte „Wiedergutmachungsaktion". Was aber konnte man wiedergutmachen? Absolutely nothing! Dieser Name ist falsch, eine schlechte Bezeichnung! Schaden gab es, ja. Aber wie kann man einem Menschen, der alles verloren hat, etwas wiedergutmachen? - Ich hatte zwei Rechtsanwälte, einen hier in England und einen in Deutschland. Ein Rechtsanwalt wollte in Erfahrung bringen, wie viel Judensteuer [299] mein Vater bezahlen musste. Die Antwort lautete: Das Gebäude des Finanzamtes sei zerbombt und die Unterlagen seien vernichtet worden.- Als ich das erste Mal nach Lingen kam, ging ich zu der Stelle des Finanzamtes. Es stand noch da. Diese Auskunft wird von einem alten Nazi gekommen sein. Man erzählte mir, dass in Lingen die alten Nazis den Stadtrat gebildet haben._[300]

Das im Nachsatz, rechte Seite, abgebildete Dokument mag als Beispiel für die bürokratische Umsetzung der „Wiedergutmachung" dienen.

Seinen Rechtsanwälten gelang es trotz der Verhinderungspolitik mancher deutscher Behörden, etwas Geld zu erstreiten. _Dennoch war die materielle Seite nicht wichtig für mich, es war das Leben, das Überleben, dass ich es geschafft hatte, dass ich mein eigenes Leben von 16 Jahren an meisterte, ohne irgendwelche Hilfen. - Das Wiedergutmachungsgeld konnte etwas helfen. Wie viel es war, weiß ich nicht mehr, da es nach und nach kam. Deshalb konnten wir uns etwas Luxus leisten. Heute wäre es selbstverständlich, aber zu der Zeit war es Luxus._[301]

Zum „Luxus" gehörte das erste Auto, das sich Daisy und Bernhard leisten konnten. _Das nannte man damals ‚Wiedergutmachung', ein blödsinniger Name, was gab es wiedergutzumachen? Gar nichts. Meinen Vater hatte man gezwungen, sein Eigentum zu verkaufen und das Geld wurde von den Nazis eingenommen. Als ich den ersten Schadensersatz bekam,_ *habe ich davon ein kleines Auto gekauft. Daisy hat niemals Autofahren gelernt. Da wir in einem Dorf lebten, musste ich – gewöhnlich des Samstags – mit ihr in die Stadt fahren, damit sie die Einkäufe für die Woche tätigen konnte. Vorher hatte sie mit dem Bus fahren müssen.*[302]

Bis zur umfassenden Aufklärung über das Schicksal seiner Eltern und seiner Schwester erhielt BG eher schrittweise und lückenhafte Informationen zu verschiedenen Zeitpunkten. Eine Nachricht vom Internationalen Roten Kreuz 1945 oder 1946 ließ BG noch annehmen, dass seine Eltern und seine Schwester noch lebten. *Zum ersten Mal habe ich nach dem Krieg – ich glaube, es war spät im Jahr 45 – in Northumberland – oder 46 durch eine Information des Roten Kreuzes gehört, dass meine Eltern und meine Schwester nach Riga verschleppt worden waren, nach Lettland. Das war das letzte, was ich von ihnen hörte. Dabei habe ich mir nichts gedacht, denn ich hatte von Konzentrationslagern in Deutschland gehört, Dachau, Belsen, Buchenwald, aber ich hatte niemals von einem Konzentrationslager in Riga gehört. Ich habe die Nachricht beiseite gelegt, ohne weiter daran zu denken. (…) Ich war ja sicher, dass meine Eltern irgendwo lebten und irgendwann und irgendwo auftauchen würden. Denn ich kannte ja Riga nicht als Getto.*

Die Hoffnung auf ein Wiedersehen mit seiner Familie gehörte für Bernhard zu seiner Überlebensstrategie. Er benötigte seine ganze Kraft zur Bewältigung jedes einzelnen Tages. *Ich war zu beschäftigt, mein eigenes Leben zu meistern. Das hat mich völlig beansprucht.*[303]

Der Tod seiner Eltern und seiner Schwester wurde für Bernhard durch seinen Antrag auf „Wiedergutmachung" zur traurigen Gewissheit. *Ich hatte Kenntnis vom Tod meiner Eltern, als das Wiedergutmachungsgesetz erlassen wurde, als mein Wiedergutmachungsantrag lief. Da wurde mir der Tod meiner Eltern mitgeteilt, aber ohne Einzelheiten, wo und wie.*

Jahrelang hatte er nach seinen Worten über Nazideutschland wenig erfahren. *Ich habe in Hostels gewohnt, ich hatte kein Radio, ich wusste nur das Wenige, das in den Zeitungen stand.*[304]

Bernhard Grünberg reiste in die Holocaustgedenkstätte Yad Vashem in Jerusalem, um sich eine Vorstellung über die Schoa zu verschaffen. *Die ersten Bilder von den Vernichtungslagern habe ich in Israel, in Yad Vashem gesehen. Das war wiederum für mich sehr emotional. Bis dahin hatte ich nicht gesehen, was wirklich dort passierte. Aber immer noch kam es mir nicht in den Sinn, dass das meinen Eltern geschehen war.*[305]

Ein Mensch lässt, so lange es geht, nur so viel Schmerzhaftes an sich heran, wie er glaubt verarbeiten zu können. Wie Folter, Hunger, Krankheit und Ermordung auch die eigene Familie trafen, erfuhr Bernhard Grünberg erst bei seinem ersten offiziellen Besuch 1986 in Lingen.

Abschließend ein Spottgedicht von Jimmy Berg (Auszug):

Man stellt sich um (1943)

Einmal, da fielen jede Nacht auf London Bomben
Und die Germanenherzen schlugen voller Lust.
Heut sitzen die Berliner Herren in Katakomben
Und es schaut traurig aus in jeder Heldenbrust.
Der Drang nach Osten, der begann mit Freudenfesten,
Von Beute träumten sie und von Soldatenruhm.
Doch plötzlich hab'n die Russen einen Drang nach Westen -
Man stellt sich um - man stellt sich um. [306]

[264]BG 2009 (GRÜNBERG-LIT), S. 104

[265] Eine Grafschaft (County) ist ein Verwaltungsbezirk, vergleichbar etwa einem Landkreis in Deutschland.

[266]SCHOA-INT, i.f. Schoa-Interview

[267]BG: University of Derby (GRÜNBERG- INTERNET) i.f. Universität Derby

[268]BG: Coming to England, S.308 (i.f. Coming to England)

[269]Schoa-Interview

[270]ebd.

[271]BG: My Life - The Story of a German Jew-Part One (GRÜNBERG-INTERNET)

[272]Telefonat 13.09.2020 (GRÜNBERG-INTERV.) i.f. Telefonat 13.09.2020

[273]Telefoninterview mit Bernard Grunberg 08.09.2020 (GRÜNBERG-INTERV.), i.f. Telefoninterview

[274]Telefonat BG - ap 14.10.2020 (GRÜNBERG-INTERV:) i.f. Telefonat 14.10.2020

[275]BG: My Autobiographie (i.f. Autobiografie)

[276]Telefoninterview;

Informationen über Hans Arenstein, Tarnname Harry Andrews, unter
https://www.normandymemorialtrust.org/veteran-stories/lance-corporal-hans-arenstein/

Gideon Behrendt, der wie Arenstein freiwillig in den Krieg zog, beschreibt die Erlebnisse jüdischer Soldaten in der britischen Armee. Der freiwillige Armeedienst jüdischer Emigranten im Krieg gegen die Nazis stellt einen wichtigen Aspekt jüdischen Widerstandes gegen Hitler dar. Behrendt (LIT), S. 200.

[277] Telefonat 13.09.2020

[278]Telefoninterview;

[279]Coming to England S.309

[280]vgl. Turner (LIT), S.156 ff.; zum Teil wurden die als „Enemy Aliens" verdächtigten Jugendlichen nach Australien oder Kanada transportiert. Es gab auch Einzelfälle, in denen die Nazis tatsächlich Spione unter die Kindertransporte gemischt hatten.- Die Verschiffung von „Kindern" wurde eingestellt, nachdem ein solches Schiff von deutschen Torpedos versenkt wurde.

[281]Telefoninterview

[282]ebd.

[283] vgl. Imperial war Museums (LIT)

[284]Telefoninterview

[285]Telefonat BG-ap v.05.10.2020

[286]Autobiografie

[287]Telefonat BG- ap/ Esther Prenger, 22.08.2020. Anlass der Schilderung war die Hochzeit von Esther Prenger, der Bernhard Grünberg per Post ein Geschenk zukommen ließ.

[288] ebd.

[289]Telefongespräch BG-ap. vom 22.08.2020

[290]BG: My Faith (GRÜNBERG -INTERNET)

[291] Telefonat 13.09.2020

[292]ebd.

[293]ebd.

[294]vgl. BG 2003 (GRÜNBERG-LITERATUR), S.148

[295]ebd.

[296]Telefonat BG-ap v. 05.10.2020

[297]Die Zerstörung des Rechts durch den Nazi-Terror, die bis zum millionenfachen Mord gesteigerte Entrechtung von Juden und Sinti-Roma, der Raub ihres Vermögens, ihre Vertreibung lassen sich nicht ungeschehen oder rückgängig und in diesem Sinne niemals "wieder gut" machen. Außerdem bringt dieses Wort eher die Perspektive der Rechtsnachfolger der Täter als die der Verfolgten zum Ausdruck. Dennoch wird der Begriff „Wiedergutmachung" im deutschen Sprachgebrauch für die Opferentschädigung verwendet. ap/fwp

[298]Telefonat BG-ap v. 22.08.2020

[299]Gemeint ist das vom Nazistaat nach den Novemberpogromen erpresste Geld.

[300]Telefonat 14.10.2020

[301]Schoa-Interview

[302]ebd.

[303]ebd.

[304]ebd.

[305]ebd.

[306]Aus: Davids Witz-Schleuder. Jüdisch-Politisches Cabaret: 50 Jahre Kleinkunstbüh-
nen in Wien, Berlin, London, New York, Warschau und Tel Aviv. Auswahl und Ein-
führung von Oscar Teller; Darmstädter Blätter, Darmstadt 1982; zit.n.: Schmidt, Herbert (LIT), S. 132

Verschweigen und Erinnern

Ich habe immer gesagt, dass die Nazis trotz des verlorenen Krieges und Hitlers Selbstmord weitermachen. Der Hass auf Fremde, der Hass auf Juden scheint so eingewachsen zu sein.[307]

Die Befreiung Deutschlands von der Terrorherrschaft der Nazis konnte 1945 wegen der gescheiterten Versuche, Hitler und die Nazis zu beseitigen, nur durch den Sieg der Alliierten gegen Hitlerdeutschland erfolgen. Der größenwahnsinnige Welteroberungskrieg der Nazis schlug bis zur bedingungslosen Kapitulation auf Deutschland zurück. Hitlers verbrecherischer Krieg hatte neben den Millionen Toten – darunter vieler in einen sinnlosen Tod gehetzter Hitlerjungen - und der Verwüstung weiter Teile Europas auch gewaltige Zerstörungen des Finanzsystems und im Bewusstsein vieler Menschen in Deutschland zur Folge. Viele Gebäude und große Teile der Infrastruktur lagen in Trümmern, zu einem Teil durch die deutsche Wehrmacht oder die SS selbst, was gesprengte Brücken und verwüstete Straßen angeht. Dem Bombenkrieg der Alliierten gegen deutsche Städte ging der Bombenterror der Nazis vor allem gegen Großbritannien voraus.

In diesem Kapitel arbeiten wir heraus, wie die Zeit des Naziterrors im Emsland bis in die Mitte der 1970er Jahre verschwiegen wurde und auf welche Weise dieses Verschweigen durchbrochen wurde. Es soll deutlich werden, welchen Beitrag Opfer der Nazis dazu leisteten.

Im Geschichtsunterricht wird in der Regel dargestellt, dass Deutschland nach dem feigen Selbstmord Hitlers am 29. April und der Kapitulation Nazideutschlands am 8./9.Mai 1945 in vier Besatzungszonen unterteilt gewesen sei, die sowjetische Zone in Ostdeutschland (aus der 1949 die bis 1990 bestehende DDR hervorging), die amerikanische

(Süddeutschland und Bremen), die französische (Südwestdeutschland und das bis 1957 von Deutschland getrennte Saarland) und die britische Zone in Nordwestdeutschland. Aus den drei letztgenannten, den sogenannten „Westzonen", ging 1949 die Bundesrepublik Deutschland hervor.

Es gab jedoch noch eine „fünfte Zone", nämlich eine polnische. Aus geretteten Teilen der nach dem völkerrechtswidrigen Überfalls Hitlerdeutschlands 1939 schnell besiegten polnischen Armee sowie aus vor den Nazis geflohenen Polen, darunter vielen Juden, hatte General Wladimir Sikorski, der Präsident der polnischen Exilregierung in Großbritannien, eigene Streitkräfte geschaffen. Diese wurden in die britische Armee eingegliedert. Nach dem mit so vielen Opfern – darunter Bernhard Grünbergs gefallenem Freund Hans Arenstein – erkämpften Sieg über die Nazis entschied die britische Armeeführung, dass ein Teil der britischen Zone von der polnischen Armee verwaltet werden sollte. Es hatte sich herausgestellt, dass die Nazis viele Polinnen und Polen zur Zwangsarbeit oder als Kriegsgefangene in dieses Gebiet verschleppt hatten. Die britische Regierung war der Meinung, dass sich am besten polnische Soldaten um diese polnischen Menschen bemühen sollten.

Daher gab es im Emsland, in angrenzenden Teilen des Cloppenburger Landes und Ostfrieslands eine polnisch verwaltete Zone. „In ihrem Besatzungsgebiet halten sich zu dieser Zeit etwa 30.000 ihrer Landsleute auf. Es handelt sich um Kriegsgefangene aus den Emslandlagern, vor allem aber um sogenannte Displaced Persons, kurz DPs: Aus ihrer Heimat verschleppte Polen, die in Deutschland als Zwangsarbeiter eingesetzt waren und nach Kriegsende nicht wissen, wohin - so Kurt Buck, Leiter der KZ-Gedenkstätte Esterwegen."[308]

Unter den DPs waren u.a. auch mehr als 1700 Frauen, die im Sommer 1944 im Warschauer Aufstand wochenlang gegen die Mörder der Waffen-SS gekämpft hatten.[309]

Wie fast überall in Deutschland wollte auch im Emsland - wo es bereits kurz nach Antritt der Naziherrschaft Konzentrationslager gab - in den ersten Nachkriegsjahren kaum jemand an die Terrorherrschaft und die eigene (Mit-)Täterschaft oder an das eigene Schweigen erinnert werden. Allerdings hielt die Verdrängung der Geschichte im Emsland besonders lange an.

In allen Behörden, bei der Polizei, als Lehrkräfte und nicht zuletzt in der Justiz arbeiteten Menschen, die entweder aktiv als Nazis oder als Mitläufer an den Verbrechen gegen Juden, Sinti und Roma sowie andere Menschen beteiligt gewesen waren. Nicht wenige hatten von der Verdrängung der Juden aus dem Berufsleben oder von „Arisierungen" profitiert. Ohne sie wären der Raub jüdischen Vermögens, die Vertreibungen und die millionenfachen Morde nicht durchführbar gewesen. In den Parlamenten, in Stadt- und Gemeinderäten der ersten beiden Jahrzehnte der Bundesrepublik Deutschland saßen nicht wenige Politiker, die Nazis (gewesen) waren.

Restauriertes Jüdisches Bethaus Freren; Foto: fwp

Lothar Kuhrts, ein äußerst verdienstvoller emsländischer Heimatforscher mit dem Schwerpunkt „Jüdisches Leben in Freren", der Gründer der Jüdischen Geschichtswerkstatt „Samuel Manne"[310] und Mitinitiator der Restaurierung des jüdischen Bethauses in Freren, sagte uns im Interview: „Das Verschweigen wurde nach 1945 permanent. Es gab auch keine Prozesse, etwa wegen der teilweisen Zerstörung des Bethauses (in Freren, ap/fwp)."[311]

Kuhrts arbeitete lange Zeit als Lehrer in Freren, gemeinsam mit dem Heimatforscher Gerhard Sels aus der Nachbargemeinde Lengerich.[312]

Wir fragten Lothar Kuhrts: „Haben Sie erlebt, dass man Ihnen als Außenstehender, als ‚Zugezogener‘, vorgeworfen hat, dass Sie die Geschichte der Juden in Freren aufarbeiten?"

Kuhrts: „Natürlich. Erstmal hieß es, das kann ja nur ein Beamter machen, ein Selbstständiger würde geschnitten, da würden die Nazis schon für sorgen. Das Zweite: ‚Du kommst von auswärts. Wenn du von hier kämst, würde man deine Familie massiv unter Druck setzen.' Dann wurde auch gesagt, man müsste auch mal in meiner Familie nachforschen, was da an braunen Flecken zu finden wäre. Aber ich war ja unbefleckt und habe meine Forschungsarbeit ohne Rücksicht fortgeführt. - Später habe ich erfahren, dass die Befürchtung bestand: ‚Der will uns alle in den Dreck ziehen'. (...) Später bröckelte das Eis, und es setzte sich eher die Einsicht durch, dass es ja auch das Ansehen Frerens steigert, wenn die Zeit der Judenverfolgung aufgearbeitet wird. Es gab im Rathaus eine ‚Judenakte‘, zu der ich Zugang bekam. Mit der Zeit entwickelte sich die Zusammenarbeit mit dem Rathaus zufriedenstellend."[313]

Sehr interessant und mit einer deutlichen Parallele zu Lingen ist auch, was Lothar Kuhrts uns über seine anfängliche Motivation zu seiner Forschungsarbeit mitteilte:

„Im Geschichtsunterricht wurde das Thema ‚3. Reich' behandelt. Ein Schüler teilte mir mit, dass er täglich zweimal an einem Jüdischen Friedhof vorbeikomme. Auf dem Stadtplan war der Friedhof nicht eingezeichnet, da war ‚Ödland‘. Ich forderte den Schüler auf, mir den Friedhof zu zeigen. Natürlich gab es ihn. Es handelte sich um Urkundenfälschung. - Der Friedhof war vollkommen verwahrlost, völlig vernachlässigt. Wir haben dann mit der Klasse aufgeräumt. Dann haben wir bis 1984 – gemeinsam mit dem Arbeitskreis Judentum-Christentum im Altkreis Lingen, mit Herrn Möddel, zusammen dafür gekämpft, dass der Friedhof in den Stadtplan aufgenommen wurde. Mit Vehemenz wurde dagegen argumentiert."[314]

Der jüdische Friedhof in Freren 2021 Foto: fwp

Dass die Stadt Freren auf dem Stadtplan den jüdischen Friedhof und damit das ausgelöschte jüdische Leben nicht ausgewiesen hatte, regte Kuhrts zu seiner Forschungsarbeit an, die zur ersten regionalen Veröffentlichung über jüdisches Leben im südlichen Emsland geführt hatte.[315]

Wir sind bereits mehrfach auf Ruth Heilbronn eingegangen. Sie war 1941 aus Berlin, wo sie sich zur Krankenschwester ausbilden ließ, nach Lingen gekommen, um ihre Eltern in die Verschleppung nach Riga zu begleiten.

Ruth Heilbronn überlebte – anders als ihre Eltern - ihre lange Leidenszeit im KZ. In einem ausführlichen Interview schilderte sie ihre

Befreiung aus den Händen der Nazis und ihrer Helfer durch die sowjetische Armee, die vorläufige Wiederherstellung ihrer Gesundheit in einem sowjetischen Lazarett – durch Intervention eines jüdischen sowjetischen Oberst - und ihre Irrfahrt nach Lingen durch die zerstörten Städte Frankfurt (Oder), Berlin, Bochum, Münster, Osnabrück in völlig überfüllten Zügen.

Sie kam am 20. August 1945 als einzige der verschleppten Lingener jüdischen Menschen zurück. „Da stand ich mit meinem Bündel am Bahnhof in Lingen und wusste nicht, wohin ich gehen sollte. Und so wandte ich mich an frühere Freunde meiner Eltern, die eine Bäckerei und Konditorei betrieben, die sehr anständig waren, die uns bis zur Nacht vor unserer Deportation Brot außen vor unsere Tür legten, das wir dann mit den Juden im Judenhaus teilten. Daher bin ich dahingegangen und die Aufregung darüber, dass ich überlebt hatte, war groß. Sie waren traurig darüber, dass ich allein zurückkam. Ich denke, es war Sonntag. Sie hatten eine Menge zu essen, das war sehr ungewöhnlich.[316] (…) Der Grund war, dass sie für die Young Men's Christian Association (YMCA) buken. Es war die BAOR, die Britische Rhein-Armee, aber Lingen war von deren polnischen Brigade besetzt." [317]

Ruth Heilbronn wurde von den Familien Sauerbrey und Demann aufgenommen. Über ihre ersten Wochen in Lingen erzählt Ruth Heilbronn: „Als nächstes hatte ich mich beim Einwohnermeldeamt anzumelden. Dann musste ich mich bei der Polizei melden und mich dort registrieren lassen. Und da war wieder der Polizist Brandt, und als er mich sah, verlor er beinahe die Fassung. Als er herausfand, dass ich die einzige Überlebende war, dauerte es lange, bis er sich von seinem Schock erholte."[318] Es handelte sich um den gleichen Polizeibeamten, der 1941 die Lingener Juden bei der Verschleppung nach Osnabrück andauernd geweint hatte, weil er wohl wusste, wohin die Reise für die Menschen ging, die zu begleiten man ihm befohlen hatte.

Die Wiederbegegnung mit diesem Polizisten erwies sich als entscheidend für das weitere Leben Ruth Heilbronns und damit sehr wichtig für die spätere Erinnerungskultur in Lingen. Der Polizist Brandt „erzählte mir dann, dass sein Haus beschlagnahmt worden sei und dass dort zwei polnische Offiziere untergebracht worden seien. Einer war Arzt und hatte in Wien studiert, der andere war ein Hauptmann (Captain), der Quartiermeister. Der Arzt war auch im Rang eines Hauptmanns. (…) (Die beiden Offiziere) wollten mich treffen, weil sie gehört hatten, dass ich das einzige überlebende jüdische Mädchen in der Stadt war. Sie konnten nicht zu meinen Freunden, bei denen ich wohnte, kommen, denn es gab für die polnisch-britischen Soldaten keine Verbrüderung mit Deutschen, und ich lebte in einer deutschen Familie. So ging ich zu ihnen, um sie zu treffen.“[319]

Aus der Begegnung wurde Liebe, Ruth Heilbronn heiratete den Arzt. Nun war Ruth die Ehefrau des polnisch-jüdischen Arztes Dr. Adolfo Freudenheim, der in Wien Medizin studiert und als polnischer Jude in der britischen Armee gegen die Nazis gekämpft hatte. Aus Ruth Heilbronn wurde Mrs. Ruth Freudenheim.

Ihr Ehemann ging bald nach der Hochzeit nach England, um dort als Arzt zu arbeiten. Ruth wollte ihm selbstverständlich folgen. Aber in Deutschland geborene Menschen durften damals nicht nach Großbritannien einreisen. Dass es sich um eine jüdische Überlebende aus Vernichtungslagern handelte, zählte nicht. Es bedurfte der Überwindung vieler bürokratischer Hürden, bis Ruth nach Großbritannien einreisen durfte. Sie nahm auch ihr Kleid mit, das sie im KZ hatte tragen müssen.

„Ich war die erste in Deutschland geborene Frau, die nach dem Krieg nach England kommen durfte. (…) Aber mein Mann hatte seinen Namen in „Foster“ geändert. Das war leichter für seine Patienten auszusprechen. Aber ich war damals immer noch Mrs. Freudenheim.“[320] So wurde Ruth monatelang in Schottland interniert, bis sie endlich zu ihrem Mann ziehen konnte, der Arzt im Public Health Service wurde. Sie war nun Mrs. Ruth Foster. Am 13. Oktober 1948 wurde ihre Tochter Caroline geboren.

Anders als Ruth Heilbronn wollte Gustav Hanauer in Lingen leben. Auf den Umgang von Stadt und Kreis Lingen mit ihm geht Karl-Heinz Vehring ein. Der 1905 geborene Hanauer erkannte als einer von wenigen zu der Zeit noch in der Stadt gebliebenen Lingener Juden noch vor der Pogromnacht den Ernst der Lage. „Er war (…) am 20. September 1938 mit dem Fahrrad in die Niederlande geflüchtet, als man ihn von der Stadtverwaltung aufgefordert hatte, seinen Reisepass abzugeben. Teile seines Vermögens konnte er (…) mitnehmen, verschiedene Wertgegenstände hatte er in seinem Haus Schlachterstraße 12 versteckt."[321]

Wie bekannt überfiel Nazideutschland im Mai 1940 die Niederlande. Ab 1941 begannen die Nazis auch hier mit mörderischen Aktionen gegen jüdische Menschen.

Gustav Hanauer heiratete 1939 die niederländische Jüdin Theresia Groenheim. Ihre älteste Tochter Helga wurde 1940, ihre Schwester Carla 1942 geboren. „In diesem Monat wurde das Tragen des Judensterns zur Pflicht gemacht. Theresias Mutter aus Delden suchte nach einem Versteck für ihre beiden Enkelinnen und bat die Ordensschwestern im dortigen Krankenhaus, die zweijährige Helga und die nur wenige Wochen alte Carla aufzunehmen."[322] Unter der Bedingung, dass auch die Eltern sich verstecken könnten, sagten die Schwestern zu. Ein Versteck für die Eltern fand sich auf dem Bauernhof von Marinus de Bruin.[323]

Im März 1943 wurde die Unterkunft von Gustav Hanauer und dessen Ehefrau verraten. Der Bauer verschaffte ihnen (…) eine Erdhöhle, wo sie sich oft mehrere Wochen verstecken mussten."[324] So überlebten Gustav Hanauer und seine Familie die Schoa.

Gustav Hanauer hatte Heimweh nach Lingen und wollte sein altes Gewerbe weiterbetreiben. Karl-Heinz Vehring beschreibt einen empörenden Umgang der Behörden von Stadt und Kreis Lingen mit dem einzigen Schoa-Überlebenden aus Lingen, der in der Stadt leben wollte.

Sein Wohnhaus in der Schlachterstraße, in dem er auch sein Gewerbe betrieb, brannte 1956 ab. Fortan musste er sich beständig gegen Behördenwillkür zur Wehr setzen. Das Ordnungsamt der Stadt Lingen untersagte ihm die Ausübung seines Gewerbes auf einem gepachteten Grundstück.

Aus einem Brief Hanauers vom 25.10.1956 an die Stadt Lingen: „Es handelt sich bei meinem Betrieb nicht um eine Neugründung, sondern um die Verlegung eines seit dem Jahre 1873 bestehenden Geschäftes. (...) Ich habe nun eben mal das Pech gehabt, & bin abgebrannt, aber wenn jemand dieses Unglück gehabt hat, so darf man ihn seitens der Behörden doch nicht wirtschaftlich zum Tode verurteilen. (…) Erwähnen möchte ich noch, dass ich schon 6 Monate fast ohne Erwerb bin. Man kann nicht einfach von der Substanz zehren, wo man eine Frau & und 5 Kinder zu ernähren hat. - auch als Jude habe ich genau wie jeder andere Mensch eine Berechtigung zum Leben. Genau wie in 1933 fühle mich hier in Lingen wie ein gehetztes Wild (…) [325]

Gustav Hanauer um 1957.
Quelle: Stadtarchiv Lingen; Scherger: Verfolgt und ermordet (LIT), S. 108,
gibt als Bildurheberin Carla Hanauer an.

Gustav Hanauer in einem Brief an die Stadtverwaltung 1960: „Seit dem Jahre 1956 betreiben die Ordnungs- und Bauämter der Stadt und des Kreises Lingen eine moderne Vertreibungspolitik gegen mich. (…) Um festzustellen, ob ich hier in Lingen als freier Bürger leben und eine Existenz finden kann oder nur, seit 1956 schon geschehen ist, der Willkür der Behörden ausgesetzt bin, werde ich diese ganze Falle führenden Persönlichkeiten der Bundesregierung unterbreiten."[326]

Zwei Töchter Hanauers folgten ihrem Vater 1955 (Helga) und 1959 (Carla) nach Lingen. Ihre Mutter Theresia wollte nicht in Deutschland leben und blieb daher in Enschede, zusammen mit den Kindern, die dort nach dem Krieg geboren wurden. Gustav Hanauer hatte somit faktisch für zwei Familien zu sorgen. Es wird angenommen, dass er die Wochenenden in Enschede verbrachte. Gustav Hanauer starb 1972 und wurde auf dem jüdischen Friedhof in Lingen beigesetzt. Er wurde 67 Jahre alt.

Angesichts des jahrzehntelangen Verschweigens der Naziverbrechen und dem behördlichen Umgang mit Gustav Hanauer ist dem früheren Oberstadtdirektor von Lingen, Karl-Heinz Vehring, zuzustimmen: „Glaubwürdigkeit im Umgang mit der Geschichte besteht (…) auch darin, im Rahmen einer Erinnerungskultur nicht nur positive Aspekte zu erwähnen. Worte der Erinnerung und des Gedenkens an die nationalsozialistische Gewaltherrschaft sind geboten, und wenn sie nicht hinreichend ausgesprochen werden, muss auch hierauf hingewiesen werden. - Aber unterlassene tatsächliche Hilfe für diejenigen, die durch die NS-Gewaltherrschaft unmittelbar gelitten haben und denen Hab und Gut widerrechtlich genommen wurde, wiegt wesentlich mehr."[327]

Carla Hanauer wanderte 1967 in die USA aus.

Helga Hanauer, die zunächst den Handel ihres Vaters übernommen hatte, eröffnete ein Textilgeschäft.

Die aus „Brandschutzgründen" in der Pogromnacht nicht zerstörte alte jüdische
Schule wurde u.a. als Viehstall benutzt. Die Stadt Lingen hat sich seit 1985 zunächst
vergebens darum bemüht, das gesamte Grundstück vom Eigentümer zu erwerben.
Quelle: Stadtarchiv Lingen

Im Jahre 1975 feierte die Stadt Lingen ihr tausendjähriges Jubiläum.
Im Jahre 975 war Lingen erstmals in einer Urkunde erwähnt worden.
Im Auftrag der Stadt Lingen gab Wilfried Ehbrecht vom Institut für ver-
gleichende Stadtgeschichte, Münster, den Band „Lingen 975-1975. Zur
Genese eines Stadtprofils" (LIT)mit zahlreichen Einzelbeiträgen von be-
teiligten Wissenschaftlern heraus.

Bürgermeister Hans Klukkert, der eine Vergangenheit als Mitglied
der Nazipartei hatte, und Stadtdirektor Karl-Heinz Vehring schrieben

im Vorwort zu diesem Band: „Unsere Vorfahren müssen eine gute, zähe
Rasse gewesen sein. Jedesmal nach den vielen Kriegen, Belagerungen,
Brandschatzungen, Not, Pest und Großbränden in der 1000jährigen Geschichte krempelten sie die Ärmel auf, um in ihrem Ort und später in
der Stadt die Schäden auszubessern oder nach einem Großbrand neu
aufzubauen; wohl wissend, dass nur in einer intakten Gemeinschaft die
eigene Existenz gesichert werden kann."[328]

Wer in den diversen Beiträgen zur Lingener Geschichte nicht zu der
„intakten Gemeinschaft" oder der „zähen Rasse" gezählt wurde, waren
die Lingener Juden. Es finden sich zwar auf S. 255 und 265 zwei Passagen, in denen die Zusammensetzung der Bevölkerung nach Religionen,
also auch der jüdischen, in verschiedenen Jahren seit 1693 dargestellt
wird, und in denen unter „Kirchenwesen und Glaubensgemeinschaf-
ten" die Errichtung der Synagoge sowie der jüdischen Schule 1878, die
Konstituierung der Synagogengemeinde 1913 und die Zerstörung der
Synagoge erwähnt werden. Das vom Herausgeber verantwortete Buch
enthält jedoch kein eigenes Kapitel mit der Darstellung jüdischen Lebens in Lingen und dessen Vernichtung in der Nazi-Zeit und auch kein
eigenes Kapitel, in dem die Nazi-Zeit in Lingen dargestellt wird.

Die Beiträge enden mit dem Jahr 1933 unter dem Titel ‚Parteien und
Wahlen in Lingen 1871-1933‘ von Wolf-Michael Catenhusen. Der Autor wählte Nazi-Sprache zur Beschreibung von Nazi-Verbrechen. Im
Anschluss an die Beschreibung der willigen Unterwerfung des „Zen-
trums" unter die Nazivorherrschaft heißt es: „Dagegen setzte die Verfolgung der Vertreter von Gewerkschaften und Arbeiterparteien schon
1933 ein. (…) Am 20. Juni beschloss der Magistrat in Ausführung des
Reichsgesetzes zur Wiederherstellung des Berufsbeamtentums die Entlassung des städtischen Arbeiters Tobben und der Sparkassenangestell-
ten Selma Hanauer. In der Begründung der Entlassung von Tobben
heißt es: ‚Tobben hat der KPD angehört und ist als deren Funktionär

andauernd gegen die nationale Erhebung aufgetreten.' Im Juni 1933 wurde in Lingen der jüdische Händler W. Heilbronn in Schutzhaft genommen, um ihn vor der SA zu schützen, weil er einen SA-Kameraden ‚blutig geschlagen' habe."[329]

Bei der Auswahl der Quellen für diese Darstellung wird klar, warum Catenhusen nicht erwähnt, aus welchem Grund Selma Hanauer ihre Existenzgrundlage verlor. Noch gravierender ist die Übernahme der Nazi-Defintion von „Schutzhaft" und die völlig falsche Begründung für die Verschleppung des Vaters von Ruth Heilbronn. Dass es sich beim erwähnten „Gesetz" um Naziterror handelte, bleibt ebenfalls ungenannt.

Zusätzlich zu diesem Geschichtswerk wurde auf Anregung des vorbereitenden Festausschusses von der Stadt Lingen eine kleine Festschrift herausgegeben, um Bürgerinnen und Bürgern sowie Besucherinnen und Besuchern der Stadt eine kurze Information über die 1000-jährige Geschichte zu ermöglichen. Der ehemalige Oberstadtdirektor und damalige Stadtdirektor Karl-Heinz Vehring erinnert sich:

„Der erste Teil dieser kleinen Schrift sollte einen Abriss der Geschichte Lingens bis 1945 beinhalten, zusammengestellt und verfasst von Alois Hoffmann, der unmittelbar nach Beendigung des Manuskriptes Ende Januar 1975 verstarb.

In einem zweiten Artikel sollte anhand von Fakten und Daten die Entwicklung der Stadt seit dem Zweiten Weltkrieg dargestellt werden. Dieses Zahlenwerk erhelle den sprunghaften Aufstieg, den die Stadt Lingen – vor allem in den letzten Jahren – genommen habe, so heißt es in einem Vorwort zu dieser kleinen Festschrift… Ich wurde gebeten, den Artikel über den zweiten Teil, nämlich ‚Stadt Lingen (Ems) – 1945 bis 1975' zu fertigen; diese Aufgabe habe ich übernommen.

… Den erwähnten Artikel habe ich zusammen mit den Fachämtern verfasst, die viele Zahlen und Fakten zusammengetragen haben. Ein kleines Redaktionsteam, dem u.a. Rats- und Kulturausschussmitglied Rüdiger van Acken angehörte, der auch die Gesamtherstellung der Schrift übernommen hatte, hat den Artikel redigiert, d.h. nach verschiedenen Themenbereichen gegliedert und mit entsprechenden Fotos versehen."[330]

Diese Festschrift wurde vor dem eigentlichen Festakt zur 1000-Jahr-Feier am 16. Mai 1975 an viele Haushalte in Lingen kostenfrei versandt und gelangte somit auch an Helga Hanauer. Stadtdirektor Vehring wurde noch vor dem Festakt auf der Wilhelmshöhe von Frau Helga Hanauer angerufen und darauf hingewiesen, dass in der kurzen Festschrift das Schicksal der jüdischen Gemeinde in Lingen nicht erwähnt sei. Nach Aussage von Karl-Heinz Vehring habe er ihr telefonisch, schriftlich und später auch mündlich mitgeteilt, dass die Ansprachen zur 1000-Jahr-Feier auch mit Rücksicht auf die Festrede des damaligen Bundespräsidenten Walter Scheel zeitlich begrenzt gewesen seien und dass es kaum möglich gewesen sei, das Schicksal der jüdischen Gemeinde in der vorgegebenen Zeit angemessen darzustellen und zu würdigen.

Das Verschweigen der jüdischen Bevölkerung Lingens in der städtischen Festschrift erboste sie so sehr, dass sie einen Leserbrief verfasste, der nach Diskussionen in der Redaktion am 23. Mai 1975 in der Lingener Tagespost (LT) abgedruckt wurde.[331] Helga Hanauer, mit der Lingener Adresse *Lengericher Str. 23,* schrieb unter der von der LT- Redaktion gewählten Überschrift „Geschichte lässt sich nicht totschweigen":

„ ,Alle Worte von nationaler Würde, von Selbsteinschätzung bleiben hohl, wenn wir nicht das ganze, oft genug drückende Gewicht unserer Geschichte auf uns nehmen. Es genügt nicht, gute Beziehungen zum Staat Israel zu unterhalten. Das ist sicherlich sehr wichtig. Wichtig ist aber auch, dass wir ein richtiges Verhältnis zu unseren jüdischen Mitbürgern finden.' (Bundespräsident Scheel anlässlich einer Gedenkstunde in der Schlosskirche der Bonner Universität im Mai 1975.)

Wenn Lingen jetzt die Tausendjahrfeier zum Anlass nimmt, rück-
blickend die bewegte Geschichte der Stadt für die heutigen Bürger lebendig werden zu lassen, so berührt es mich schmerzlich, dass ein Ge-
sichtspunkt aus diesem Stadtleben überhaupt nicht gewürdigt wurde.
Wenn gerade in diesem Monat die Bedeutung des 8. Mai gewürdigt und
der Verführung und Unterjochung des deutschen Volkes unter Hitler
und seine Getreuen gedacht wird, so werden sich besonders die Opfer
und die Betroffenen erinnern. - Offenbar identifiziert sich in Lingen
niemand als Opfer der Gewaltherrschaft.

Auch wenn es vom Jahrgang her nicht möglich war, ‚aktiv oder passiv
gewesen zu sein', enthebt dies keineswegs der Verantwortung. Geschichte ist ein Geschehen, welches sich nicht totschweigen lässt. Stock-
holm feiert dieser Tage das 200jährige Bestehen jüdischen Lebens in seiner Stadt. Sollte es wirklich so sein, dass die Stadtväter Lingens nicht
wissen, dass hier seit ca. 250 Jahren jüdische Menschen ansässig waren
und mit zum Gepräge der Stadt beigetragen haben? Ist es nur Unkenntnis, dass in der Festschrift zur Tausendjahrfeier mit keinem Wort das
Schicksal der einst so lebendigen jüdischen Gemeinschaft in Lingen erwähnt wird? Sollte es keinem der Verantwortlichen eingefallen sein,
dass zu Lingen auch eine Synagoge gehörte? Es stimmt so schmerzlich,
dass die Stadt Lingen in den dreißig Jahren nach dem Niedergang des
Dritten Reiches auch keine Geste des Bedauerns über das auch in dieser
Stadt Geschehene gefunden hat. Wäre nicht jetzt Gelegenheit gewesen,
wenigstens mit ein paar Worten der Opfer zu gedenken, die damals auch
durch das große Schweigen ihr Leben lassen mussten?“

Es gab auf diese Wortmeldung keine Reaktion der Verantwortlichen,
die Helga Hanauer überzeugt hätte.

Eine umfangreiche Danksagung von Klukkert und Vehring richtete
sich im Juni 1975 an alle Organisatoren, Bürgerinnen und Bürger und
„allen, die an der Vorbereitung und Durchführung der 1000-Jahr-Feier

beteiligt waren."[332] Von jüdischen Bürgerinnen und Bürger war hier wie während der gesamten Festlichkeiten keine Rede.

So verfasste Helga Hanauer einen zweiten Leserbrief, der am 27.Juni 1975 unter der Überschrift „Die Stadt Lingen und die jüdische Gemeinde" in der LT abgedruckt wurde. Sie schrieb, noch wesentlich kritischer als in ihrem ersten Text:

„Zu einem richtigen Geschichtsverständnis kann man nur gelangen, wenn die Wahrheitsfindung der wesentliche Punkt in dem Radius des Erlebten – Emotionellen wird. Objektivität verlangt meist ein wenig Abstand – zu viel Zeitvergehen birgt aber die Gefahr der Verflachung und Verfälschung in sich. Es ist so wichtig, dass die Zeugnisse des unendlichen Leidens fassbar gemacht werden in dem Konkreten, welches sich in unmittelbarer Nähe zugetragen hat, damit einer Geschichtsverfälschung und Verdrängung, die nur unser aller Schaden sein kann, vorgebeugt wird. Wäre hier ein Gedenkstein an der Stelle der ehem. Lingener Synagoge nicht angebracht?

In einem demokratischen Staat mit seinem freiheitlichen Ideal ist es von großer Bedeutung, Menschen am Schalthebel unserer Gesellschaft zu wissen, die die Ehrlichkeit und die politische Klugheit besitzen, unser Land nach den Maßstäben des Rechts und der Moral zu führen, und nicht nur mit Worten zu zahlen, wenn es um die immer noch unbewältigte Vergangenheit geht. Herrn Stadtdirektor Vehring waren selbst die Worte zu viel zur Erwähnung des Schicksals der jüdischen Gemeinde. Auch meiner Bitte, wenigstens in der Festrede einen Satz darüber zu bringen, wurde nicht stattgegeben. Bei diesem Geschichtsverständnis ist es auch nicht verwunderlich, dass er als Stadtdirektor nicht wusste, wo einst die Lingener Synagoge stand. Ich hoffe, dass es um das Geschichtsverständnis der anderen Herren besser bestellt ist. Geschichte ist nicht jedermanns Sache – eine Lebensnotwendigkeit aber für jeden Beamten in solch wichtiger Position. Zur Fragestunde: Ich habe auf meinen

Leserbrief vom 22.5.1975 von der Stadt Lingen keine Antwort erhalten und Stadtdirektor Vehring hat mich auch nicht angerufen."

Mit dieser klaren und nur zu berechtigten Kritik hatte Helga Hanauer sehr zur veränderten Erinnerungskultur in Lingen beigetragen. Dass sich an der bis dahin betriebenen Politik des Verschweigens des Nazi-terrors in der Stadt Lingen grundlegend etwas änderte, ist zu einem sehr großen Teil ihr Verdienst.

Karl-Heinz Vehring räumte 2020 mit Bezugnahme auf die kleine Festschrift der Stadt Lingen ein:

„In diesem Zusammenhang hätte ich durchaus zusätzlich erwähnen sollen, dass die jüdische Gemeinde in der NS-Diktatur ausgelöscht und die Synagoge in der Reichspogromnacht 1938 zerstört wurde."[333]

„Allerdings kann ich auch für alle, die an der kleinen Festschrift mit-gewirkt haben, versichern, dass keiner das traurige Schicksal der jüdi-schen Gemeinde Lingens während der nationalsozialistischen Gewalt-herrschaft ausblenden oder verdrängen wollte."[334]

Helga Hanauer um 1974.
Foto: Stadtarchiv Lingen.

In vielen Publikationen wird betont, dass Helga Hanauer im September 1976 nicht aus „politischen Gründen" aus dem Leben geschieden sei. Gelegentlich wird auch „Liebeskummer" als Grund genannt.[335]

Das überzeugt uns nicht. Ihre Kindheit in Angst und Schrecken im Versteck im Alter von zwei bis fünf Jahren und die damit verbundene Trennung von den Eltern[336], die Missachtung des Beitrages der jüdischen Menschen zur Stadtgeschichte und der Schoa anlässlich des Stadtjubiläums, der oben geschilderte Umgang der Behörden mit ihrem Vater, die Trennung von ihrer in den Niederlanden verbleibenden Mutter, der frühe Tod ihres Vaters – solche Gründe für ihren Tod sollten unbedingt erwogen werden.

Die Erfüllung ihrer Forderung nach einem Gedenken an die vernichtete Lingener Synagoge erlebte Helga Hanauer nicht mehr. Am 15.11. 1977 wurde an der Ecke Gertrudenweg – heute, wie schon vor 1900, Synagogenstraße – und Lookenstraße (heute Konrad-Adenauer-Ring) ein Gedenkstein für die zerstörte Synagoge eingeweiht.

Der Gedenkstein befindet sich jetzt auf dem Gelände des Gedenkortes Jüdische Schule in Lingen. Foto fwp

Der Eigentümer des ehemaligen Synagogengrundstücks hatte sich geweigert, das Mahnmal vor seinem Haus – dem eigentlichen Standort der Synagoge - aufstellen zu lassen.

Helga Hanauer, ohne deren Wortmeldung das Verschweigen der Naziverbrechen in Lingen mit großer Wahrscheinlichkeit noch sehr viel länger angedauert hätte, schrieb nicht nur Geschichte, sondern auch Gedichte.

Eines davon zitieren wir zum Abschluss dieses Kapitels. Es bringt nach unserer Interpretation zum Ausdruck, wie sehr sie das Verdrängen- und Vergessenwollen in der Heimatstadt ihres Vaters hinsichtlich der jüdischen Bürgerinnen und Bürger getroffen hatte.

Helga Hanauer
Erinnerung

ich lag am wasser
und horchte in die wellen
da hob ein
schreckliches geweine an
die stimmen erhallen
vom schmerz
über das vergessen
man wollte
das getane begraben
in der tiefsten see
doch man rechnete
ohne den geist
der gewässer
nun bricht es auf
wie ein magenleiden
und kommt
immer ungelegen. [337]

[307] Telefonat BG – ap, Esther Prenger 22.08.2020 (GRÜNBERG-INTERV.)

[308] Bloom-Schinnerl (LIT): Das emsländische Haren wurde zur Unterbringung der DPs von 1945 bis 1948 unter dem Namen „Maczków" zu einer polnischen Stadt.

[309] Am 1.08.1944 erhob sich die Polnische Heimatarmee im „Warschauer Aufstand" gegen die Nazi-Armee. Bis zum 2.10.1944 hatten die Deutschen den Aufstand blutig niedergeschlagen und Warschau in Schutt und Asche gelegt. Zehntausende wurden ermordet. Die sowjetische Armee kam den Aufständischen nicht zur Hilfe. - Wenig bekannt ist auch der Aufstand im Warschauer Getto vom 19.4.1943 bis Mitte Juli 1943, mit dem die Jüdische Kampforganisation Widerstand gegen die Verschleppung der über 300.000 Warschauer Juden in die Vernichtungslager leistete. vgl. Lustiger (LIT) S. 79 ff. Lustiger weist nach, dass jüdische Menschen vielfach Widerstand gegen die Nazis geleistet hatten.

[310] Samuel Manne aus Freren wurde im Alter von drei Jahren von den Nazis ermordet.

[311] Interview Lothar Kuhrts (ZEITZEUGEN), i.f. Kuhrts-Interview

[312] vgl. Sels, Gerhard (LIT) S.105; dort berichtet Sels von seiner Zusammenarbeit mit Lothar Kuhrts, Stefan Manemann und Hermann Ruiter bei der Erforschung jüdischen Lebens im südlichen Emsland.

[313] Kuhrts -Interview

[314] ebd.

[315] vgl. Kuhrts, Lothar: Beitrag zur Geschichte (LIT)

[316] Foster (LIT) (d. i. Ruth Heilbronn): International Life stories. (i.f. Foster)

[317] ebd.

[318] ebd.

[319] ebd.

[320] ebd.

[321] Vehring (LIT) S.4, i.f. Vehring

[322] Scherger, Der jüdische Friedhof in Lingen, (LIT) (i.f. Scherger 3), S.126

[323] ebd.

[324] Vehring S.5

[325] Hanauer, Gustav, zit. n. Vehring S.7

[326] dsb., zit. n. Vehring S.8f.

[327] Vehring, S.3

[328] Klukkert, Hans/ Vehring, Karl-Heinz: Grußwort. In: Ehbrecht (LIT)

[329] Catenhusen (LIT), S.236.

[330] Vehring, S.11

[331] Lingener Tagespost v. 20.04.1996 (ZEITUNG)

[332] Lingener Tagespost v. 05.06.1975 (ZEITUNG)

[333] Vehring, S. 11

[334] Vehring, S. 11

[335] Lingener Tagespost (online) v. 02.02.2020 (ZEITUNG); anders Scherger, die von ungeklärten Umständen des Todes spricht, vgl. Scherger, Friedhof (LIT), S.128

[336] André Stein (LIT), selbst als achtjähriger Jude versteckt, schrieb ein bewegendes Buch über die Belastungen, denen versteckte Kinder ausgesetzt waren. „Wir fühlen uns an vielen Orten daheim, aber kein Ort ist ein wirkliches Zuhause." (S. 351)

[337] Quelle: Lingener Tagespost v. 20.04.1996 (ZEITUNG)

Wille zur Versöhnung

1986 bekam ich eine Einladung von den lokalen Behörden der Stadt Lingen. Sie luden mich ein, an der Feier zur Enthüllung eines Gedenksteines für die von den Nazis ermordeten ehemaligen Einwohner Lingens teilzunehmen.

Ich habe mich zunächst innerlich sehr dagegen gesträubt, denn ich dachte, wenn du aus der Haustür rausgeschmissen wurdest, kannst du nicht durch die Hintertür wieder reinkommen. - Ich habe dann mit meinem besten Freund, der in Newcastle on Tyne lebte, telefoniert, und ihm die Situation geschildert. Ich sagte ihm, der einzige Grund, hinzugehen sei, eine angemessene Beerdigungszeremonie für meine Eltern und meine Schwester auszurichten. Dass sie den Gedenkstein errichtet hatten, fand ich nicht als Grund hinzugehen. Er schlug mir vor, ich solle in jedem Fall hingehen, und das habe ich getan. [338]

Bernhard Grünberg folgte dem Rat seines Freundes und reiste trotz seiner Unsicherheit nach Lingen.

Die Entscheidung, der Einladung zu folgen, sei sehr schwer gewesen. *Ich musste lange überlegen, ob ich die Einladung aus Lingen annehmen sollte. Ich fragte mich, wie man mich empfangen würde. Würde jemand rufen 'Ah, da kommt der kleine Judenjunge!'* [339]

Anne-Dore Jakob zufolge war es auch ein privater Besuch in den 1950er Jahren, der BG negativ auf Deutschland blicken ließ. Bernhard, von uns gefragt: „Trifft es zu, dass du vor 1986 bereits mit Daisy in Deutschland warst?" Antwort: *Sie wollte immer sehen, wo ich geboren war. Und da sind wir nach Lingen gefahren, wir waren aber nur eine Nacht da. Ich habe niemanden getroffen, den ich heute kenne. Und keiner hat gewusst, dass ich dahin kam. Ich war ja nicht angemeldet und ich kannte niemanden. Wir sind mit dem Auto mit einer Fähre gefahren und kamen dann nach Lingen. Wir sind dann ins Rheinland gefahren und dann wieder zurück. Das waren 17 Tage. Und wir haben uns so viel wie möglich selbst versorgt. - Wann das genau war, kann ich nicht sagen.*[340]

Die Einladung der Stadt Lingen an BG hatte folgenden Wortlaut:

<u>Abschrift</u>

„STADT LINGEN (EMS)
DER OBERSTADTDIREKTOR
Hauptamt

Herrn
Bernhard Grünberg
83, Eden Street
Alvaston, Derby
England

                                                        29.08.1986

Einladung zu einem Besuch in Lingen (Ems)

Sehr geehrter Herr Grünberg!

Viele Grüße aus Ihrer früheren Heimatstadt Lingen (Ems). Sie werden überrascht sein, fast 50 Jahre nach dem Verlassen Lingens einen Brief von hier zu erhalten. Den Grund hierzu erkläre ich Ihnen gern.
Seit Mitte 1984 habe ich in rd. 100 Fällen über den Verbleib ehemaliger Lingener Juden ermittelt. Die Nachforschungen haben nur in einigen Fällen zum Erfolg geführt. Diese Personen wurden zu einem einwöchigen Besuch im Oktober 1985 nach hier eingeladen. Zu den Besuchern gehörte auch Frau Ruth Foster geb. Heilbronn, die sich sehr interessiert an Ihrem Schicksal zeigte. Leider war es mir nicht gelungen, etwas über Ihren Verbleib zu erfahren.

Um so mehr freue ich mich darüber, endlich Ihre Anschrift zu haben und Kontakt mit Ihnen aufnehmen zu können. Ich hoffe, dass es Ihnen gutgeht und Sie sich bei guter Gesundheit befinden.

Auf Anregung von Frau Foster wird zur Zeit ein Denkmal zum Gedenken an die in den Jahren des Nazi-Regimes unschuldig verfolgten und ermordeten jüdischen Familien unserer Stadt erstellt. Auf diesem Gedenkstein wird auch Ihr Familienname aufgenommen.

Die Einweihung dieses Gedenksteines soll am Sonntag, 02. November dieses Jahres vorgenommen werden. Hierzu lade ich Sie und Ihre Ehefrau ganz herzlich ein.

Selbstverständlich übernimmt die Stadt Lingen (Ems) Ihre Reisekosten und die Kosten des Aufenthaltes in unserer Stadt. Als Besuchstermin schlage ich Freitag, 31.10. – Freitag, 07.11.1986 vor.

Ich hoffe, bald von Ihnen zu hören. Antworten Sie gern in englischer Sprache. (…)

> Mit freundlichem Gruß
> Paraphen (Vehring, Storm)
> gez. Vehring" [341]

BG, der offensichtlich sehr gut über Städtepartnerschaften seiner Stadt Derby mit Osnabrück und der Stadt Lingen mit einer Nachbarstadt Derbys informiert war, antwortete in Englisch.

Übersetzung: Esther Prenger

Sehr geehrter Herr,
ich hoffe, Sie werden mein Schreiben in Englisch entschuldigen, aber da ich seit 1938 in England bin und in dieser Zeit fast nur Englisch gesprochen habe, fürchte ich, dass mein Deutsch nicht sehr gut ist.
Ich freue mich, Sie darüber zu informieren, dass ich Ihre Einladung zur Enthüllung des Denkmals zur Erinnerung an die jüdischen Familien, die in Lingen gelebt hatten, angenommen habe.

Aufgrund persönlicher Umstände kann meine Frau mich nicht begleiten. Falls die Reise per Flugzeug stattfinden soll, würde ich es begrüßen, wenn Sie den East Midlands Airport, Castle Donnington, berücksichtigen könnten, da Derby nur drei Kilometer von diesem Flughafen entfernt ist.

```
1ST /SZ.                                    B. GRUNBERG
TO THE                                      83, EDEN STREET
        OBERSTADTDIREKTOR              ALVASTON, DERBY.
RATHAUS ZIMMER 106                          DE2, 8RD.
HAUPTAMT                                    ENGLAND
        STADTVERWALTUNG                     7.9.1986.
POSTFACH 4450 LINGEN(EMS)
        GERMANY.
                        DEAR SIR,
                            I HOPE YOU WILL EXCUSE
MY WRITING IN ENGLISH, BUT HAVING BEEN IN ENGLAND
SINCE 1938, AND NEARLY ALL THIS TIME ONLY SPOKEN
ENGLISH, I AM AFRAID MY GERMAN IS NOT TO GOOD.
I AM PLEASED TO INFORM YOU THAT I HAVE ACCEPTED
YOUR INVITATION FOR THE UNVEILING OF THE MEMORIAL
TO THE MEMORY OF THE JEWISH FAMILIES, WHO HAD BENN
LIVING IN LINGEN(EMS).
OWING TO PERSONAL CIRCUMSTANCES MY WIFE WILL BE
UNABLE TO ACCOMPANY ME.
SHOULD YOU BE MAKING THE TRAVEL ARRANGEMENTS AND
IT BE BY AIR, I WOULD APPRECIATE, IF YOU COULD
CONSIDER THE EAST MIDLANDS AIRPORT, CASTLE DONNINGTON
AS DERBY IS ONLY 3KM. FROM THIS AIRPORT.
AS I UNDERSTAND IT, STADT LINGEN IS TWINNED WITH
BURTON-ON-TRENT, WHICH IS APPROX. 20KM. FROM DERBY
WHICH, AS YOU MAY OR MAY NOT KNOW, IS TWINNED WITH
OSNABRÜCK.
            HOPING TO HEAR FROM YOU AGAIN IN THE NEAR
                FUTURE,
                        I REMAIN
                            YOURS FAITHFULLY,
```

Faksimile des Antwortschreibens
von BG an die Stadt Lingen.
Quelle: Archiv Storm (ARCHIVE)

Wenn ich es richtig verstanden habe, besteht eine Städtepartnerschaft zwischen der Stadt Lingen und Burton-on-Trent, was etwa 20 km von Derby entfernt ist; wie Sie vielleicht wissen, besteht eine Städtepartnerschaft zwischen Derby und Osnabrück.

Ich hoffe, bald von Ihnen zu hören und verbleibe mit besten Grüßen,

gez. Bernard Grunberg

Der Einladung an Bernhard Grünberg waren einige Entwicklungen vorausgegangen, die aus dem früheren Verschweigen des Naziterrors in Lingen im Laufe der nächsten Jahre eine angemessene Erinnerungskultur werden ließ.

„Hilfreich für den Zeitgeist der Aufarbeitung war 1978 eine Vortragsreihe im Ludwig Windthorst Haus zum Thema ‚9. November 1938 – 40 Jahre Reichskristallnacht' unter Leitung von Dr. Walter Klöppel und 1982/1983 eine Veranstaltungsreihe der Ev.-luth. Kreuzkirchengemeinde zu Lingen (Ems) mit der Evangelischen Erwachsenenbildung anlässlich ‚50 Jahre Machtergreifung' im Emsland."[342]

Im November 1982 war es der Frerener Heimatforscher Lothar Kuhrts, der - wie in Freren - im Zusammenhang mit der evangelischen Veranstaltungsreihe die in keinem Stadtplan verzeichnete Existenz des jüdischen Friedhofs in Lingen aufdeckte.

Dies geht aus dem folgend abgedruckten Dokument hervor, in dem die Bitte geäußert wird, dieses Versäumnis nachzuholen: ein Faksimile des Briefes der ev.-luth. Kreuzkirchengemeinde zu Lingen (Ems) vom 22.11.1982 an Lingens Oberbürgermeister Klukkert, unterzeichnet von Lothar Kuhrts und Pastor Gerhard Dreger im Auftrag des Gesprächskreises über die nationalsozialistische Zeit in Deutschland.

Der darin erwähnte Gedenkstein konnte wegen der Verweigerung des Grundstücksbesitzers nicht an der Stelle der zerstörten Synagoge stehen.

Ev.-luth. Kreuzkirchengemeinde
zu Lingen (Ems)

Lingen (Ems), 22. Nov. 1982
Parkstraße 4
Ruf 65750

Herrn
Oberbürgermeister Klukkert
Neues Rathaus
445 L i n g e n / Ems

Sehr geehrter Herr Oberbürgermeister!

Bei den Gesprächsabenden über die nationalsozialistische Zeit
in Deutschland, die von der Ev.-luth. Kreuzkirchengemeinde in
Verbindung mit der Evang. Erwachsenenbildung vom 18.10.1982 bis
30. Januar 1983 veranstaltet werden, wurde ausführlich über die
Verfolgung der Juden auch in der Stadt Lingen/Ems gesprochen.
Mit dem Anbringen einer Gedenktafel an der Stelle, wo bis 1938
die Synagoge stand, hat die Stadt Lingen/Ems ein Andenken an
ihre ehemaligen jüdischen Mitbürger gesetzt!

Nun gibt es aber in Lingen einen originalen Zeugen für die
Existenz einer jüdischen Gemeinde. Es ist der jüdische Friedhof
mit über 70 Gräbern!
Jetzt die Bitte des Gesprächskreises: Der jüdische Friedhof ist
auf keiner Stadtkarte und keinem Stadtplan eingezeichnet. Können
Sie nicht veranlassen oder anr-egen, daß dieses Versäumnis nach-
geholt wird?

Mit freundlichen Grüßen
i.A. des Gesprächskreises

Quelle: Simon Göhler

Neben den kritischen Wortmeldungen von Helga Hanauer im Jahr
1975 waren es die Gründung des Arbeitskreises Juden-Christen im Jahr

1983 und eine Initiative aus dem Jahr 1984 von Ruth Foster, geb. Heilbronn, die zum angemessenen Erinnern an den Naziterror in Lingen
führten.

„Mit der Familie Grünberg fing alles an. Schon vor Gründung des
Arbeitskreises Judentum – Christentum (...) habe ich mit meiner Frau
und meinem Sohn während eines Wochenendseminars zum Thema
‚Schabbatfeier' in Clemenswerth (wahrscheinlich 1979 oder 1980)
Louis Grünberg mit Frau Gitta und der Tochter Ruth kennengelernt.
(…) Als Religionslehrer an den ‚Berufsbildenden Schulen' wurde das Ju-
dentum ein Schwerpunkt in meinem Unterricht, weil ich bei meinen
Schülern einen nachhaltigen Bedarf an diesem Thema feststellte. (…).
Einige Schüler dieser Klasse gehörten auch – neben Jugendlichen der St.
Josef Gemeinde Lingen Laxten - zu den ersten Mitgliedern des (…) Ar-
beitskreises. (…) Die erste ‚große Aktion', die sich über einige Monate
hinzog, war die Bestandsaufnahme des jahrzehntelang vernachlässigten
Jüdischen Friedhofs in Lingen, die umfangreiche Beseitigung von Unrat
aller Art und das Aufrichten von umgefallenen Grabsteinstelen. Einige
Grabsteine benötigten einen neuen Sockel, um sie darauf befestigen zu
können. Materialien dafür stellte uns Oberbürgermeister Kluckert über
den Städt. Bauhof zur Verfügung."[343]

In unserem Interview erinnert sich Möddel: „Meine Versöhnungsar-
beit fing ja damit an, dass ich mit Schülern den Jüdischen Friedhof ge-
säubert habe. Den ganzen Samstag haben wir gearbeitet, es sah schlimm
aus. Damals habe ich in einem Telefonat mit dem Landesverband der
Juden in Niedersachsen, mit Herrn Michael Fürst, gelernt, dass es gegen
jüdische Religionsvorschriften verstoßen hat, dass wir das am Schabbat
gemacht haben. Der Arbeitskreis Juden-Christen hätte sich nicht entwickelt, wenn mir nicht klar geworden wäre, dass wir mehr über das Judentum lernen müssen."[344]

Erst 1995 wurde der jüdische Friedhof durch Fachfirmen ordnungs-
gemäß instandgesetzt, nicht ohne kritische Hinweise zu den „unfach-
männischen" Maßnahmen der Jugendlichen des Arbeitskreises.[345] Die
Stadt Lingen hatte sich durchaus noch viel Zeit mit der Instandsetzung
des „originalen Zeugen" (Kuhrts/ Dreger) gelassen.

Der jüdische Friedhof in Lingen (Ems) 2021
Die Mauer zum katholischen Friedhof (links) wurde instandgesetzt.
Foto: fwp

Josef Möddel formulierte den Begrüßungstext der Website des Forums,[346]das aus dem Arbeitskreis hervorging. „Die Anfänge unseres
Vereins reichen zurück in die frühen 1980er Jahre, als sich erstmals eine
kleine Gruppe junger Lingener Menschen (Lehrer, Schüler, Angehörige
einer kirchlichen Jugendgruppe) daran machte, die Geschichte und die
Schicksale der von den Nationalsozialisten und ihren Helfern ermordeten oder vertriebenen Juden aufzuklären und aufzuschreiben. Auch an
weiteren Orten des südlichen Emslandes entstanden Initiativen, die sich

ebenfalls mit der Geschichte der jüdischen Menschen, ihrer Verfolgung und der Katastrophe der Schoa beschäftigten. 1983 schlossen sich diese Gruppen zum ‚Arbeitskreis Judentum-Christentum im Altkreis Lingen' zusammen. Das am 18. April 2001 schließlich in Lingen gegründete Forum Juden-Christen Altkreis Lingen e.V. ist aus diesem Arbeitskreis hervorgegangen und fühlt sich der Weiterführung der Erinnerungsarbeit und der Pflege der Gedenkkultur verpflichtet."[347]

Johannes Wiemker, der von Beginn an im Arbeitskreis mitarbeitete und dort den Themenbereich „Judentum begreifen" aufbaute, erklärt: „Die Arbeit ruhte auf drei Säulen:

- Information über die gemeinsame Geschichte von Juden und Christen, mit den Schwerpunkten vor 1933, während des Nationalsozialismus und in der Nachkriegszeit.
- Kontaktaufnahme zu Überlebenden der Shoa.
- Jüdische Feste, Riten und Grundkenntnisse der hebräischen Bibel."[348]

Dass sich die Stadt Lingen, wie im Einladungsschreiben an BG erwähnt, auf die Suche nach den überlebenden Lingener Juden begeben hat, ist auf die Initiativen von Ruth Foster und des Arbeitskreises Juden-Christen zurückzuführen. Josef Möddel berichtete uns im Interview: „Damals bin ich als Sprecher des Arbeitskreises Juden-Christen an die Stadt Lingen herangetreten und habe darum gebeten, dass wir überlebende jüdische Mitbürger ausfindig machen. Wie man dabei vorgehen kann, habe ich durch eine mitgebrachte Anzeige in der deutschsprachigen jüdischen Zeitung ‚Aufbau' in New York (...) dargelegt. Dann hat der damalige Oberstadtdirektor Vehring Herrn Storm und später den Leiter des Einwohnermeldeamtes Hüllsieck beauftragt, sich darum entsprechend der Vorlage zu kümmern. Die haben dann eine Anzeige aufgegeben und haben im Wege der Amtshilfe nachgefragt, auch in Israel, und haben dann die Adressen ausfindig gemacht.- Allerdings ist Ruth

Foster von sich aus an die Stadt Lingen herangetreten. Sie hat darauf hingewiesen, dass andere Städte Treffen ehemaliger jüdischer Mitbürger organisieren, andere Städte brächten auch Gedenktafeln an. Das Verdienst gebührt Ruth Foster."[349]

Der Anruf von Ruth Foster, die sich zu dieser Zeit bei ihren Verwandten in Bremen aufhielt, erfolgte am 3.9.1984. Sie verwies dabei darauf, dass unter anderem in der Nachbarstadt Rheine bereits seit langem an die ermordeten und vertriebenen jüdischen Bürger erinnert werde. In Rheine waren bereits 1950 auf Initiative der örtlichen SPD die damals bekannten Namen der Ermordeten in einem Mosaik im Rathaus aufgeführt worden.[350] Davon hatte Ruth Foster durch ihren Cousin Arnold Green Kenntnis. Arnold Green, amerikanischer Staatsbürger, hatte die Schoa auf abenteuerliche Weise überlebt. Er hielt sich im September 1984 gemeinsam mit Ruth Foster in Bremen auf, wo er einen Vortrag vorbereitete, den er in Rheine zu halten hatte.[351]

Der erwähnte, vielfach nur „Atze" genannte Alfred Storm, der in den Jahren nach Bernhard Grünbergs erstem „offiziellen" Besuch in Lingen zum festen Begleiter, erfolg- und abwechslungsreichen Besuchsorganisator und einem sehr guten Freund von BG wurde, stellte im Interview mit uns die Hintergründe des Überlebenden-Treffens so dar: „Das war 1984, da war ich Mitarbeiter beim Hauptamt. Damals hat Ruth Foster, eine Überlebende des Holocaust, bei der Stadt angerufen. Sie erkundigte sich, ob die Stadt Lingen - wie andere Städte - beabsichtige, das Schicksal ehemaliger jüdischer Mitbürger zu ermitteln, sie zu einem Wiedersehen einzuladen und einen Gedenkstein zu errichten. Der damalige Oberstadtdirektor Vehring beauftragte mich, Frau Foster brieflich zu danken und nachzufragen, ob sie noch weitere Namen von Überlebenden kenne. Wenig später, noch 1984, bekamen wir eine Antwort (von Ruth Foster, ap/fwp), auch mit Namen von eventuell Überlebenden, auch mit Personen, die in die Vernichtungslager deportiert worden waren. Dann haben wir kurze Zeit später den Auftrag vom Verwaltungsausschuss (VA) bekommen – nachdem auch der Arbeitskreis Juden-Christen, insbesondere Josef Möddel, aktiv geworden war -, das Schicksal der früheren jüdischen Bürger Lingens zu ermitteln. -Es gab so um 1925 herum ein Verzeichnis der Mitglieder der jüdischen Gemeinde mit etwa 120 Personen. Karl-Hermann Hüllsieck, damaliger Leiter des Einwohnermeldeamtes, und ich haben dann anhand der Namen und in den alten Meldeunterlagen versucht, das Schicksal jeder einzelnen Person zu ermitteln. Wir haben darüber hinaus viele Botschaften angeschrieben, von einigen gab es Meldehinweise über Todesort und Todeszeit. Es stand nicht darin, dass sie ermordet worden waren."[352]

Auf das Inserat im „Aufbau" meldeten sich eine Vielzahl Überlebender und deren Kinder. [353] Diese Menschen wurden im Oktober 1985 zu einem Treffen nach Lingen eingeladen. „Zum Lingen-Besuch wurde Frau Ruth Foster am 1.11.1985 vom damaligen städtischen Fahrer, Herrn Lucas und Herrn Storm vom Flughafen Amsterdam abgeholt. Als Erkennungszeichen trugen die beiden das Wappen der Stadt Lingen (Ems) in den Händen. Beide Seiten waren zunächst etwas nervös."[354] Die Nervosität legte sich, als Ruth Foster gemeinsam mit den städtischen Angestellten Schlager aus dem Autoradio mitsang. Die anderen Gäste des ersten Treffens wurden am nächsten Tag ebenfalls per Bus vom Flughafen Amsterdam abgeholt.

Die Stadt Lingen lud zum Treffen ehemalige Mitschülerinnen und Mitschüler der Überlebenden ein, darunter die Geschwister Marie Theres und Ulla Klaas, einer Mitteilung von Alfred Storm zufolge Töchter der Haushaltshilfe der Familie Heilbronn. Später wurden sie auch gute Freunde von Bernhard Grünberg und bei seinen Besuchen in Lingen einbezogen.

Der Anregung von Ruth Foster folgend wurde bei diesem Treffen ein Gedenkstein für die ermordeten Lingener Juden konkretisiert. „Die

Idee, einen Familiengedenkstein aufzustellen, kam bei ersten Treffen der Shoah-Überlebenden 1985 auf. Da war Bernhard noch nicht dabei. Herbert Joseph, der Vater von Heidi Joseph, gestaltete einen Entwurf aus Knetmasse, Samuel Berger, der Ehemann von Inge Berger, erstellte eine Vorlage für die hebräische Inschrift."[355] Inge Berger war eine Cousine von Ruth Foster.

Mit der Ausführung wurde der Lingener Künstler Friedrich Kunst beauftragt. Aus einem Pressebericht über dessen Arbeit: „Dieser Stein erinnert an die Nacht des Reichspogroms, dem 9. November 1938. In jener Nacht wurde auch die Lingener Synagoge zerstört. Die alte jüdische Schule in unmittelbarer Nachbarschaft steht übrigens bis auf den heutigen Tag hinter einem Mietshaus versteckt und wird als Stall genutzt. –

Viel Wasser ist seither die Ems herunter geflossen und vieles mehr wäre in Vergessenheit geraten, wäre nicht der Arbeitskreis Judentum/Christentum ins Leben gerufen worden, der mit Beharrlichkeit das Wirken der Juden in dieser Stadt erforscht und durch vielfältige Belege erhellt hat. Auf seine Initiative geht auch der letztjährige Besuch mehrerer jüdischer Überlebender des Holocaust aus Lingen zurück. Der neue Stein, der durch den Lingener Künstler Friedrich (Friedel) Kunst in diesen Tagen vor Ort Gestalt erhält, geht auf die gemeinsame Anregung der jüdischen Besucher und des Arbeitskreises zurück."[356]

Auf dem nachfolgenden Foto wird der Künstler Friedrich Kunst bei der Arbeit vom damaligen Sprecher des Arbeitskreises, Josef Möddel, und einem interessierten Mädchen beobachtet.

‚Seid doch menschlich, sagte man zu den Steinen.
Sie aber antworteten: wir sind noch nicht hart genug.‘

Dieses leicht abgeänderte Zitat von Erich Fried setzte der Stadtreport Lingen
vor seinen Bericht über die Einweihung des Gedenksteines für die
jüdischen Familien Lingens am 2. November um 11 Uhr.

Text und Foto: Ines Gebhardt, heute Ines Heimberg, mit freundl. Genehmigung[357]

Ruth Foster, geb. Heilbronn, der Initiatorin des Gedenksteines, gelang es auch, die Adresse von Bernhard Grünberg in Derby ausfindig zu machen, woraufhin die Einladung an ihn erging. Über seine Gefühle bei seinem ersten offiziellen Besuch in Lingen hat BG sich mehrfach geäußert. Auch Jahre später wurde noch deutlich, wie diese Rückkehr in seine Geburtsstadt ihn emotional getroffen hatte. *Das war die traumatischste Erfahrung, die ich jemals gehabt hatte. Ich sollte eine Woche als Gast der Stadt in Lingen verbringen. Ein Herr, den ich inzwischen sehr gut kenne,*[358] *holte mich am Flughafen in Amsterdam ab. Er fragte mich, ob ich den Gedenkstein sehen möchte. - Als ich den Namen unserer Familie auf dem Stein sah, bin ich völlig zusammengebrochen. Das hat mich die ganze Woche in Deutschland begleitet. Tagsüber, wenn ich Menschen traf – und viele von ihnen waren sehr freundlich – hat mich das nicht überkommen, aber in der Nacht, bevor ich einschlief, habe ich sehr geweint.*[359]

Auf die Frage, warum ihn die Namen auf den Steinen so hart getroffen hätten, obwohl er doch bereits vorher gewusst habe, dass seine Eltern und seine Schwester tot waren: *Es hat mich immer mal wieder getroffen, man kann das Heimweh nennen, das hatte ich, seit ich in England war, aber dann habe ich nachts geweint, und dann ging das Leben weiter. Es passierte ja, als ich arbeitete. Dann war es für längere Zeit wieder gut, es hat mich nicht belastet, ich war ganz glücklich.*[360]

BG schilderte häufig ein abendliches Gespräch, das er mit Ruth Foster geführt hatte: *Als ich 1986 in Deutschland zurück war, traf ich eine Dame, die jetzt in London lebt, sie war in dem Konzentrationslager, sie lebte vorher in Lingen. Ich kannte sie von Kindheit an, sie war etwas älter als ich, etwa 18 Monate. Sie überlebte, kam zurück nach Lingen und nach London.- Wir trafen uns in Lingen. Am ersten Abend ging ich in ihr Zimmer und sagte: ‚Ruth, sag mir die Wahrheit, ich muss wissen, was mit meinen Eltern und meiner Schwester geschah. Ich weiß das nicht'. Ich wusste aus den Gesprächen an dem Tag, dass sie es wusste. Sie sagte: „Nein, das kann ich nicht, das ist zu brutal." Dann habe ich sie weiter bedrängt, und dann hat sie mir es erzählt. Das öffnete mir die Augen. - Grundsätzlich hat sie mir erzählt, was in dem Konzentrationslager geschah. Ich will nicht in die Einzelheiten gehen, denn jeder weiß, wie brutal es in den Konzentrationslagern war. Meine Eltern und meine Schwester sind ermordet worden, ganz einfach.*[361]

Der Gedenkstein wurde am 2. November 1986 durch Oberbürgermeister Klukkert und Oberstadtdirektor Vehring nahe dem Synagogen-Gedenkstein auf einem städtischen Grundstück an der Ecke Gertrudenweg/Konrad-Adenauer-Ring „unter großer Anteilnahme der Bevölkerung und der Anwesenheit von Herrn Landesrabbiner Brand, dem Vorsitzenden der jüdischen Gemeinde Osnabrück, Herrn Aul und der früheren jüdischen Mitbürger Frau Ruth Foster und Herrn Bernard Grünberg (…) aufgestellt."[362]

UM DIESE WEINE ICH

WEHMÜTIG - GEBEUGTEN HAUPTES

GEDENKEN WIR DER JÜDISCHEN FAMILIEN

UNSERER STADT LINGEN (EMS)

DIE IN DEN JAHREN DES NATIONAL-

SOZIALISTISCHEN REGIMES 1933 – 1945

UNSCHULDIG VERFOLGT UND ERMORDET WURDEN

Gedenkstein für die ermordeten jüdischen Familien aus Lingen,
jetzt auf dem Grundstück des Gedenkortes Jüdische Schule.
Die hebräische und deutsche Inschrift „Um diese weine ich"
geht auf eine Initiative Ruth Fosters zurück.

Foto: fwp

Seit 1986 folgte Ruth Foster häufig, BG aber von 1986 bis 2018 jährlich der Einladung der Stadt Lingen zu „offiziellen" Besuchen. Es hatte
sich als sehr erfolgreich erwiesen, Alfred Storm mit der Kontaktpflege
zu beauftragen. Es gelang Storm, sowohl zu Ruth Foster als auch zu
Bernhard Grünberg einen außerordentlich guten, bald freundschaftli-
chen Kontakt aufzubauen. *Nachdem ich das erste Mal in Lingen war,*
wurde die Vereinbarung getroffen, dass ich jedes Jahr auf Kosten der Stadt
nach Lingen komme. Wenn ich sage, auf deren Kosten, meine ich auf deren
Kosten. Beim ersten Mal flog ich, wie ich erwähnte, nach Amsterdam und
wurde dort abgeholt. Der Flug wurde bezahlt. Danach entschloss ich mich,
weil es für mich praktischer war, mit dem Auto zu fahren. Und sie bezahl-
ten jeden Pfennig von dem Zeitpunkt, als ich hier in Derby das Haus ver-
ließ bis ich nach Hause zurückkam, Fahrt, Hotel und alles andere.[363] Zusätzlich kam BG in mehreren Jahren auf eigene Kosten zu privaten Besuchen. Er gewann viele Freunde, vor allem aus dem Arbeitskreis und
späteren Forum Juden-Christen Altkreis Lingen.

Über einen Punkt ließ BG nicht mit sich verhandeln: *Als ich das erste*
Mal nach Lingen zurückkam, taten viele so, als wäre ich vom Mond in
meine Heimatstadt – wie sie es nannten - zurückgekommen. Als ich an
der Reihe war, habe ich gesagt: ‚Lingen ist nicht mehr meine Heimatstadt.
Es ist die Stadt, in der ich geboren wurde. Basta!' Derby ist meine Heimat-
stadt jetzt, das ist die Stadt, in der ich nun glücklich lebe. - Aber die wich-
tigste Sache ist, und da nehme ich meinen britischen Pass aus der Tasche
und lege ihn auf den Tisch und sage: das ist das stolzeste Ding, das ich
habe. Und dann ist völlige Stille. Und dann hat niemand wieder die „Hei-
matstadt" erwähnt, weil sie dann meine Gefühle kannten.[364]

Es würde den Rahmen dieses Buches sprengen, wenn wir jeden der
über vierzig Besuche Bernhards in Lingen darstellen würden, was wegen des umfangreichen Archivs von Alfred Storm durchaus möglich
wäre. Wir gehen daher lediglich auf besonders ereignisreiche Aufent-

halte im Emsland ein. Bernhard Grünbergs Erinnerungsarbeit in emsländischen und englischen Schulen oder anderen Bildungsstätten stellen wir im folgenden Kapitel „Der Zeitzeuge" dar.

Im Jahr 1993 wurde Ruth Foster und Bernhard Grünberg eine besondere Ehrung zuteil, sie wurden Ehrenbürger der Stadt, die sie einst
vertrieben hatte. Am 30. September 1993 beschloss der Rat der Stadt
Lingen einstimmig, Ruth Foster und Bernhard Grünberg zu Ehrenbürgern zu ernennen. Der Sprecher der CDU-Fraktion, Antonius Hartz,
führte in der Ratssitzung aus, dass der Rat ein Zeichen setzen wolle,
„dass die Bürgerinnen und Bürger Lingens die Untaten zutiefst bedau-
erten, die im Namen des deutschen Volkes an jüdischen Mitbürgern begangen worden seien (…). Man wolle Ruth Foster und Bernhard Grünberg stellvertretend für die vielen anderen jüdischen Mitbürger Lingens,
denen bitteres Unrecht geschehen sei, die Ehrenbürgerschaft der Stadt
antragen. - Die Ehrenbürgerschaft könne keine Wiedergutmachung bedeuten, sei aber ein Versuch, die Vergangenheit aufzuarbeiten, meinte
Hajo Wiedorn für die SPD- Fraktion."[365]

Auch diese Ehrung ging auf eine Initiative des Arbeitskreises Juden-
Christen zurück. Dazu erzählte uns Josef Möddel im Interview eine
Anekdote, die auch Karl- Heinz Vehring bestätigte: „Zur Ehrenbürgerschaft: Ich musste ja zunächst den Antrag stellen, wie bei allen Vorhaben
auch. Ich hatte es lange im Kopf gehabt, die Ehrenbürgerschaft für Ruth
Foster und Bernhard Grünberg zu beantragen. Da traf ich eines Nachmittags auf dem Heimweg mit dem Fahrrad von der Schule den Oberstadtdirektor Vehring, der sich bei leichtem Regen mit Schirm auf einem
Spaziergang befand. Er sprach mich an. Ich sagte ihm, jetzt regne es,
aber ich müsste bald in sein Büro kommen, ich müsse etwas Wichtiges
mit ihm besprechen. Er wollte jedoch wissen, um was es geht. Da habe
ich ihm mein Anliegen vorgetragen. Spontan hat Vehring zugestimmt.
Er wollte aber eine Begründung, warum Ruth Foster und Bernhard

Grünberg Ehrenbürger werden sollten und andere jüdische Bürgerinnen und Bürger nicht. Die Begründung war, dass Ruth Foster den Kontakt zur Stadt Lingen gesucht und beide nachhaltig den Kontakt zu uns gehalten haben, sie haben die Einladungen der Stadt Lingen immer angenommen. Bernhard konnte den Kontakt nicht suchen, weil ihm zunächst nichts von der Kontaktsuche zu den ehemaligen jüdischen Mitbürgern bekannt war. Nachdem Ruth Foster ihn gefunden hatte, ist ein so gutes Vertrauensverhältnis zu beiden aufgebaut worden. So intensiv habe sich so etwas bei anderen nicht entwickelt. (…) - Zudem seien beide, Ruth und Bernhard, in Lingen geboren und von hier in der Zeit 33-45 ‚weggekommen'. So wurde das akzeptiert. - Nun musste ich ja auch noch die Zustimmung von Ruth Foster und Bernhard Grünberg haben, dass sie die Ehrenbürgerwürde annehmen würden. Wir konnten ja nicht erwarten, dass die uns um den Hals fallen. Beide haben mir gesagt, dass sie die Ehrenbürgerschaft annehmen würden. Ihre Zustimmung kam nicht, wie ich das oft vernommen habe, nach langen Überlegungen, sondern recht bald."[366]

Am 13. Dezember 1993 fand in der Gaststätte Wilhelmshöhe die Verleihung der Ehrenbürgerurkunden statt, ein historisches Datum für beide Ehrenbürger. „Vor genau 52 Jahren ist ja der Deportationszug nach Riga abgefahren."[367]

Für BG war zudem noch der 13. Dezember der Jahrestag seiner Abfahrt mit dem Kindertransport.

In der Eröffnungsrede erinnerte Oberbürgermeister Neuhaus an die Lebensgeschichten der neuen Ehrenbürger.

Reden hielten Ruth Foster, Ewald Aul (Schoa-Überlebender und Vorsitzender der jüdischen Gemeinde Osnabrück), Josef Möddel, Pastor Wolfgang Becker, zu dieser Zeit Vorsitzender des Arbeitskreises Juden-Christen, der bereits in anderem Zusammenhang zitierte Bernhard Fritze, Bernhard Grünbergs Freund Eberhard Creutzig und BG selbst:

Verleihung der Ehrenbürgerschaft
an Ruth Foster-Heilbronn und Bernhard Grünberg.

li: Oberbürgermeister Neuhaus (mit Amtskette),
re: Oberstadtdirektor Vehring
Quelle: Stadt Lingen

Abschrift

Rede von Bernhard Grünberg
(bei der Verleihung der Ehrenbürgerwürde der Stadt Lingen Ems)

Sehr geehrter Herr Oberbürgermeister Neuhaus,
sehr geehrter Herr Oberstadtdirektor Vehring,
sehr geehrte Mitglieder des Lingener Stadtrates,
liebe Freunde
und sehr geehrte Damen und Herren!

Es ist für mich ein großer freundlicher Anlass, eingeladen zu sein, um die
Ehrenbürgerschaft der Stadt Lingen zu erhalten. Alle, die hier versammelt
sind, wissen ja, warum ich nicht länger in Lingen wohnhaft bin. Ich habe

aber trotzdem noch einige sehr schöne Erinnerungen von ihr. Ich hatte ja die ersten 15 Jahre meines Lebens in guten Umständen verbracht. Diese Zeit war für mich etwas Besonderes. Ich hatte ein gutes Heim, liebende Eltern und Freunde. Ein junges Kind verlangt nichts weiteres, um zufrieden zu sein.

Für mich ist der Dezember aus drei Gründen ein ganz besonderer Monat, nämlich: die Ehrenbürgerschaft, das tragische Zwangsdeportieren von meinen Eltern und meiner Schwester (...), und meine Auswanderung in 1938 nach England mit (…) nur soviel, was ich in meinem Koffer tragen konnte. So musste ich nun als 15-jähriger Junge ein neues Leben anfangen. Es war nicht leicht. In einem fremden Land, wenig Kenntnis von der Sprache. Trotzdem: ich bin heute noch am leben. 6 Millionen Juden leben nicht mehr. Aber ich halte die Kinder nicht verantwortlich für die Morde, die Eltern ausführten. Doch vergeben und vergessen kann ich niemals. Der Preis würde zu groß sein (...). Es war für mich sehr schwer, zum ersten Mal nach Lingen zurückzukommen, aber meine Besuche sind jetzt leichter zu tragen durch die Freundschaften, die nun existieren.

Zum Schluss möchte ich Anerkennung und Dank zu Josef Möddel geben für die Zeit und Arbeit, die du hast zum Arbeitskreis Judentum/Christentum gegeben und den Vorschlag, für mich die Ehrenbürgerschaft zu erhalten. Ich möchte auch allen Personen danken, die im Arbeitskreis und in anderen Vereinigungen tätig sind und dadurch helfen, die Erinnerung von diesen dunklen Nazizeiten wachzuhalten und so hoffen, dass diese furchtbaren Zeiten niemals wieder zurückkehren. Ich nehme auch diese Gelegenheit, der Stadtverwaltung zu danken sowie allen Freunden und Bekannten für den freundlichen Empfang, den meine Frau und ich erhalten bei unserem jährlichen Besuch nach Lingen. Alles weitere hatten die anderen Personen ja schon gesagt. Ich kann da gar nichts mehr hinzufügen. Danke!"[368]

*Michael Fuest, später stellv. Vorsitzender des Forum Juden-Christen Altkreis Lingen
e.V., gratuliert Daisy Grünberg bei der Ehrenbürgerfeier für ihren Mann.
Foto: Privat (Archiv Möddel)*

Einen weiteren Schritt zur Kultur der Erinnerung unternahm die
Stadt Lingen im Jahre 1994. Der Arbeitskreis Juden - Christen hatte immer wieder auf den unwürdigen Zustand der ehemaligen jüdischen
Schule aufmerksam gemacht. Als eine Bauanfrage bei der Stadt eintraf,
nach der ein Wohn- und Geschäftshaus auf dem Grundstück der Schule
errichtet werden sollte, verhängte die Stadt Lingen für das Baudenkmal
eine Veränderungssperre. Gemeinsam mit dem Arbeitskreis und Stadtarchivar Dr. Remling sollte überlegt werden, „wie das Gebäude künftig
als ‚Kleinod' genutzt werden könne.“[369]

BG würdigte 2004 die spätere Entscheidung für den Ankauf des Gebäudes: *Ein Beispiel: es gibt dort eine Einraum-Schule dort, das war (die)
jüdische Schule. Da war nur ein einziger Raum, der den Holocaust*

überstanden hatte. Die Schule stand zu nahe an einigen privaten Häusern, so dass sie in der Kristallnacht, wie wir es nennen Night of broken Glass, nicht zerstört wurde. Das Rathaus hat sich lange Jahre geweigert, diesen Besitz zu kaufen. Zum Schluss aber wurde es gekauft und zu einem Gedenkort umgewandelt. Dort gibt es eine Ausstellung zur Erinnerung an die jüdischen Familien, die in dieser Stadt gelebt hatten. Daneben gibt es eine Art Erinnerungsgarten. Dort wurde ein großer Gedenkstein errichtet, in den alle Namen früherer jüdischer Mitbürger eingemeißelt wurden. Auch gibt es einen Gedenkstein an der Stelle, an der die zerstörte Synagoge gestanden hatte.[370]

Wie die beiden von BG hier erwähnten Gedenksteine von ihrem ursprünglichen Standort zum Gedenkort jüdische Schule kamen, teilte uns dankenswerterweise der frühere Lingener Stadtarchivar Dr. Ludwig Remling mit: „Als die Stadt Lingen 1997 das Grundstück erwarb, auf dem die ehemalige jüdische Schule stand, erhielten die Verkäufer im Tausch die kleine Fläche, auf der die beiden Gedenksteine standen. Der Gedenkort Jüdische Schule wurde Anfang November 1998 eingeweiht. Zu diesem Zeitpunkt dürften die beiden Gedenksteine bereits an ihren jetzigen Standort umgesetzt worden sein.“[371]

„Als vor 60 Jahren auch die Lingener Synagoge brannte, blieb unsere kleine Schule verschont‘, blickte Ruth Foster auf ihre Kinder- und Jugendjahre in der Stadt zurück. Sie hätte nie gedacht, dass aus dem Gebäude und seinen Außenanlagen ein so würdiger Ort der Erinnerung werden würde. Ihren Dank sprach sie (…) insbesondere Anne Scherger vom Arbeitskreis Judentum-Christentum und Anne-Dore Jakob von der Pax-Christi-Gruppe aus. (…) ‚Jetzt sind nur noch Bernhard Grünberg und ich hier als einzige Zeugen des Holocaust (…), sprach die 76jährige. Die Stadt Lingen ehre ihre toten jüdischen Mitbürger sehr, betonte Frau Foster. ‚Wenn auch deren Stimmen nicht mehr zu hören sind, so ist diese jüdische Schule doch ein Denkmal für alle.‘ “[372]

Gedenkort Jüdische Schule 2021.
Foto: fwp

Zeitlich etwas vorgreifend gehen wir kurz auf den Zustand des Gedenkortes 2021 ein. Seit dem Jahr 2000 schließt ein Gitter den von Bernhard Grünberg so genannten „Garten der Erinnerung" ab. Das Tor hatte
BG selbst entworfen und angefertigt.

Josef Möddel erinnert sich: „Es gab eine kleine Vorgeschichte, und
zwar war das die Steinsetzung für Jakob und Emma Wolff.[373] Das war
1996. Von der Stadt Lingen war der Erste Bürgermeister Benedikt Wilbers anwesend. Um die Zeit war Wilbers bei Bernhard Grünberg eingeladen gewesen und hatte seine Eisenarbeiten kennengelernt. Davon war
Wilbers beeindruckt und hatte mir das erzählt. In unserem Arbeitskreis
ging die Überlegung dahin, ob die Gefahr bestehe, dass die Steine oder
die Jüdische Schule geschändet werden könnten oder dass junge Leute
einen Rückzugsraum dort suchen würden. So kam der Gedanke, das
Gelände mit einem Tor zu sichern. So ist die Idee entstanden, dass

Bernhard Grünberg das Tor fertigen sollte. Storm und Hüllsieck haben das dann im August 2000 abgeholt."[374]

BG vor „seinem" Tor 2014.
Foto: LT (Carsten van Bevern),
mit freundlicher Genehmigung.

Alfred Storm, der BG die Maße für das Tor im März 2000 nach Derby gebracht hatte, erinnerte sich hinsichtlich des Entwurfes: „Da hatte ich kleine Bedenken, denn er hatte einen Davidstern vorgesehen. Ich befürchtete, dass Neonazis das zum Anlass nehmen würden, das Tor zu zerstören. Er hat aber darauf bestanden und bisher ist auch nichts geschehen."[375]

Auch der Vorplatz des Gedenkortes wurde in einen würdigen Zustand versetzt. In einem Kommentar schrieb dazu Thomas Pertz 2013: „Den Wunsch des Forums Juden-Christen, die unansehnliche Grünfläche vor dem Gedenkort Jüdische Schule umzugestalten, sollten Rat und Verwaltung der Stadt zum Anlass nehmen, noch einmal grundsätzlich über die künftige Nutzung des Grundstücks nachzudenken. In der baulichen Historie der Stadt Lingen hatte die Jüdische Schule stets in der

‚zweiten Reihe' gestanden. In unmittelbarer Nähe zur Synagoge am Gertrudenweg, der heutigen Synagogenstraße, war sie eingerahmt von Häusern. Dies würde für eine erneute Bebauung der im städtischen Besitz befindlichen Grünfläche sprechen, auf der die einstigen Grundstücksumrisse eines Wohn- und Geschäftshauses ja noch deutlich zu sehen sind.- Eine solche Argumentation lässt aber eines außer Acht: die kleine jüdische Schule ist keine Schule mehr, sondern ein Ort des Gedenkens. Da es nur noch wenige Zeitzeugen gibt, die über den Holocaust berichten und bewusstseinsprägend wirken können, werden solche steinernen Zeugen immer wichtiger."[376]

Karl-Heinz Vehring würdigte den finanziellen und planerischen Beitrag, den Eva Maria Essmann zur ab 2014 erfolgten Gestaltung des Vorplatzes leistete.[377]

Der damalige Vorsitzende des Forum Juden-Christen,
Dr. Heribert Lange, erklärt BG den neugestalteten Vorplatz
des Gedenkortes Jüdische Schule
mit Buchsbaum-Davidstern.
Foto: LT (Carsten van Bevern),
mit freundlicher Genehmigung.

Dass die jüdische Schule, die er als Kind durchaus nicht immer nur positiv gesehen hatte, wiedererrichtet wurde, hat BG immer wieder gewürdigt. Er überließ dem Forum, das den Gedenkort betreut, einige seiner Tischlerwerkzeuge. Einen größeren Teil bekam das Emslandmuseum in Lingen, einen Teil auch Beth Shalom in Laxton. BG dazu: *Aber als die Stadt so freundlich war – da gibt es ein lokales Museum, in dem in einem Raum ein Tisch gedeckt ist wie an einem jüdischen Schabbat-Abend, von Freitagabend mit allen Details. Ich fragte das Museum, ob sie meine Tischlerwerkzeuge haben wollten, das wollten sie. So habe ich den größten Teil der Werkzeuge in einer großen Feier dort übergeben. Das Werkzeug ist jetzt in dem Museum. Das ist der Ruheplatz meiner Werkzeuge.*[378]

An der Feier am 1. September 1994 nahm neben Vertretern der Stadt Lingen und des Arbeitskreises Juden-Christen auch Daisy Grunberg teil. BG begründete seine Übertragung der Werkzeuge an das Emslandmuseum damit, dass er die Erinnerung an ihn, seinen Vater und an die jüdischen Einwohner Lingens wachhalten wollte.[379]

BG mit Dr. Heribert Lange mit einem Teil seiner Werkzeuge in der jüdischen Schule 2018. Foto: LT (Ludger Jungeblut), mit freundlicher Genehmigung

Zusammen mit den Werkzeugen, die BG 1938 von seinen Eltern erhielt, bekam er zwei mit seinen Initialen versehene samtene Beutel mit einem Gebetsmantel (Tallit) und zwei Gebetsriemen (Tefillin), die wahrscheinlich von seinem Großvater Bernhard Valk stammten. Auch diese Gegenstände überließ Bernhard dem Gedenkort Jüdische Schule.

Tallit und Tefillin von BG. Foto: fwp

Auch Ruth Foster schenkte dem Gedenkort Jüdische Schule ein sehr wertvolles Erinnerungsstück – ihr KZ-Kleid. Sie übergab das ursprünglich der Jerusalemer Gedenkstätte Yad Vashem zugedachte Kleidungsstück dem Forum Juden-Christen zur Aufbewahrung.

Zum 60. Jahrestag der Pogromnacht wurde nicht nur die Jüdische Schule unter Anwesenheit des damaligen Vorsitzenden des Zentralrates der Juden, Ignatz Bubis, sowie von Ruth Foster und BG eingeweiht, sondern auch ein Gedenkstein für die ermordete Familie Bernhard Grünbergs auf dem jüdischen Friedhof. Dieser Stein sollte nach seinem Tod auch sein Grabmal werden. Er hatte sich gewünscht, nach seinem Tod auf dem jüdischen Friedhof in Lingen beigesetzt zu werden, um wieder mit seiner Familie vereint zu sein.

Jüdische Gräber werden nicht – wie christliche – nach einer gewissen Zeit eingeebnet. Daher darf eine Bestattung nur an einem Ort stattfinden, an dem niemand anderes beerdigt wurde. „Da auf dem Jüdischen Friedhof sehr viele Gräber nicht mehr zu identifizieren sind und nach jüdischer Vorstellung ein Grab nicht die Totenruhe anderer stören darf, musste eine Stelle gefunden werden, von der man sicher sagen kann, dass dort kein Grab vorhanden war. So hat man tief in den Wurzeln eines nahegelegenen Baumes gegraben, um sicherzustellen, dass dort kein Grab vorhanden war. So kam der Stein an die Stelle, an der er jetzt steht."[380]

BG erinnerte sich noch 2020 im Telefonat mit uns daran, dass die Verhandlungen mit der jüdischen Gemeinde schwierig waren. *Es war schwierig, einen Platz für den Gedenkstein zu finden. Aber die Wurzeln einer 100 Jahre alten Eiche waren noch da. Das war der Beweis: hier konnte niemand liegen. - Es war auch schwierig, eine Genehmigung für eine Wasserleitung auf dem Friedhof zu bekommen. Anne Scherger musste immer über die Mauer, um Wasser zu holen.*[381]

Nachdem Alfred Storm im Kontakt mit dem Eigentümer des Friedhofes, dem Landesverband der jüdischen Gemeinden von Niedersachsen, den genannten Platz verabredet hatte, wurde ein Gedenkstein für Bendix, Marianne und Gerda Grünberg in Auftrag gegeben. Dazu hatte Gertrud Anne Scherger einen großen organisatorischen Beitrag geleistet.

BG konnte sehr freundlich, aber auch hart in Verhandlungen sein. Auch noch 2020 erinnerte er sich an einen Streit mit der Stadtverwaltung über die Inschrift auf dem Gedenkstein für seine Familie. „Bernhard Grünberg hat dann mit dem Steinmetz (Hauschild, ap/fwp) vereinbart, dass auf dem Stein die Geburts- und Todesdaten seiner Eltern und seiner Schwester stehen und die Todesorte, mit dem Hinweis „ermordet". Die Stadt weigerte sich anfangs, die Inschrift "…. in …. ermordet" zu akzeptieren. Bernhard Grünberg erklärte dann, dass er auf dieser Formulierung bestehe und gegebenenfalls den Gedenkstein selbst bezahlen werde. Offenbar führte diese Erklärung dann dazu, dass die Verantwortlichen der Stadt einlenkten. - Ich habe diese Information von Bernhard Grünberg selbst, und der Alt-Oberbürgermeister Bernhard Neuhaus, der 2018 verstorben ist, hat sie später bestätigt. Gegen diese Formulierung lässt sich ja tatsächlich nichts einwenden. Es war ja Mord.[382]

Enthüllung des Gedensteines durch BG, Oberbürgermeisterin Ursula Ramelow
und Oberstadtdirektor Karl-Heinz Vehring am 9.11.1998.
Am Gedenkstein lehnt ein vergrößertes Foto der Ermordeten.
2.von rechts Ruth Foster, ganz links Anne Gertrud Scherger.
In der Bildmitte der damalige Sprecher des Arbeitskreises, Wolfgang Becker,
dahinter mit Kippa Johannes Wiemker vom Arbeitskreis Juden- Christen.
Foto: LT, Burkhard Müller,
Quelle: Simon Göhler

Die Begründung für die Weigerung für eine wahrheitsgemäße Beschriftung konnte BG nicht nachvollziehen: *Der Grund für die Weigerung (…) von „Mord" zu sprechen war, man befürchtete, dass dann Neonazis auf den Friedhof kommen könnten, um ihn zu verwüsten. Aber es war Mord, was mit meinen Eltern und meiner Schwester geschah. Und wenn jemand einen jüdischen Friedhof schänden will, schaut er nicht auf einzelne Wörter auf den Grabsteinen.*[383]

Das ereignisreiche Jahr 2000 eignet sich als Beispiel für die erfolgreiche Organisationsarbeit, die Alfred Storm „mit großem persönlichen Einsatz" (Karl-Heinz Vehring) über 30 Jahre lang – auch noch nach seiner Pensionierung leistete:

Abschrift

Besuchsprogramm B. Grünberg (05.-12.09.2000)

Dienstag, 05.09.

    ca. 13.00 Uhr Anreise u. Begrüßung im Kolpinghaus
                      (Storm, Hüllsieck)

    ca. 15.00 Uhr Kaffeetrinken und Abendessen bei den
                      Geschwistern Klaas, Mohrmannstr.

    ca. 19.00 Uhr "Herrenabend" im Kolpinghaus
                      (Hüllsieck, Raimund Scholz, Storm, Fried. Kunst)

Mittwoch, 06.09.

    ca. 10.00 Uhr Besuch der jüd. Schule
                      (Hüllsieck, Storm)

    ca. 13.00 Uhr Mittagessen im Forellenhof

    ca. 15.30 Uhr Anbringen der von B. Grünberg angefertigten
                      schmiedeeisernen Pforte bei der jüd. Schule

    ca. 16.30 Uhr Besuch des jüd. Friedhofes
                      unter Führung v. Frau Scherger

ca. 18.30 Uhr Abendessen bei Frau Scherger

Donnerstag, 07.09.

ca. 09.00 Uhr Kaffeerunde bei Obgm.
Teilnehmer außerdem:
Frau Scherger, AK Judentum-Christentum,
Dr. Remling, Storm

ca. 11.00 Uhr Besuch der Halle IV mit anschließendem
Mittagessen im Restaurant Halle IV
(Hüllsieck, Storm)

14.00-16.00 Uhr Besuch Archiv und Museum

ca. 18.30 Uhr Abendessen in der Gaststätte Klaas-Schaper
(Einladung vom Haus Klaas-Schaper -Hüllsieck,
Storm, Remling, Scholz) anschließend dort
gemütlicher Abend

Freitag, 08.09.

vormittags zur freien Verfügung von B. Grünberg

ca. 12.00 Uhr Mittagessen im Kolpinghaus

ca. 14.00 Uhr Fahrt (…) nach Springe (Nähe Hannover zum
Besuch von Herrn Eberhard Creutzig (früherer
Mitschüler Grünberg)

ca. 18.30 Uhr Abendessen bei Creutzig
Übernachtung in Springe

Samstag, 09.09.

ca. 09.00 Uhr Fahrt (…) von Springe zur EXPO nach Hannover
zum Ausstellungsbesuch

nachmittags Rückkehr nach Lingen (Ems)

abends Abendessen im Kolpinghaus

Sonntag, 10.09.

ca. 10.00 Uhr Besuch der Markant-Messe in den
Emslandhallen (Hüllsieck, Storm)

ca. 14.30 Uhr Kaffeetrinken bei Hüllsieck

ca. 16.00 Uhr Besuch des Konzertes Musikverein
Brögbern-Bawinkel, Theater

ca. 18.30 Uhr Abendessen bei Pastor Becker

Montag, 11.09.

ca. 10.00 Uhr Stadtrundfahrt mit B. Grünberg
Mittagessen im Kolpinghaus

nachm. zur freien Verfügung

ca. 19.30 Uhr Abschiedsabend mit Freunden und
Bekannten (Kolpinghaus)

Dienstag, 12.09.

ca. 09.30 Uhr Verabschiedung B. Grünberg,
Rückfahrt mit Pkw nach Derby [384]

BG reiste bis ins hohe Alter mit seinem Auto
nach Lingen an, hier 2013; re: Alfred „Atze" Storm.
Foto: Carsten van Bevern, mit freundlicher Genehmigung

An den Besuch bei seinem Freund Eberhard Creutzig erinnerte sich BG später so: *Ich traf einen Freund wieder, dessen Vater sehr Antinazi war, das aber nicht sagen konnte, sonst wäre er ins Konzentrationslager gekommen. Er arbeitete beim Finanzamt, nach außen hin war er braun, aber innerlich war er Antinazi. Der Freund hatte zu mir gehalten. Er lebte in der Nähe von Hannover. Ich hatte ihn eingeladen, als Ruth Foster und mir die Ehrenbürgerschaft verliehen wurde, da waren etwa 300 Menschen bei einer großen Feier, und er war dabei. Ich habe ihn auch in seinem Haus besucht.*

Bernhard Grünberg genoss die Besuche in seiner Geburtsstadt. In den Archiven von Alfred Storm und Josef Möddel finden sich zahlreiche Dankesbriefe an „Atze" Storm, an die Stadt Lingen und den Arbeitskreis, später das Forum Juden-Christen.

Nach Möglichkeit erfüllte Alfred Storm bei der Programmplanung die Wünsche Bernhard Grünbergs. Im August 2001 berichtet BG in einem Brief an Anne-Dore Jakob von einem Besuch mit seiner Frau Daisy und in Begleitung von Edmund Förstermann, dem Ehemann von Hedwig Klaas, auf dem jüdischen Friedhof in Emden 1992. Dort hatte ihn ein Monument für ermordete jüdische Menschen beeindruckt. Möglicherweise entstand bei diesem Besuch der Gedanke an den Gedenkstein für seine Familie in Lingen. BG wünschte sich einen erneuten Besuch in Emden. Bernhard wörtlich an A.-D.Jakob: *Alfred Storm sprach heute mit mir und er wird versuchen, für mich einen Besuch nach Emden zu organisieren.*[385] So konnte Bernhard später erzählen: *Wenn ich den Wunsch hatte, irgendwohin zu fahren, wurde ich mit einem Dienstwagen gefahren. Mein Auto brauchte ich nicht benutzen. - Eine dieser Fahrten war nach Emden, wo meine Mutter geboren wurde. Meine Großmutter hatte ich nicht gekannt, ich weiß nicht, wo sie starb oder wo sie beerdigt wurde. Meinen Großvater mütterlicherseits kannte ich, wie ich erwähnte. - In Emden gab es eine große, eine sehr große jüdische Gemeinde, etwa*

2000 Menschen, wie man mir sagte. Und nur einer von ihnen überlebte die Nazizeit.

Die Dame, mit der ich in Emden Kontakt hatte, führte uns über den Friedhof. Wir suchten hoffnungsvoll das Grab meiner Großmutter, konnten es aber nicht finden. Vielleicht war sie nicht in Emden beerdigt worden, vielleicht in der Stadt, in der sie geboren wurde, ich weiß es nicht.

Von meinem Großvater gibt es aus dem einfachen Grund kein Grab, weil er zu einer Zeit starb, in der es nicht mehr erlaubt war, Juden zu beerdigen. Er wurde geheim beerdigt, wahrscheinlich in der Nacht. So gibt es kein bekanntes Grab.

Gedenksteine für ermordete Emder Juden, errichtet 1990.
Foto: fwp.

Die Dame verwies dann auf einen Erinnerungsstein in der Nähe des Einganges, der für die Menschen errichtet wurde, die kein eigenes Grab hatten, (...) Es waren zwei etwa drei Meter hohe Steine, von beiden Seiten beschriftet. Es stellte sich heraus, dass der Name meiner Mutter dort stand. (…)

Inschrift für Bernhards Mutter Marianne Grünberg auf der linken Stele.
Ihr Todesdatum war noch nicht bekannt.
Foto: fwp.

Das war einer der Reisen, von Lingen organisiert, die ich gerne gemacht habe.[386]

Die andere führte nach Haren, wo ich – falls es dort einen jüdischen Friedhof geben sollte – die Gräber meiner Großeltern väterlicherseits und das eines Onkels, der meinem Vater sehr nahestand, vermutete. Er starb bei einem Unfall mit einer Kuh.

Wiederum vom Rathaus organisiert fuhr ich dahin und fand das Grab meiner Großmutter, meines Großvaters und meines Onkels. Und entsprechend der Grabsteine stellte sich heraus, dass mein Vater seinen Vater verlor, als er sechs Monate alt war und er verlor seine Mutter, als er 20, 21 Jahre alt war. (…)

Als mein Vater vom Tod seines ältesten Bruders, der bei dem Unfall mit der Kuh gestorben war, hörte – ich weiß es noch wie heute –, saß mein Vater- in einem geflochtenen Schaukelstuhl, er drehte sich um und weinte wie ein Kind, das seinen Vater verloren hat. Ich vermute, ohne es zu wissen, dass mein Vater nach dem Tod seiner Mutter von seinem ältesten Bruder, der verheiratet war, aufgenommen worden war und dass dies das enge Band zur Folge hatte, das meinem Vater mit seinem Bruder verband.[387]

Grabstein für Bernhards Onkel Conrad Grünberg
auf dem jüdischen Friedhof in Haren (Ems). Foto: fwp

Einen schweren Einschnitt in seinem Leben gab es für Bernhard Grünberg am 15.06.2001. Seine Ehefrau Daisy starb in einem Altenpflegeheim. *Nachdem ich in den Ruhestand ging, entdeckte ich Schmiedeeisenarbeiten als Hobby. Das musste ich aber aufgeben, weil meine Frau krank wurde und ich sie pflegte und wegen der täglichen Hausarbeit. Sie starb 2001 nach 54 Jahren glücklicher Ehe. Nun lebe ich wieder allein.*[388] Den Worten von Anne-Dore und Johannes Jakob, die BG kurz nach dem Tod seiner Frau in Derby besucht hatten, war er zwar traurig, aber gelassen.[389]

Bernhard Grünberg besuchte auch in diesem Jahr wiederum Lingen, wie erwähnt mit der Fahrt nach Emden.

Er folgte aber auch einer Einladung der Lingener Pax-Christi-Gruppe nach Berlin. Dort erforschte die durch Kindertransport gerettete Dr. Inge Lammel die Umschichtungsstelle, die BG besucht hatte.[390]

Einer Einladung nach Berlin folgte BG auch zur Benennung des Selma-und-Paul- Latte- Platzes 2016.[391]

„Der Lingener Ehrenbürger Bernhard Grünberg
ist zur Namensbenennung des Platzes
an der jüdischen Umschichtungsstelle
nach Berlin gereist.
Bernhard Grünberg kommt gleich vor Ort
mit interessierten Bürgern ins Gespräch.“
Text und Foto: LT (Carsten van Bevern),
mit freundlicher Genehmigung.

Weitere „Großereignisse" bei seinen Besuchen waren Bernhard Grünbergs „runde" Geburtstage, die – beginnend mit seinem 80. Geburtstag 2003 – zumeist in der Gaststätte Klaas- Schaper – gefeiert wurden. Zweimal waren dabei zwei Freundinnen aus dem Holocaust-Zentrum Beth Shalom - Leonie Edgell und Karen van Coevorden – und andere Vertreter von Beth Shalom anwesend. Auch Vertreter der Leitungsebene von Beth Shalom folgten mehrmals seiner Einladung zu Geburtstagsfeiern, die stets von der Stadt Lingen ausgerichtet wurden. Die Lingener Englischlehrerin Elisabeth Spanier wirkte in solchen Fällen als Übersetzerin. Sie wurde eine gute Freundin Bernhards, den sie häufig in Derby besuchte.

Auch seinen 90. Geburtstag konnte BG 2013 in Lingen feiern, aus organisatorischen Gründen diesmal im Heimathaus Laxten. Neben der Feier gab es noch zwei weitere besondere Ereignisse bei diesem Besuch - eine Reise in das Erinnerungszentrum Camp Westerbork und eine weitere besondere Ehrung.

Auf Anregung des Forum Juden - Christen sollten Straßen nach Bernhard Grünberg und Ruth Foster benannt werden. Dieser auch insofern besonderen Ehrung, als lebende Personen auf diese Weise gewürdigt wurden, ging eine kontroverse politische Diskussion voraus. Dazu Josef Möddel: „Das Gleiche war mit der Foster-Straße. Die CDU-Fraktion wollte nur eine Foster- und eine Grünberg-Straße. Da war ich auch beauftragt worden von der Stadt Lingen, das Einverständnis einzuholen. Da habe ich gesagt, dass das nicht meinem Antrag entspricht und den Auftrag zurückgegeben."[392]

Das Forum Juden-Christen reagierte auf das Ansinnen der CDU mit einem Protestbrief des kommissarischen Vorsitzenden Dr. Heribert Lange an Oberbürgermeister Dieter Krone. Thomas Pertz von der Lingener Tagespost kritisierte die Entscheidung der Mehrheitsfraktion in einem Kommentar: „Was mag die Lingener CDU nur geritten haben, ausge-

rechnet im Zusammenhang mit ihren jüdischen Ehrenbürgern zu dis-
kutieren, ob Vornamen nun auf ein Straßenschild oder den Adresskopf
passen oder nicht. In der Stadt gibt es Beispiele für beide Varianten, für
Straßenbezeichnungen mit und ohne Vornamen von Bürgern. Bei Bernard Grünberg und Ruth Foster darf es aber gar keine ‚Varianten' geben.
Als ob es hier um praktische Fragen der Breite eines Stücks Blech oder
Briefumschlages gehen würde und nicht vor allem darum, an zwei Menschen zu erinnern, die mit den dunklen Kapiteln der Lingener Stadtgeschichte verbunden sind. Die aber auch mit der Annahme der Ehrenbürgerschaft ein Zeichen der Versöhnung mit der Stadt Lingen gesetzt
haben. Und da macht es schon einen Unterschied, ob lediglich ihr Nach-
name eine Adresse wiedergibt oder eben auch der Vorname, der die Person und ihre Biografie erst unverwechselbar macht."[393]

BG mit Leonie Edgell bei der Feier zur Benennung der Bernard-Grünberg-Straße
Foto: BBC Derby

Ob es die Intervention von Dr. Heribert Lange war, der Kommentar in der Zeitung, der Widerstand von Josef Möddel oder alles zusammen – die CDU dachte um. Seit 2013 gibt es in Lingen nach einem einstimmigen Beschluss des Stadtrates vom 18.07.2012 eine Bernard-Grünberg-Straße und eine Ruth-Foster-Straße.[394]

Ruth Foster erlebte die Grundentscheidung für die Benennung einer Straße nach ihr, der sie zugestimmt hatte. Sie starb am 15. August 2014 im Alter von fast 93 Jahren in London.

Bernhard Grünberg war für die Straßenbenennung dankbar. *Dies ist für mich etwas ganz Besonderes. Dadurch wird mein Familienname wachgehalten, obwohl die Grünbergs zwangsweise ihre Heimatstadt verlassen mussten und ich der einzige Überlebende bin.*[395]

Dass ihn diese Ehrung sehr freute, geht auch daraus hervor, dass er ein gleichlautendes Straßenschild an seinem Haus in Derby anbrachte.

Lingener Straßenschild am Wohnhaus von BG im englischen Derby.

Foto: ap

Ab 2017 konnte BG aus gesundheitlichen Gründen nicht mehr mit seinem Auto zu seinen jährlichen Besuchen nach Lingen anreisen, er wurde (durch Alfred Storm) von der Fähre in Rotterdam oder von seinem Wohnhort Derby abgeholt.

Zu seinem 95. Geburtstag gratulieren Oberbürgermeister Dieter Krone und Ruth Grünberg, Tochter von Louis Grünberg, BG in der Gaststätte Klaas-Scheper. Foto: LT (Thomas Pertz), mit freundlicher Genehmigung.

Sein 95. Geburtstag war der letzte, den er nach Überwindung gesundheitlicher Probleme, darunter eines leichten Schlaganfalls und Augenerkrankungen, in Lingen feiern konnte.

Auch bei diesem letzten Besuch gab es ein Ereignis, das Bernhard Grünberg sehr freute und um das er gebeten hatte. An der Adresse des Wohnhauses der Familie Grünberg in der Georgstraße 12 wurden weitere „Stolpersteine" verlegt.

Als Kunstwerke, „die im öffentlichen Raum präsentiert werden, setzen sich die Stolpersteine jeweils mit den spezifischen Bedingungen der Orte auseinander, an denen und für die sie entstehen. Sie werden inzwischen europaweit vor alle Häuser gesetzt, in denen einst Menschen gewohnt haben, deren Schicksal durch die Macht der Nationalsozialisten bestimmt wurde und deren Leben zumeist in einem gewaltsamen Tod endete. Jeder Stolperstein erinnert an die Menschen, derer sie jeweils gedenken und die einst in den Häusern gelebt haben, vor denen jeder Stein platziert wird."[396]

Der Künstler Gunter Demnig, der die „Stolpersteine" kreierte, war während des Besuches von BG 2018 verhindert, so dass ein Vertreter die Verlegung vornahm. „Im Beisein von etwa 30 Bürgern verlegte der Lingener Künstler Peter Lütje die Stolpersteine mit den Namen von Rosette Groenberg und Elise de Jong-Groenberg. Mit zwei weiteren Stolpersteinen werden auch der Ehemann von Elise, Bob de Jong und der erst zweijährige Sohn Herman de Jong geehrt, die ebenfalls im Vernichtungslager Sobibor starben. Anne Scherger stellte das Ergebnis der Recherchen über die Lebenswege der vier Opfer des Holocaust vor."[397]

Warum er diese Ehrung für seine Verwandten gewünscht hatte, erklärte uns Bernhard Grünberg am Telefon. Er erzählte von seiner Cousine Lieschen (Elise) und deren Mutter Rosette Groenberg, (geb. Grünberg, geb. 1879, ermordet 1943 in Sobibor.) *Wir kannten uns gut, etwa 10 Jahre lang lebten sie bei uns in der Georgstraße. Sie hatten in der oberen Etage eine eigene Wohnung. Dort war auch ein Klavier. Lieschen war sehr musikalisch und wollte Klavierlehrerin werden. Sie versuchte, einen Platz in einer Musikakademie zu bekommen. Da dies für Juden in Deutschland nicht mehr möglich war, ging sie mit ihrer Mutter nach Holland, damit sie sich dort zur Klavierlehrerin ausbilden lassen konnte. Lieschen wurde auch Klavierlehrerin.*

Sie heiratete Bob de Jong, er war Angestellter in einer niederländischen Bank. Nebenbei erteilte er Englischunterricht. Ich habe ihn nie getroffen. Als es für meine Eltern nicht mehr möglich war, mir Briefe nach England zu schicken, leiteten sie Briefe an Bob de Jong. Er schickte mir dann die Briefe meiner Eltern.

Er schickte auch immer etwas Geld mit. So war ich bei den „Kindern" das reichste Kind. - Man konnte auf seinen deutschen Pass Geld ins Ausland schicken. Meine Eltern schickten mir also auf ihren Pass oder auf den Pass meiner Schwester Geld.[398]

Anne Gertrud Scherger trug aufgrund ihrer detaillierten Recherchen vor, dass Elise im August 1939 in Amsterdam Benjamin (Bob) de Jong geheiratet hatte. „Bob de Jong war Lehrer an einer jüdischen Schule für Büroangestellte und hatte (…) wahrscheinlich eine ,Sperre'. Das bedeutete, dass die Familie vorerst nicht deportiert würde. (…) Knapp drei Wochen nach ihrer Verschleppung nach Westerbork wurden der 35jährige Bob, die 25jährige Elise und der kaum 2jährige Herman Nico am 6. Juli 1943 in das Vernichtungslager Sobibor deportiert und dort ermordet."[399]

Anne Scherger
trägt 2018 die Ergebnisse ihrer Recherchen
zu Bernhard Grünbergs Verwandten vor;
Dr. Heribert Lange und BG hören zu.
Foto: LT (Ludger Jungeblut),
mit freundlicher Genehmigung

Diese Stolpersteinverlegung nahm Bernhard Grünberg emotional sehr mit. Unter Tränen brach es aus ihm heraus: *Warum musste der kleine Nico sterben? Das einzige, was er „verbrochen" hatte, war, er war jüdisch.*

Die ersten Stolpersteine an diesem Ort waren 2012, ebenfalls in Anwesenheit von BG, verlegt worden. Sie „erinnern in der Georgstraße 12 an Bernhard Grünbergs Eltern Marianne und Bendix sowie seine Schwester Gerda.

,*Über dem Haupteingang war das Wohnzimmerfenster und daneben das Fenster zu meinem Zimmer. Von dort konnte ich die Gefängnisinsassen gut beobachten und mit meinem Spiegel heimlich auch Lichtsignale hinüberschicken',* erinnert sich (…) Grünberg an seine Kindheit.

,*Jetzt sind insgesamt 38 Stolpersteine auf Lingener Gehwegen verlegt worden. Ich möchte mich bei allen bedanken, die dies ermöglicht haben. So werden die Namen und das Schicksal dieser Menschen, deren einziges Vergehen darin bestand, dass sie Juden waren, in dieser Stadt lebendig bleiben',* erklärte Grünberg und ergänzte: ,*Ein Mensch ist erst vergessen, wenn auch sein Name vergessen ist.'* " [400]

2012 war Bernhard Grünberg auch bei der Verlegung von Stolpersteinen in Freren anwesend.[401]

Abschließend ein Beispiel für die zahlreichen Briefe von Bernhard Grünberg, hier nachdem er erstmals das Bethaus in Freren besucht hatte.

<u>Abschrift</u>

An Josef und Angelika Möddel

Alvaston, Derby
DE24 8RD

21.11.03

Lieber Josef and liebe Angelika,

Obwohl es ist lange Zeit dass ihr von mir etwas gehört habt ich habe Euch nicht vergessen. Zuerst vielen Dank für die Wunsche für Ross Hashana. Mir geht es einigermaßen gut, nur der Augenfacharzt hat im September festgestellt, dass beide Augen jetzt Zeichen von "Grüner Star" zeigen und muss nun wieder im April 04 den Facharzt besuchen und dann wird ein Termin für die Augen-Operation festgestellt. Ich habe auch von Ruth Grünberg gehört, dass Ihr Vater Louis Grünberg schwer krank ist und in Lebensgefahr. Louis ist ca. ein Jahr alter als ich. Ich hoffe nur dass er nicht zu viel leiden muss. The meisten überlebende Juden von der Nazizeit haben doch sicherlich genügend mit durchgemacht und verdienen, wenn die Zeit kommt, ein schnelles und schmerzloses Ende.

Ich hoffe das es Euch gesundheitlich so gut wie möglich geht. (...)

Ich kannte das Gebetshaus in Freren nicht, aber alles das hilft, die Erinnerung an der Holocaust Geschichte wach zu halten, ist eine gute Sache, und wir alle hoffen dass Derartiges wird niemals wieder kommen.

So herzliche Grüße

gez. Bernard [402]

Wir beenden dieses Kapitel mit einem Gedicht von Mudde van Duren.[403]

**Vergessene Namen
verwehte Spuren**

Sie waren plötzlich verschwunden
für immer
die Nachbarn
Spielkameraden
Freunde

Die Weichen sind gestellt
Das Todeskältegleis
führt dahin
wo nichts mehr gilt
Niemand öffnet die Arme für einen Empfang
Abgesetzt
wo jeder sich seine Nummer
merken muss
sonst nichts

Vergessene Namen
verwehte Spuren

Wir geben ihnen zurück ihre Namen
mit denen sie einst gerufen wurden

Aus dem Dunkel langer Vergessenheit
kommen sie uns entgegen
und sehen uns an
wenn wir hinsehen
und fallen klaglos zurück
wenn wir wegsehen

[338]SCHOA-INT (i.f. Schoa-Interview)

[339]Telefonat BG –ap und Esther Prenger 22.08.2020 (GRÜNBERG-INTERV.)

[340]Telefoninterview (GRÜNBERG-INTERV.)

[341]Quelle: Archiv Storm (ARCHIVE)

[342]Interview Anne-Dore Jakob (ZEITZEUGEN); Walter Klöppel wurde später Vorsitzender des Forum Juden-Christen Altkreis Lingen e.V.

[343]Mitteilung Josef Möddel- ap/fwp, Januar 2021; Louis Grünberg sel. A. (1922- 2004) aus Sögel, dessen Cousin 2. Grades BG war, überlebte wie Ruth Heilbronn die Schoa. „Clemenswerth" ist ein barockes Jagdschloss im emsländischen Ort Sögel, in dem auch Tagungen stattfinden.

[344]Interview mit Josef Möddel (ZEITZEUGEN), i.f. Möddel-Interview

[345]vgl. Lingener Tagespost v. 8.11.1995, Jüdischer Friedhof (ZEIT)

[346]www.forum-juden-christen.de

[347]Möddel 2019 (LIT); Die Geschichte des Forums verlief wechselhaft; die Sanierung des Bethauses in Freren hatte den Verein in schweres finanzielles Fahrwasser gebracht; ab 2005 konnte der Verein finanziell stabilisiert werden.

[348]Wiemker (LIT), S. 1; Die in diesem Buch oft zitierten Gertrud Anne Scherger, Gerhard Sels und Lothar Kuhrts haben im Arbeitskreis Juden-Christen mitgearbeitet. Anne- Dore Jakob von der Lingener Pax-Christi-Gruppe arbeitete mit dem Arbeitskreis eng zusammen.

[349]Möddel-Interview

[350]vgl. Althoff (LIT), S. 45 f.

[351]Arnold Green war der Sohn einer Schwester von Ruths Mutter Caroline Heilbronn, geborene Grünberg. Er wurde durch Ruth Foster über die Morde an seinen Eltern informiert. Sie war Zeugin der Gewaltverbrechen.- Caroline Heilbronn war nicht mit BG verwandt.

[352]Interview Storm (ZEITZEUGEN) (i.f. Storm-Interview)

[353]vgl. Storm, Ermittlung Schicksal (ARCHIVE) i. f. Storm, Ermittlungen.

[354]Storm, Ermittlungen.

[355] E-Mail Möddel-fwp. v.10.02.2021

[356] Stadtreport Lingen (ZEITUNG)

[357]ebd.

[358]d.i. Alfred Storm.

[359]Schoa-Interview

[360]ebd.

[361]ebd.

[362]Vehring (LIT), S.17

[363]Schoa-Interview

[364]ebd.; leider wird die „Heimatstadt" immer wieder erwähnt, so auch von Vehring (LIT), S. 19

[365]Lingener Tagespost v.2.10.1993 (ZEITUNG)

[366]Möddel-Interview

[367]Möddel 1993 (LIT)

[368]BG Dankesrede (GRÜNBERG- LIT); Kursivdruck ap/fwp

[369]Lingener Tagespost v. 5.02.1994 (ZEITUNG)

[370]BG: Interview zur Zeitzeugenarbeit (GRÜNBERG-LIT); Die Kosten für Ankauf und Restaurierung waren erheblich, insgesamt 1 Million D-Mark, das entspricht nach heutiger Kaufkraft etwa € 760.000.

[371]E-Mail Remling-ap v.10.02.2021

[372]Lingener Tagespost v.10.11.1998, Remling: Jüdische Schule (ZEITUNG)

[373]Der gemeinsam mit Bendix Grünberg nach der Pogromnacht in das Folterlager Buchenwald verschleppte Jakob Wolff war Synagogenvorsteher. Er verstarb 1941 im Alter von 63 Jahren. Er wurde bei Nacht und Nebel auf dem jüdischen Friedhof in Lingen begraben. Um an ihn und an seine ermordete Frau zu erinnern, wurde 1996 in Anwesenheit von Ruth Foster ein aus Spenden finanzierter Gedenkstein errichtet.

[374]Möddel-Interview; ausführlich berichtete uns auch Alfred Storm über die Abholungsaktion.

[375]Storm-Interview

[376]Lingener Tagespost v.8.11.2013, Nicht ins Abseits rücken (ZEITUNG)

[377]vgl. Vehring (LIT), S. 24 f.

[378]Schoa-Interview

[379]vgl. Protokoll des Emslandmuseums über die Übergabe der Werkzeuge (Hilde Pawlowski) v. 1. September 1994 (Dank an Dr. Andreas Eiynck, der uns im Dezember 2020 eine Kopie überließ).

[380]Interview mit Dr. Heribert Lange (ZEITZEUGEN) i.f. Lange-Interview

[381]Telefonat BG-ap am 5.10.2020 (GRÜNBERG-INTERV.); inzwischen gibt es   ein schmiedeeisernes Tor zwischen dem katholischen „Alten Friedhof" und dem jüdischen Friedhof.

[382]Lange- Interview

[383]Telefonat BG-ap.v.5.10.2020 (GRÜNBERG-INTERV.)

[384]Quelle: Archiv Storm (ARCHIVE); Hervorhebungen ap/fwp

[385]BG an Anne-Dore Jakob v. 29.08.2001, Quelle: Anne-Dore Jakob; Kursivdruck ap/fwp

[386]Die von BG erwähnte Dame war Marie Werth, eine regionale Forscherin zur Geschichte der Emder Juden. Der von BG hier beschriebene Besuch fand 2001 statt. Informationen von Anne-Dore Jakob (E-Mail v. 20.02.2021, 22.02.2021 und 04.03.2021). Interessant ist, dass es in Emden neben der von BG erwähnten großen aschkenasischen Gemeinde auch eine sephardische Gemeinde gab; aus Portugal stammende Juden hatten vor dem Naziterror einen eigenen Friedhof. Grabplatten von diesem nicht mehr existierenden Friedhof wurden auf den aschkenasischen Friedhof verbracht. Es zeigen sich unterschiedliche Bestattungskulturen.

[387]Schoa-Int

[388]Grunberg 2003, S. 149

[389]Brief Anne-Dore Jakob – Alfred Storm v.23.08.2001, Archiv Storm (ARCHIVE)

[390]vgl. Lingener Tagespost v. 7.06.2001(ZEITUNG); vgl. Museum Pankow (LIT)

[391]vgl. Museum Pankow (LIT) sowie das Kapitel „Freiheitsgefühle und Terrorerfahrung"

[392]Möddel-Interview

[393]Lingener Tagespost v.19.06.2012: CDU sollte Position korrigieren (ZEITUNG)

[394]Die beiden nebeneinander liegenden Straßen gehen von der Emsauenallee ab.- Quelle zum Stadtratsbeschluss: E-Mail von Alfred Storm an ap/fwp v.17.02.2021

[395]Lingener Tagespost (online) v.26.03.2013.; Kursivdruck ap/fwp

[396]Behm, Porträt (LIT) S.6

[397]Lingener Tagespost (online) v. 25.03.2018 (ZEITUNG); auf Herman Nico de Jong und seine Eltern sind wir in den Kapiteln „Terror der Nazis gegen Juden und andere" sowie „Rettung durch Kindertransport" eingegangen. vgl. auch die Widmung in der Einleitung.

[398]Telefonat BG-ap am 14.10.2020 (GRÜNBERG-INTERV.)

[399]Scherger, Stolpersteinverlegung (LIT); auf den Stolpersteinen ist als Todesdatum der 9.07.1943 vermerkt.

[400]Lingener Tagespost (online) v. 14.06.2012: Holocaust- Überlebender (ZEITUNG) Kursivdruck ap/fwp; 2021 waren in Lingen 49 Stolpersteine verlegt.

[401]So Lothar Kuhrts, Interview Kuhrts (ZEITZEUGEN)

[402]Archiv Möddel (ARCHIVE), Kursivdruck ap/fwp

[403]d.i. Josef Möddel, der uns freundlicherweise die Abdruckgenehmigung erteilte.

Erzählen vom Naziterror

Meine Vorträge vor Schulklassen in Beth Shalom und Lingen waren mir sehr wichtig. Wir müssen über die schreckliche Nazizeit erzählen. Dadurch können wir vielleicht etwas ändern, können wir verhindern, dass so etwas nochmal passiert.[404]

Nahezu alle Schülerinnen und Schüler, denen im Unterricht ein Kontakt mit einem „Zeitzeugen" ermöglicht wurde, berichten über einen starken Eindruck, den diese Begegnung bei ihnen hinterlassen hat. Selbst wenn sich Zeitzeugen besonders darum bemühen, möglichst nüchtern und sachlich zu berichten, lässt sich eine starke persönliche Berührung kaum verhindern. Gerade sie macht die Begegnung mit Zeitzeugen wichtig für die Auseinandersetzung mit der Geschichte. So werden historische und politische Ereignisse und Prozesse mithilfe von Zeitzeugen-Erzählungen für Schülerinnen und Schüler oft deutlich greifbarer.

Aus einem Zeitungsbericht über einen Vortrag von BG am Gymnasium Marianum in Meppen (Ems): „Seit einigen Jahren arbeitet Grünberg regelmäßig mit Schülern und berichtet ihnen von seinen Erlebnissen. Die Aufklärung über die Gräueltaten der Nationalsozialisten sei das Einzige, was Überlebende tun könnten, um eine Wiederholung der Geschichte zu vermeiden, sagte er und mahnte die Schüler zu mehr Verantwortung im täglichen Umgang und Toleranz gegenüber Menschen anderer Hautfarbe, Religion oder Herkunft. - Leider habe die Welt noch nicht hinreichend aus der europäischen Geschichte gelernt, so Grünberg."[405]

Angela Prenger berichtet über Grundschul-Projekte. „Schule soll einem Beschluss der Kultusministerkonferenz von 2009 ein Ort sein, an dem demokratische Werte erlebt, vorgelebt und gelernt werden. Kann eine solche Forderung an die Grundschule gerichtet sein? Diese Frage bejahe ich unter Hinweis auf drei historisch-politische Lernprojekte, die ich an der Johannes-Grundschule Mesum/Elte durchführte. Themen waren ‚Zweiter Weltkrieg' und ‚Verfolgung und Widerstand im Nationalsozialismus'. Dabei wurden regionale Aspekte einbezogen. Die Projekte waren jeweils im vierten Schuljahr teils fachbezogen im Religionsunterricht, teils fächerübergreifend angelegt.

Ergriffen waren die Kinder von der Begegnung mit der Schoa- Überlebenden Marga Spiegel in Münster. Sie, ihr den Landwirten als Viehhändler bekannter Ehemann und ihre Tochter Karin überlebten den mörderischen Rassenwahn der Nazis dadurch, dass mehrere münsterländische Bauern sie unter falschem Namen versteckten. Über diese Rettung hatte Marga Spiegel, die 2014 verstarb, in einem Buch berichtet.[406]

Selbst erstellte Zeichnungen zu Szenen aus diesem Buch hatte ich den Schülerinnen und Schülern als Vorbereitung auf das Zeitzeugengespräch vorgelegt. In Partnerarbeit untersuchten die Kinder, welche Gefühle, Gedanken und Worte die dargestellten Personen – Retter und Gerettete – entwickeln könnten.

Anschließend fertigten die Viertklässler selbst Bilder und Texte zu den ausgewählten Szenen an. Die so entstandenen Bilder mit überarbeiteten Texten wurden zu einem Bilderbuch mit dem Titel ‚Gerettet' verarbeitet.

Die Ängste der zu Beginn des Untertauchens vierjährigen Tochter weckten im Gespräch mit Marga Spiegel das besondere Interesse der Schülerinnen und Schüler. Den Kindern wurde deutlich, wie wenig selbstverständlich es ist, den eigenen Namen nennen zu dürfen, wie kostbar sorgende Eltern und ein sicheres Dach über dem Kopf sind, wie wertvoll es ist, als Kind ohne Verfolgung und Krieg aufwachsen zu dürfen. Aus diesen Erkenntnissen leiteten die Viertklässler Rechte für Kinder ab.

Tamar Dreifuss, 1938 im litauischen Vilnius geboren, ist Pädagogin, Zeitzeugin und Überlebende der Schoa. Am 17. Februar 2020 besuchte sie die Viertklässler der Johannesschule Mesum. Das von ihr über die Rettung ihres und ihrer Mutter Leben verfasste Bilderbuch richtet sich an Kinder der 3. und 4. Jahrgangsstufen.[407] Diese haben, so der Leitgedanke der Zeitzeugin, das Recht zu wissen, wie es war. Mit ihrer langjährigen Erfahrung aus ihrer Lehrtätigkeit in der Jüdischen Gemeinde Köln vermochte Frau Dreifuss zudem die Schülerinnen und Schüler altersgemäß anzusprechen und in ihren Vortrag einzubinden. Bedrückenden Szenen des Vortrags, den sie mit Fotografien und Bildern aus ihrem Buch veranschaulichte, setzte die Zeitzeugin entlastende Worte entgegen: ‚Ich bin ja noch da!'

Energisch mahnte sie die jungen Zuhörer, keinen Fremdenhass zu dulden. An jedes einzelne Kind gerichtet: ‚Steter Tropfen höhlt den Stein. Du bist ein solcher Tropfen.' "[408]

Bernhard Grünberg stellte sich sehr häufig sowohl in Großbritannien als auch in Deutschland als Zeitzeuge zur Verfügung. Aus eigener Erfahrung kann Friedhelm Wolski-Prenger über zwei Zeitzeugenvorträge Bernhard Grünbergs an der berufsbildenden Marienhausschule in Meppen, der Kreisstadt des Landkreises Emsland, berichten.

Die Schule befindet sich in Trägerschaft der Schulstiftung für das katholische Bistum Osnabrück. Über die Unterrichtsreihe, in der der erste Besuch am 23.10.2010 stattfand: „Die Schülerinnen und Schüler der Fachschule für Heilerziehungspflege hatten sich im Unterricht mit der Ermordung von 300.000 Menschen mit Behinderung beschäftigt, dem ersten Massenmord der Nazis. Nach dem Ort der Planung der Morde in der Berliner Tiergartenstraße 4 wurde das Verbrechen als ‚Aktion T4' bezeichnet.

Der Ablauf der Morde war in allen sechs Mordanstalten gleich. Bei der Ankunft wurde den Menschen mit Behinderung ein normaler Anstaltsbetrieb vorgetäuscht. Für die angebliche Aufnahmeuntersuchung mussten sie ihre Kleidung ablegen. Nach Überprüfung ihrer Personalien wurden sie von einem Arzt oberflächlich untersucht und von T4-Mitarbeitern fotografiert. Pflegekräfte führten die Patienten in den als Duschraum getarnten Vergasungsraum. Ein Arzt betätigte den Gashahn. Nach der Ermordung brachen SS-Männer den Leichen Goldzähne heraus. Um die Spuren des Verbrechens zu beseitigen, wurden die Toten verbrannt. Mit diesen Verbrechen übten die Nazis und ihre Helfer, wie große Mengen von Menschen ermordet werden konnten.[409]

BG bei einem Vortrag am 12.Juni 2015 an der Marienhausschule Meppen.
Foto: fwp

HeilerziehungspflegerInnen sind Fachkräfte für die Arbeit mit Menschen mit Behinderung. Kenntnisse über die Mordaktion T4 sind auch deswegen wichtig, weil viele Mitarbeitende in Einrichtungen für Menschen mit Behinderung die Morde ermöglicht hatten.

Bernhard schilderte vor den erwachsenen Schülerinnen und Schülern der Fachschule Heilerziehungspflege in einfachen Worten seine Geschichte. Das machte auf die jungen Erwachsenen einen äußerst starken Eindruck. Die anschließenden Unterrichtsstunden waren davon geprägt, welchen Einfluss die Nazidiktatur auf das Schicksal von Menschen hatte."

Wir sind in der glücklichen Lage, Bernhard Grünbergs Motive und seinen Einsatz in der Zeitzeugenarbeit umfassend in seinen eigenen Worten vorstellen zu können. In Laxton, etwa 100 Kilometer entfernt von Bernhards Wohnort Derby, gibt es seit 1995 Beth Shalom (House of Peace, Haus des Friedens), Nationales Holocaust Centre und Museum. BG wurde von dem Zentrum, in dem er fast von Anfang an als Zeitzeuge mitgearbeitet hatte, am 16. Februar 2004 in englischer Sprache in Derby interviewt. Es folgen wesentliche Auszüge aus diesem Interview.[410]

BG beim Interview 2004 in Derby © Beth Shalom Laxton

Frage: Bernard, was sind deiner Meinung nach die drei oder vier wichtigsten Punkte, die zu beachten sind, um jungen Menschen den Holocaust näherzubringen?

BG: *Meiner Meinung nach ist es am wichtigsten, dass die Holocaust-Überlebenden direkt mit Jugendlichen, Gruppen von Jugendlichen oder mit Schulkindern sprechen. (...)*

Frage: Was meinst du, was ist das Wichtigste für Unterricht über den Holocaust für diese Zielgruppen?

BG: *Nun, ich meine, es ist offensichtlich, wenn ein Überlebender über seine eigenen Erfahrungen spricht. Und ich denke, es kommt viel besser herüber, als wenn die Schüler es aus Geschichtsbüchern lernen oder von einem Lehrer hören, der die Zeit nicht erlebt hat, der nicht die persönlichen Erfahrungen hat wie ein Überlebender. Insofern denke ich, die Schüler oder die Jugendlichen verinnerlichen es besser, wenn die Informationen von einem Überlebenden kommen. Ich kann mich an einen Besuch in einer Schule in Deutschland erinnern, da kam der Lehrer nach meinem Vortrag zu mir und sagte: 'Sie haben den Schülern durch Ihren Vortrag mehr nahegebracht als mir in einem Tag möglich wäre.' Das fasst meine Meinung zusammen.*

Frage: (…) Was hat es als Überlebender des Holocaust oder als Flüchtling für dich bedeutet, dass es jemanden wie die Familie Smith[411] gab, die deine Geschichte hören und sicherstellen wollte, dass andere Menschen das hören und daraus lernen sollten?

BG: *Ich glaube sehr, dass es sehr wichtig ist, dass alle Schoa-Überlebenden, und wie du sagst, Flüchtlinge, die vor dem Krieg Deutschland verlassen konnten, eine aktive Rolle dabei spielen, die Holocaust-Geschichte am Leben zu erhalten. Das ist eine der wichtigsten Aspekte bei der Holocaust-Erziehung.*

Frage: Als du erstmals vom Holocaust-Zentrum hörtest, was war deine erste Reaktion?

BG: *Erstmals kam ich 1996 ins Zentrum, ich denke, dass es da etwa ein Jahr lang geöffnet hatte, stimmt das? Und ich fand es extrem gut und noch mehr, dass eine nichtjüdische Familie alle Anstrengungen und Stress auf sich genommen hatte, dieses Holocaust-Zentrum zu errichten. Ich glaube, so etwas gab es zu der Zeit in ganz Großbritannien nicht. Daher haben sie von mir jede Unterstützung, die ich geben konnte, bekommen.*

Frage: Was hat es für dein Leben bedeutet, Mitglied des Holocaust-Sprecherteams von Beth Shalom zu sein?

BG: *Als Erstes musste ich mich zusammenreißen, um zu vermeiden, zusammenzubrechen und in Tränen auszubrechen. Aber als ich die Vorträge mehrmals gehalten hatte – wie ich zuvor erwähnte, in Schulen sowohl hier in Derby als auch in Deutschland – wurde es für mich einfacher. In gewisser Weise gefiel es mir auch wegen der Reaktionen von Schülern und Erwachsenen. Sie fanden meine Geschichte interessant und befragten mich nach dem Vortrag weiter. Viele kamen auch zu mir und bedankten sich für meine Geschichte, obwohl es ja eine traurige Geschichte ist. Jede Geschichte eines Flüchtlings oder eines Schoa-Überlebenden ist ohne Zweifel eine traurige Geschichte.*

Frage: Was waren für dich die schwierigsten Aspekte, wenn du über deine Erfahrungen erzähltest?

BG: *Ich denke, das ist, wenn ich zu meiner persönlichen Seite komme. Über den Verlust des Lebens mit meiner Familie, den Verlust meiner Eltern und meiner Schwester sowie meiner Verwandten. Ich meine, ich verlor zwei liebenswerte Familien in Holland durch die Schoa, und das berührte mich sehr. Aber, wie ich sagte, ich vermied, dass diese Gefühle zu sehr hervorkamen, obwohl ich eine ziemlich emotionale Person bin. Sozusagen habe ich mich stabilisiert und ich kann jetzt ziemlich frei sprechen.*

Frage: Welche Fragen werden dir am häufigsten und welche werden dir deiner Erinnerung nach zu selten gestellt?

BG: *Das sind so viele, dass ich nicht einzelne hervorheben kann. Aber eine ist beispielhaft zu nennen, viele Menschen fragten mich, wie es mit der englischen Sprache gewesen sei. Ich antwortete immer, dass ich in der ersten Zeit mit Händen und Füßen geredet hätte. Englisch ist jetzt meine erste Sprache, obwohl ich immer noch Deutsch spreche. Aber meine erste Sprache ist definitiv Englisch, allerdings hat es eine Weile gedauert, bis ich Englisch sprach. Weißt du, ich war nicht ganz zwölf Monate in den Kindertransport – Lagern.[412] Dann fing ich eine Arbeit an und verlor allen Kontakt mit deutschsprechenden Personen. Ich glaube, dass mir das half, Englisch wunderbar relativ schnell zu lernen. (…)*

Frage: Du sprachst über einige Reaktionen von Zuhörern deiner Vorträge. Was waren die bemerkenswertesten Rückmeldungen, entweder von Gruppen oder einzelnen Zuhörern?

BG: *Ich hatte vor einiger Zeit eine Gruppe von Studenten und Lehrern aus Cambridge. Sie nahmen ein Foto auf und schickten mir dies, verbunden mit einem kurzen Dankesschreiben dafür, dass ich zu ihnen geredet hatte. Diese Art der Reaktion gefiel mir sehr gut. - Praktisch immer, wenn ich einen Vortrag gehalten habe, war die Reaktion der Leute so, dass sie ernsthaft versicherten, dass es lohnenswert war, die Zeit zum Zuhören aufgebracht zu haben. Selbstverständlich helfen solche positive Reaktionen vielen anderen Sprechern und mir. Wenn man davon ausgehen kann, ein günstiges Echo zu bekommen, denkt man, dass es die Sache wert ist.*

Frage: Wie sollte deiner Meinung nach die Holocaust-Erziehung in der Zukunft aussehen, wenn Überlebende wie du selbst nicht mehr in der Lage sein werden, ihre Erfahrungen zu teilen?

BG: *Nun, ich hoffe, dass die nächste Generation jüdischer Menschen auf der ganzen Welt sich immer an die Schoa erinnern wird, denn alle Juden schulden es den so brutal ermordeten sechs Millionen jüdischen Menschen. In diesem Zusammenhang: Beth Shalom ist einer der nur sehr wenigen Orte, die Erziehungs- und Erinnerungsarbeit leisten. Durch die Ausstellung hilft Beth Shalom in großartiger Weise, dass der Holocaust niemals vergessen wird.* [413] *(…)*

Frage: Was glaubst du, haben die Menschen gelernt, als die Gräueltaten in den Konzentrationslagern bekannt wurden, was haben die Generationen nach dem Krieg – wenn überhaupt – über den Holocaust gewusst?[414]

BG: *Bis Informationen über die Schoa in den letzten paar Jahren häufiger veröffentlicht wurden, gab es nur sehr geringe Aufmerksamkeit für den Holocaust und nur sehr wenige Menschen wussten wirklich was geschah, bis insbesondere Beth Shalom die Mühen auf sich nahm, die Menschen für die Naziverbrechen zu interessieren und aus den Verbrechen zu lernen. Allerdings wurde, glaube ich, in diesem Jahr zum dritten Mal der Holocaustgedenktag begangen. Aber, wie ich schon sagte, ich glaube nicht, dass es bis zu dem Aufbau von Beth Shalom (…) in England eine Ausstellung dieser Art gab. Und so meine ich, wurde über die Schoa weder in den Schulen unterrichtet, noch wurden die Morde in den Vernichtungslagern in den Geschichtsbüchern erwähnt. Aber ich weiß es nicht genau, ich kann es nicht genau sagen. Aber ich bezweifle, dass es das gab. Aber das Interesse kam vielleicht vor dem Holocaustgedenktag und auf diese Weise begannen die Menschen, ihre Augen und Ohren zu öffnen. Dann waren sie sehr überrascht zu hören, was wirklich geschah. Dies, obgleich wir nach dem Krieg Fernsehfilme sehen konnten. Ich erinnere mich, einen Film über die Befreiung des Konzentrationslagers Bergen-Belsen durch britische Truppen gesehen zu haben. Das war sehr emotional, würde ich sagen, für jeden Zuschauer. Der Film zeigte die Grausamkeiten, die dort begangen wurden.*

Aber für mich am traurigsten ist, dass die Welt als ganze nichts aus der Geschichte gelernt hat. Noch trauriger ist, daran zu denken, was die Opfer

des Naziterrors durchmachen mussten. Obwohl sie um ihr Leben kämpften, waren nur wenige erfolgreich dabei. Das ist offensichtlich eine traurige
Sache.

Erinnerung an Bernhards Familie im Rosengarten von Beth Shalom.
Foto von Leonie Edgell übermittelt.

*Holocaust-Erziehung und -Bildung kamen in breiteren Bevölkerungs-
schichten an, als der Holocaustgedenktag abgehalten wurde und immer
mehr Städte und Gemeinden diesen Tag bekannter machten, ihn unter-
stützten und sich daran beteiligten. Und ich muss sagen, dass besonders
meine Heimatstadt Derby eine der hervorzuhebenden Städte ist, die in
großartiger Weise den Holocaustgedenktag begehen. Es finden Filmvor-
führungen und Vortragsveranstaltungen statt. Ich denke, dass Derby
große Anstrengungen unternimmt, die Schoa bekannt zu machen und die
Menschen darauf aufmerksam zu machen, was geschah.*

*Ich weiß, dass es heute Leute gibt, die entweder sagen: Darüber wird
viel zu viel geredet oder vielleicht sogar sagen, es hätte nicht stattgefunden.
Man sollte diesen Menschen die Gelegenheit geben, ein oder zwei Überlebende zu treffen und deren Geschichte zu hören, ich denke, sie könnten
überzeugt werden, dass wir nicht über heiße Luft reden.*

Frage: Denkst du, dass Menschen, die heute das Bildungssystem
durchlaufen, die Geschichte des Holocaust effektiver lernen als es bei
ihren Vorgängern der Fall war? Und wenn es so wäre, was trägt deiner
Meinung nach dazu bei?

BG: *Dazu kann ich nichts sagen, denn ich habe damit keine persönlichen Erfahrungen. Aber das kann ich sagen: Wenn darüber in den Schulen
gesprochen wird, dann wird hoffentlich viel von dem in ihrem Bewusstsein
bleiben, im Bewusstsein der Kinder, und vielleicht – falls sie mit ihren Eltern reden oder die Eltern mit ihren Kindern – auch bei den Eltern. Weil
ich meine, dass die Zeit näher kommt, in der Überlebende nicht länger
unter uns leben. Die jüngsten von ihnen sind wahrscheinlich (2004,
ap/fwp) zwischen sechzig und siebzig Jahren alt. Also ist es nur noch eine
kurze Lebensspanne für Überlebende. Ob das einen guten Einfluss auf
Schulen haben wird, kann ich nicht sagen, ich hab da keine persönlichen
Erfahrungen, wie ich schon sagte. Aber offensichtlich ist es wichtig, dass*

Kinder etwas über diese Geschichte lernen und es auch behalten. Natürlich sind Bücher eine weitere Möglichkeit. In letzter Zeit sind viele Bücher mit Erfahrungsberichten von einzelnen Menschen oder Gruppen von Menschen herausgekommen.

Frage: Survival.[415]

BG: *Survival, das durch Beth Shalom angeregt wurde. Ich meine, das müsste offensichtlich einigen erzieherischen Nutzen für die Leserinnen und Leser haben. Es muss bekräftigt werden, dass das wahre Geschichten sind, denn niemandem ist es möglich, solche Geschichten zu schreiben, wenn die Person es nicht selbst durchgemacht hat.*

Frage: Um zu einigen jüngeren Ereignissen zu kommen (und Ereignissen, die nach dem Krieg stattgefunden haben), was glaubst du, kann Holocaust-Erziehung zu unserem Verständnis zu Völkermorden wie in Bosnien[416], Ruanda[417] oder möglicherweise solchen Orten in der Zukunft beitragen?

BG: *Das Einzige, das ich über solche Ereignisse und über Bildung in den Schulen und besonders in Universitäten sagen kann, dass diese eine möglichst große Wirkung haben sollten, damit solche ähnlichen Verbrechen nicht wieder geschehen. Aber, wie ich schon zuvor sagte, ist unglücklicherweise eine meiner größten Enttäuschungen, dass die Welt nichts aus den schrecklichen Verbrechen im Holocaust oder dem Völkermord in anderen Ländern gelernt hat. Das ist eine Schande. Aber ob Erziehung und Bildung das ändern können – ich weiß es nicht. Ich habe einige Zweifel daran, weil immer, wenn jemand in Gegnerschaft zu irgendjemand anderem steht, kann er in genau der gleichen Weise enden. (...)*

Frage: Sollte deiner Meinung nach des Holocaust öffentlich gedacht werden und wie wichtig würdest du öffentliches Holocaust-Gedenken finden?

BG: *Ich denke, die wichtigste Sache ist im Moment der Holocaustgedenktag und dass dieser gut aufgenommen wird. Was noch zu tun ist –*

wie ich vorhin bemerkte – junge Menschen, Jugendliche zu bilden, zu versuchen, ihnen Verständnis dafür zu vermitteln, was wirklich geschah. Ich weiß nicht, was sonst noch getan werden könnte. Ich meine, die ganze Bevölkerung ist dafür verantwortlich, die Erinnerung lebendig zu erhalten - oder eben nicht.

Um das mit einem Beispiel zu unterstreichen: In vielen Orten in Deutschland herrscht eine Stimmung des ‚Genug ist genug!‘ vor, während in der Stadt, in der ich geboren wurde, der entgegengesetzte Weg gewählt wurde: sie können bei dem Versuch, die Erinnerung wachzuhalten, kaum mehr tun. Wie du siehst, sind die Ansätze sehr unterschiedlich und davon hängt es ab, wie es weiter geht. Wir wissen, dass an die Kriegsjahre mehr oder weniger immer erinnert wurde, bis zu einem gewissen Grad im Rampenlicht gehalten wurden. Ich würde hoffen, dass der Holocaust und der Völkermord mit der Zeit durch Denkmäler und ebenso durch möglichst viele Gespräche am Leben erhalten werden.

Frage: Wie, denkst du, können Erinnerungszentren den besten Beitrag zum Prozess des gemeinsamen öffentlichen Erinnerns leisten?

BG: *Ich würde zunächst sagen, dass Beth Shalom vielleicht das beste Beispiel dafür ist, Menschen einzuladen und ihnen zu ermöglichen, zu hören und zu sehen, was während der Periode geschah. Ausstellungen generell könnten helfen. Kürzlich gab es hier in Derby die Anne-Frank-Ausstellung. Es gab einen enormen Publikumsandrang. Und Dinge dieser Art können offensichtlich helfen. Selbstverständlich ist Anne Frank auf der anderen Seite eine von wenigen Personen, die sichtbar machen kann, was geschah. Praktisch jeder kennt Anne Frank. Als die Ausstellung in Derby war, haben ohne Zweifel viele Leute gelesen oder auf Bildern gesehen, was geschah. Aber Ausstellungen und Gesprächsrunden sind, so meine ich, zukünftig dadurch begrenzt, dass mit der Zeit immer weniger Überlebende übrig bleiben. Und ich weiß, dass einige von ihnen einfach nicht darüber reden wollen, weil dadurch die Erinnerungen wieder wach werden. Also, ich kann auf nichts anderes hinweisen, als ich bisher erwähnt habe, um die Erinnerung am Leben zu erhalten und um Menschen zu bilden. Was ich aber in diesem Zusammenhang ausdrücken möchte, ist meine Hoffnung, dass die nächste Generation der Familie Smith in der Lage sein wird, Beth Shalom weiterzutragen, weil das eine der wichtigsten Sachen ist, um die Erinnerung aufrecht zu erhalten. Es gibt das Imperial War Museum in London und ich glaube in Manchester. Zu diesen Orten kann das Publikum gehen. Und das ist ein Schritt in die richtige Richtung. (…)*

Frage: Ich denke, wir haben eine Menge besprochen. Gibt es noch irgendetwas, was du hinsichtlich Bildung oder Erinnerungskultur erwähnen möchtest, was wir noch nicht angesprochen haben?

BG: *Was die Art der Bildung angeht, kann ich als Überlebender nur sagen, dass ich es für meine Verpflichtung halte, alles im Sinne von Beth Shalom zu unterstützen, Beth Shalom insbesondere. Aber ebenso: ich bin in den letzten zwölf oder vierzehn Jahren nach Deutschland zurückgegangen, in die Stadt, in der ich geboren wurde – ich will sie nicht meine Heimatstadt nennen, weil mir das genommen wurde –, die Stadt, in der ich geboren wurde. Dort habe ich eine wirklich gute Aufnahme erlebt. Und ich machte es mir mehr oder weniger zur Pflicht, in Schulen zu sprechen. Ich hatte das Gefühl, ich müsste sie unterstützen.*[418]

BG geht dann zustimmend auf die Erinnerungskultur in Lingen (Ems) ein. *Wenn du so etwas in einer kleinen deutschen Stadt erlebst und du das Gefühl hast, es wird von der gegenwärtigen Bevölkerung ziemlich stark unterstützt, und du weißt, dass keine einzige jüdische Person mehr in der Stadt lebt – warum sollten sie sich so bemühen? Aber sie tun es! Und solche Art von Entscheidungen sind etwas, was der Erinnerungserziehung helfen kann. Ich war da bei der Gedenkfeier zum 9. November, die sie jedes Jahr begehen,*[419] *und die Menge an Personen, die daran teilnahm, war wirklich überraschend. Daher kann ich mit guten Gefühlen immer wieder dahin zurückkehren. Es bringt schlechte Erinnerungen, aber genauso auch gute Gefühle. - Ich wurde gefragt: „Wie kannst du dahin gehen, wenn du weißt, was dort geschah?" Ich denke so: du kannst die Kinder nicht dafür verantwortlich machen, was ihre Eltern in dieser Zeit vielleicht getan haben. Menschen, mit denen ich jetzt in Kontakt kam, mich mit ihnen anfreundete, sie sich mit mir anfreundeten, waren entweder im Krieg oder kurz nach dem Krieg geboren worden. Daher konnten sie nichts mit den Kriegsgräueln zu tun haben. Es ist ein Fakt, dass sie sozusagen die nächste Generation sind, die sich bemüht, die Geschichte lebendig zu erhalten, um die Menschen zu bilden, damit die Menschen sich an die Nazizeit erinnern.*

Ich wurde gefragt: „Warum machen sie das? Wollen sie etwas zurückzahlen?" Das denke ich jedoch nicht. Ich denke nicht, dass sie es machen, um mich zu beeindrucken. Ich glaube, sie machen es, weil sie es tun wollen und ehrlich sagen: "Ja, wir müssen es tun." Darauf deutet alles hin.

Das Rathaus ist sehr an allen diesen Anstrengungen beteiligt. Es ist etwas schade, dass die kommunalen Autoritäten, dass die Rathäuser hier[420] zu wenig Anstrengungen in diese Richtung unternehmen. Täten sie mehr, würde es sicher helfen. Aber natürlich kenne ich nicht alle Städte. Ich glaube, dass es viele Orte gibt, an denen der Holocaustgedenktag begangen wird, aber oft ist es so, dass nur die jüdische Gemeinschaft daran teilnimmt, wenn diese auch in Großstädten groß genug ist, um eine eigene Veranstaltung durchzuführen. Aber natürlich hilft jede noch so kleine Erinnerungsarbeit dabei, Menschen zu bilden.[421]

An anderer Stelle betonte BG: *Immer, wenn ich in Lingen war, wurde ich in verschiedene Schulen eingeladen. Dort habe ich über mein Leben in den 1930er Jahren gesprochen. Man sollte meinen, dass die Schülerinnen und Schüler – im frühen Teenageralter – unruhig wären. Keineswegs, sie zeigten großes Interesse, sie haben intensiv zugehört. Ich persönlich finde das sehr wichtig, denn es gibt ihnen eine Vorstellung davon, was wirklich passiert ist. Ich fühle mich verpflichtet, alle Anstrengungen zur Erinnerung zu unterstützen, zu berichten, was wirklich geschah, besonders in Lingen.*[422]

In einem Vortrag vor Studierenden und Lehrenden der Universität Derby anlässlich des Holocaustgedenktages 2017 - er war 95 Jahre alt - machte Bernhard deutlich, dass er und jede(r) einzelne Schoa–Überlebende, jeder einzelne von den Nazis ermordete Mensch viel wichtiger ist als die Verbrecher. Nach einem kurzen Blick auf die Verbrechen der Nazis sagte er: *Kommen wir zu meinem Leben zurück, das ist viel interessanter als Hitler.*[423] Diesen Vortrag schloss Bernhard durchaus selbstbewusst mit einem Bekenntnis: *Meine wichtigste Hauptarbeit, die ich jetzt tue, ist über den Holocaust zu sprechen, über meine eigenen Erfahrungen, ohne in die Details zu gehen und zu viel über die Grausamkeiten zu reden, die passiert sind.* Verpflichtet fühlte er sich: *Weil, ich bin am Leben, ich durfte leben. Leute sagen oft zu mir, oh, du hattest ein schrecklich hartes Leben. Ich sage dann: Sechs Millionen wurden ermordet, hatten nicht die Chance zu leben, und ich lebe. - Leute sagen, es ist Zeit zu vergeben und zu vergessen. Dann sage ich: Das wird niemals passieren, wenn es nach mir geht. Das ist der Grund, dass ich allen, die zuhören wollen, davon erzähle.*[424]

Beth Shalom schätzte Bernhard Grünbergs Zeitzeugenbeiträge sehr: „Besonders starken Nachhall haben Bernards Berichte bei jüngeren Kindern, da ja Bernard auch erst 15 Jahre alt war, als er nach England gekommen ist. Wir fragen nach den Besuchen von Schulklassen auch nach, wie sie das Gespräch mit den Zeitzeugen bewerten - und alle Lehrer sagen uns, dass die Aussagen von Zeitzeugen aus erster Hand für sie besonders wichtig waren. Die meisten Menschen empfinden es als Privileg, ihm zuhören zu dürfen."[425]

Leonie Edgell, die mit BG befreundet war und ihn wie andere Zeitzeugen in Beth Shalom betreut hatte, schrieb uns in einer E-Mail: „Bernhards Vorträge wurden immer gut aufgenommen. Eine Dame schickte ihm immer Weihnachtskarten, nachdem sie seine Geschichte gehört und ihn danach getroffen hatte. Sie blieb immer in Kontakt mit mir, um zu erfahren, wie es ihm ging. Sie war ziemlich bestürzt, als ich ihr sagen musste, dass er gestorben war. - Eines Sonntags sprach mich ein Herr mit Tränen in den Augen an. Es stellte sich heraus, dass Bernhard irgendwann in der Vergangenheit für ihn gearbeitet hatte. Er kannte ihn als den Mann, der alles reparieren konnte. Er hatte keine Ahnung von seiner Vorgeschichte und die Geschichte bewegte ihn sehr. Ich behielt seine Daten, so dass ich ihm sagen konnte, dass Bernhard gestorben war. Im Hinblick auf die Schulgruppen erhielt Bernhard viele Dankesbriefe. Er hat sie immer aufbewahrt."[426]

Von solchen Dankesbriefen berichtete uns auch Karen van Coevorden, die als pädagogische Leiterin in Beth Shalom tätig und ebenfalls mit BG befreundet war. „Alle, die Bernard zuhörten, waren berührt und viele begriffen es als Privileg, ihn getroffen zu haben. Ich möchte niemanden falsch zitieren, daher habe ich einige Kommentare hinzugefügt aus Briefen von Kindern an Bernard, die ihn als Zeitzeugen hatten sprechen hören, und von denen er mir Kopien gegeben hatte:

‚Ich habe eine Menge von Ihnen gelernt. Ich verstehe nun, dass Mobbing falsch ist. So werde ich es niemals machen und ich werde andere daran hindern'.

‚Durch Sie habe ich realisiert, welches Glück ich habe. Es war unfassbar traurig, als Sie sagten, dass Ihre Familie starb, aber Sie können sich anhand Ihrer wertvollen Fotos noch an sie erinnern'.

‚Ich fand die Geschichte, die Sie uns erzählten, so emotional und auch gleichzeitig interessant. (...) Ich denke, Sie sind ein besonderer Mann und es war traurig zu hören, dass Ihre Familie starb und Sie der

Einzige sind, der übrig geblieben ist'.

,Ich dachte, dass Ihre Geschichte herzzerreißend ist. Den meisten von uns kamen die Tränen. Ich denke, Sie sind mutig, Ihre Geschichte mit der 6. Klasse zu teilen'.

,Sie zu treffen wird immer eine der ganz besonderen Erinnerungen in meinem Leben bleiben. Ich werde niemals vergessen, was Sie gesagt haben (...). Ich möchte, dass Sie wissen, dass Sie, Ihr Leben und Ihre Geschichte die Welt zu einem besseren Ort machen werden.' "[427]

Dank seiner wachen geistigen Verfassung bis in sein hohes Lebensalter konnte Bernhard Grünberg Vorträge in Beth Shalom halten. Zum letzten Mal sprach er dort im November 2019 im Alter von 96 Jahren als Zeitzeuge. In Begleitung eines ihn betreuenden Ehepaares besuchte er zum Holocaust Memorial Day am 27. Januar 2020 Beth Shalom noch einmal.

Wir beenden dieses Kapitel mit einem Gedicht von Erich Fried.

Die Unwissenden

Es heißt
die von nichts
gewußt hatten
waren naiv

Im Gegenteil:
Es war damals
sehr praktisch
von nichts zu wissen

Und später dann
war es weise
von gar nichts
gewußt zu haben

Nur Dummköpfe
oder Narren
versuchten
alles zu wissen

Und die Suche
nach Wissen
brachte viele von ihnen
ums Leben

Drum fehlen uns jetzt
diese Dummköpfe
und diese Narren
so bitter

Aus: Fried, Erich - Am Rand unserer Lebenszeit. Gedichte.
© 1987, 1996, 2000 Verlag Klaus Wagenbach, Berlin.
Mit freundlicher Genehmigung von Wagenbach Verlag

[404] Telefongespräch BG- ap am 5. Oktober 2020 (GRÜNBERG-INTERVIEW)

[405] Meppener Tagespost v. 10.06.2014 (ZEITUNG)

[406] vgl. Spiegel (LIT); die Rettung wurde sehr sehenswert unter dem Titel „Unter Bauern" verfilmt.

[407] vgl. Dreifuss (LIT)

[408] Prenger, Naziterror (LIT)

[409] vgl. Friedlander (LIT), der den Modellcharakter der „Euthanasie"-Morde für die Schoa nachzeichnet.

[410] GB Interview zur Zeitzeugenarbeit (GRÜNBERG- LIT); i.f. zit. als Beth-Shalom-Interview

[411] Die Familie Smith hat Beth Shalom gegründet, vgl. https://www.holocaust.org.uk/our-history, dl 9.02.2021.

[412] „Kindertransport" im Original auf Deutsch

[413] BG verweist hier auf die Ausstellung „The Journey" in Beth Shalom, in der beeindruckende Exponate zum Kindertransport zu sehen sind.

[414] Hier ist die Rede von der Situation in Großbritannien.

[415] vgl. BG 2003, 2009 (GRÜNBERG-LIT), Feldman (LIT)

[416] Nach der Auflösung des Vielvölkerstaates Jugoslawien kam es zwischen einigen Nachfolgestaaten, vor allem zwischen Serbien und Kroatien, zum Krieg. In Bosnien leben u.a. Bosniaken (Muslime), Serben und Kroaten. Auch zwischen diesen Gruppen kam es 1992 bis 1995 zum „Bosnienkrieg". Serbische Einheiten verübten vom 11. bis zum 19. Juli 1995 das „Massaker von Srebrenica". Mehr als 8000 Bosniaken – fast ausschließlich Männer und Jungen zwischen 13 und 78 Jahren – wurden ermordet.

[417] Am 7. April wird weltweit des Völkermordes in Ruanda gedacht, der sich in rund 100 Tagen zwischen April und Mitte Juli 1994 ereignete. Angehörige der Bevölkerungsmehrheit der Hutu töteten in dieser Zeit mehr als 800.000 Menschen, überwiegend aus der Bevölkerungsminderheit der Tutsi. Aber auch gemäßigte und oppositionelle Hutu sowie Angehörige der sehr kleinen Bevölkerungsgruppe der Twa wurden getötet. Zudem wurden in dieser Zeit schätzungsweise zwischen 150.000 und 250.000 Frauen vergewaltigt.

[418] Beth-Shalom-Interview

[419]Alljährlich wird am 9.11. in Lingen (Ems) vom Forum Juden-Christen Altkreis Lingen e.V. und der Stadt Lingen eine gemeinsame Feier zum Gedenken an die Novemberpogrome ausgerichtet.

[420]Gemeint ist die Situation in Großbritannien.

[421]Beth-Shalom-Interview

[422](SCHOA- INT), i.f. Schoa-Interview

[423]University of Derby: BG, Holocaust Survivor (GRÜNBERG-INTERNET)

[424]Bernhard – Universität Derby; Der hier zitierte Vortrag kann im Internet gesehen und in englischer Sprache gehört werden. www.youtube.com/watch?v=6xjZJcwCZtE

[425]James Griffith, Leiter der Bildungsarbeit von Beth Shalom, im Interview mit Carsten van Bevern, LT v.24.01.2015, S.18 (ZEITUNG)

[426]E-Mail Leonie Edgell-ap. v.23.02.2021; Übersetzung Esther Prenger

[427]E-Mail Karen van Coevorden-ap v. 20.02. 2021; Übersetzung Esther Prenger

Hohes Alter und Tod

Mein Wunsch ist es, auf dem Jüdischen Friedhof in Lingen beerdigt zu werden, weil das unter normalen Umständen meine letzte Ruhestätte gewesen wäre. Es wäre auch die Ruhestätte der Familie gewesen. - Die Entscheidung habe ich auch getroffen, weil ich möchte, dass der Name „Grünberg" auf dem jüdischen Friedhof in Lingen vertreten ist, dass der Name weiterlebt.

Wenn Bernhard Grünberg in Lingen war,
besuchte er immer den Gedenkstein für seine Eltern und seine Schwester.
Foto: © Anne-Dore Jakob, mit freundlicher Genehmigung

„Bernhard war in seinen letzten Lebensjahren nicht einsam. Er freute sich besonders darüber, dass es zwischen seinen Freunden in England und Lingen ein gutes Einvernehmen gab."[428] Zeit seines Lebens war er zu Recht stolz darauf, was er aus eigener Kraft geschafft hatte. Lange Zeit konnte er sich noch selbst versorgen und seine Mahlzeiten selbst zubereiten. Er liebte es noch im hohen Alter, seinen Gästen ein typisches englisches Frühstück mit Speck, gebackenen Bohnen und Spiegelei oder auch ein schmackhaftes Mittagessen zu servieren. Wenn er sich dafür fit genug fühlte, begab sich Bernhard – gestützt auf seinen Rollator – noch im Jahre 2018 zu einem nahegelegenen kleinen Supermarkt. Dieser lieferte ihm die ausgewählten Lebensmittel nach Hause.

Mit zunehmendem Alter stellten sich bei Bernhard Grünberg jedoch vermehrt Erkrankungen und Beschwerlichkeiten ein. Neben Seh- und Hörproblemen bereitete ihm ein inoperabler Leistenbruch Schmerzen. Daher benötigte er auch tagsüber zunehmend Ruhezeiten. *Meine Füße wollen mich nicht mehr tragen.*[429]

Als es ihm daher – zu seinem Unwillen – nicht mehr möglich war, sich selbst zu versorgen, erhielt er von einer jüdischen Organisation Unterstützung. „Die Association of Jewish Refugees (AJR) stellt soziale Dienstleistungen für Holocaustflüchtlinge und Überlebende in ganz Großbritannien bereit."[430] Die AJR wurde 1941 von Überlebenden der Schoa gegründet. Zunächst richtete sich das Angebot an die von Großbritannien aufgenommenen 70.000 Überlebenden der Schoa – darunter den „Kindern", heute richtet sich das Angebot bei Bedarf auch an die 2. und die 3. Generation.

Dass BG die Hilfe der AJR annahm, ist auch dem Einfluss von Elisabeth Spanier zu verdanken, die ihn neunmal in Derby besuchte. Sie sprach mit ihm immer Englisch. „Mitte des Jahres 2015 gab es Handlungsbedarf. Es ist mir damals ganz gut gelungen, ein Netzwerk von Menschen in England und in Lingen zu knüpfen, die sich um Bernhard kümmerten, in dem sie einerseits mit ihm Kontakt hielten und sich andererseits untereinander über seine Belange austauschten. Dazu gehörten außer mir von Anfang an Leonie Edgell und Karen van Coevorden von Beth Shalom, Atze Storm mit seinen guten Verbindungen zur Stadt-verwaltung Lingen, später Marilyn Thomas vom AJR und in den letzten Wochen in Bernhards Leben auch Linda."[431] Mit einem Rufsystem sollte Bernhard in Notfällen Hilfe rufen können.

Die letztgenannte Linda Deane und ihr Ehemann Barry versorgten Bernhard zu seiner großen Zufriedenheit, zu der auch der Kontakt zu den Kindern des Ehepaares beitrug. *Ich existiere noch, aber ich lebe nicht mehr wirklich. - Viele Leute würden sagen, es sei schön, wenn man so alt werden könne. Aber es ist doch sehr anstrengend, alt zu sein. Ich kann nur noch sehr wenig selbst erledigen. Manchmal komme ich nicht allein aus dem Bett. Heute musste ich Linda und ihren Mann anrufen, damit sie mir zu trinken und zu essen geben würden. Danach konnte ich aufstehen.* Mehrmals betonte Bernhard, dass er ohne Linda und ihre Familie nicht mehr leben würde. *Diese Helfer sind meine zweiten Eltern.*[432]

Weil er nicht mehr reisefähig war, besuchte ihn eine Delegation des Forum Juden-Christen Altkreis Lingen e.V. und der Stadt Lingen zu sei-nem 96. Geburtstag in Derby.

Geburtstagsbesuch 2019. v.l.n.r. Michael Fuest, Stellv. Vorsitzender des Forum Juden-Christen, Bernhard Grünberg, Angela Prenger und Elisabeth Spanier.
Foto: © Alfred „Atze" Storm

Da sein 97. Geburtstag in die Zeit der Covid-19-Pandemie fiel, konnte zum beiderseitigen Leidwesen der bereits vorbereitete Besuch nicht mehr stattfinden. Lange Zeit wütete die Pandemie in England in besonderer Weise, bis zum Januar 2021 starben in Wales und England über 600.000 Menschen an oder mit dem Virus.

Eine Reise nach England wurde faktisch unmöglich. Wie wir mehrfach berichteten, konnten wir jedoch bis Mitte November 2020 noch häufig mit Bernhard Grünberg telefonieren und bis Anfang Dezember 2020 Briefkontakt halten.

Sein körperlicher Zustand aber verschlechterte sich zusehends. Zum wiederholten Male stürzte er Ende November 2020 in seinem Haus zu Boden. Er konnte sich nicht mehr selbst aus seiner misslichen Lage befreien und holte sich über das Notrufsystem Hilfe. Wegen einer leichten Kopfverletzung – die ihn nicht daran hinderte, mit den Rettungssanitätern zu scherzen - wurde er in ein Krankenhaus, das Royal Derby Hospital, eingeliefert. Nach seiner Genesung sollte sich eine Reha-Kur anschließen. Bernhard erkrankte aber an einer Lungenentzündung, weshalb eine weitere Krankenhausbehandlung erforderlich wurde. Diese überstand er und wurde zur weiteren Erholung in ein Pflegeheim in Derby überwiesen. Wegen der grassierenden Covid-Pandemie musste Bernhard stundenlang auf einen Krankenwagen für den Transport warten.

Im Pflegeheim wurde bei ihm eine Ansteckung mit dem Covid-19-Virus festgestellt. Bernhard wurde deshalb in ein anderes Pflegeheim, das Perth House in Derby verlegt, das eine bessere Behandlung von Covid-Patienten ermöglichen sollte. Während der Krankenhaus- und Pflegeheimaufenthalte ab dem 29. November 2020 gab es keinen direkten Kontakt mit Bernhard Grünberg mehr. Besuche im Krankenhaus waren wegen der Pandemie nicht erlaubt. Auch eine telefonische Verbindung mit ihm war nicht möglich.

Elisabeth Spanier, die sich unter diesen schwierigen Bedingungen um Informationen bemühte, berichtete: „Am 8. Januar 2021 rief mich Marilyn Thomas an, um mich über Bernhards Covid-Erkrankung zu informieren. Es ging ihm zu dieser Zeit schon sehr schlecht, es war die Rede von ‚end of life.' - Am nächsten Tag schrieb Linda, Bernhards Zustand sei nach Auskunft des Heims unverändert, er öffne manchmal die Augen. Am 16. Januar versuchte ich wieder, jemanden im Perth House zu erreichen. Als das nicht gelang, sprach ich eine Nachricht für Bernhard auf den Anrufbeantworter. Das teilte ich Marilyn mit. Um 15 Uhr schrieb Marilyn ‚Bernard continues to be end of life'. Das Heim versicherte Marilyn, dass er keine Schmerzen spüre. Er erhalte keine antiviralen Medikamente mehr. Er schlafe die meiste Zeit und nehme keine Nahrung und keine Flüssigkeit mehr zu sich. Marilyn teilte weiter mit ‚I have told them to speak to him and tell him, that his friends in Lingen and myself are thinking of him.' " [433]

Wir hoffen sehr, dass diese Grüße noch in Bernhard Grünbergs Bewusstsein gedrungen sind. Die Vorstellung, dass er auch im Sterben wiederum ganz allein war, ist schwer zu ertragen. Wie hatte er doch im Brief an Angelika und Josef Möddel geschrieben? *Ich habe auch von Ruth Grünberg gehört, dass Ihr Vater Louis Grünberg schwer krank ist und in Lebensgefahr. Louis ist ca. ein Jahr älter als ich. Ich hoffe nur, dass er nicht zu viel leiden muss. The meisten überlebende Juden von der Nazizeit haben doch sicherlich genügend mit durchgemacht und verdienen, wenn die Zeit kommt, ein schnelles und schmerzloses Ende.*[434]

Bernhard Grünberg starb am Nachmittag des 16. Januar 2021. Erst fast drei Monate nach seinem Tod konnte er am Donnerstag, dem 8. April 2021, seinem Wunsch entsprechend, auf dem jüdischen Friedhof in Lingen beigesetzt werden.

Er fand seine letzte Ruhestätte am Gedenkstein für seine Eltern und seine Schwester. Ihm war wichtig, bei dem Gedenkstein für seine Familie beerdigt zu werden, nicht wegen seiner Herkunft aus Lingen. *Ich möchte bei meinen Eltern begraben sein.*[435]

Daran, dass sein letzter Wunsch in Erfüllung ging, haben viele Menschen mitgewirkt, vor allem sein Freund Atze Storm sowie die jüdische Gemeinde Osnabrück mit ihrem Vorsitzenden Michael Grünberg, Rabbiner Shimi Lang und Kantor Baruch Chauskin, die die Trauerzeremonie würdevoll vollzogen. Wegen der nach wie vor herrschenden Corona-Pandemie durften nur etwa 60 Trauergäste teilnehmen. Viel mehr Menschen hätten Bernhard Grünberg gern die letzte Ehre erwiesen.

Oberbürgermeister Dieter Krone erinnerte in seiner Ansprache: „Aufgrund der Corona-Erkrankung von Bernhard Grünberg, aber auch aufgrund des Brexit und damit verbundenen hohen bürokratischen Auflagen hat sich die Überführung seiner sterblichen Überreste sehr lange hingezogen.

Der Lingener Oberbürgermeister Dieter Krone
würdigte Bernhard Grünberg.
Foto: © LT (Thomas Pertz),
mit freundlicher Genehmigung

Heute dürfen wir ihn gemeinsam auf seiner letzten Wegstrecke begleiten, um ihm damit unsere tiefe Ehrerbietung zu erbringen. Das hohe Alter von 97 Jahren beschreibt nicht nur einen langen, sondern vor allem auch einen sehr beschwerlichen Lebensweg." Mahnend fügte Krone hinzu: „Lassen Sie uns diese vielen Erinnerungen an ihn wachhalten und weitertragen. Möge sein Tod ein Vermächtnis sein, uns auch in Zukunft aktiv gegen Antisemitismus, Rassenwahn und Fremdenfeindlichkeit einzusetzen und dafür zu sorgen, dass sich solch schreckliche Ereignisse, die unser menschliches Vorstellungsvermögen übersteigen, niemals wiederholen." [436]

Gernot Wilke-Ewert, Vorsitzender des Forums, dankte ap zu Beginn seiner Rede für Zitate, die aus Telefongesprächen mit Bernhard Grünberg stammen und die er in seine Trauerrede einflocht. Wilke-Ewert wörtlich: „Lingen war für Bernhard Grünberg seine Heimat, die ihm genommen wurde. Über die Umschichtungseinrichtung in Berlin konnte er als einer von 10.000 Kindern nach England gerettet werden. In Derby fand er ein neues Zuhause mit seiner Frau Daisy, die vor 20 Jahren verstarb. *Ich kann mich nicht beklagen. Ich wurde hier in England von vielen freundlich aufgenommen. Niemand hat sich mir gegenüber feindlich gezeigt. Das war mein Leben. Ich hatte auch ganz viel Glück.*'"

Wilke-Ewert weiter: „Für mich prägend ist die innere Einstellung, wie Bernhard Grünberg selbst mit seinem Schicksal umgegangen ist. Seine Würde wurde ihm nicht nur durch die Nationalsozialisten abgesprochen. Mitschüler haben ihn über die Maßen in der Schule und auf dem Schulweg geärgert und auch verprügelt. Er hat alles Unrecht und Leid nicht vergeben und vergessen. Die Würde des Menschen ist antastbar.- Aber Bernhard hat auch ganz vielen Schulklassen in England und hier in Lingen von seinem Leben erzählt, damit sie es besser machen können. Bernhard hat die Einladungen nach Lingen angenommen, seine Geburtstage hier gerne gefeiert und sich sehr über die Besuche aus

Lingen gefreut. Er hat für den Gedenkort Jüdische Schule ein Eisentor gefertigt, seine Erinnerungstücke uns hinterlassen. Und schließlich entschieden, hier beerdigt zu werden.

Gernot Wilke-Ewert, Vorsitzender des Forum Juden-Christen Altkreis Lingen e.V., erinnerte an Bernhard Grünberg. Foto: fwp

,Das Leben musste ja weitergehen. Meine Trauer musste ich mit mir alleine ausmachen. Ich wollte kein falsches Mitleid. Am Tag hatte ich meine Arbeit, am Abend, wenn ich alleine war, flossen die Tränen. Ich trauerte, ich hatte alles verloren, meine Eltern, meine Schwester, unsern Besitz, meine schulische Ausbildung.'- Menschenwürde zeigt sich in Gesten, wie die Benennung einer Straße nach ihm und dass er Ehrenbürger wurde. Diese Würdigungen sind bei ihm angekommen. Würde ist nicht selbstverständlich, sie kann durch Menschen gelebt werden, die Leid und Freude empathisch teilen und im Leben Haltung zeigen. – ,Aber man kann nur mit Hoffnung leben. Ich habe versucht, aus allem Bösen etwas Gutes zu ziehen. Dann kann man noch etwas aus seinem Leben machen. Es gibt im Leben gute Tage und schlechte Tage!' (Er lacht)."[437]

Wir beenden das Kapitel mit einem Gedicht von Mascha Kaléko.

Mascha Kaléko
Memento

Vor meinem eignen Tod ist mir nicht bang,
Nur vor dem Tode derer, die mir nah sind.
Wie soll ich leben, wenn sie nicht mehr da sind?

Allein im Nebel tast ich todentlang
und laß mich willig in das Dunkel treiben.
Das Gehen schmerzt nicht halb so wie das Bleiben.

Der weiß es wohl, dem gleiches widerfuhr;
 - Und die es trugen, mögen mir vergeben.
Bedenkt: den eignen Tod, den stirbt man nur,
Doch mit dem Tod der andern muß man leben.

Aus: Kaléko, Mascha: Verse für Zeitgenossen. dtv, Berlin 2017.
Mit freundlicher Genehmigung von dtv Verlagsgesellschaft mbH & Co. KG.

---

[428]E-Mail E. Spanier – ap. v. 13.04.2021 (i.f. Spanier-E-Mail)

[429]Telefonat GB - ap v. 5.10.2020 (GRÜNBERG-INTERV.)

[431]Spanier-E-Mail

[432] Telefonat BG – ap/ Esther Prenger 22.08.2020 (GRÜNBERG–INTERV.)

[433]Spanier-E-Mail

[434]Quelle: Archiv Möddel (ARCHIVE), Kursivdruck ap/fwp, vgl. den Schluss des Kapitels „Wille zur Versöhnung".

[435]Telefonat GB - ap v. 5.10.2020 (GRÜNBERG-INTERV.)

[436]Krone, Dieter: Trauerrede für Bernhard Grünberg

[437]Ewert-Wilke, Gernot: Trauerrede für Bernhard Grünberg (Kursivdruck ap/fwp)

Dank

- Vielen Dank an unsere Interviewpartnerinnen und Interviewpartner für ihre Bereitschaft und Zeit, unsere Fragen zu beantworten und uns wertvolle Hinweise zu geben: **Anne-Dore Jakob, Lothar Kuhrts, Dr. Heribert Lange, Josef Möddel, Elisabeth Spanier** und **Alfred („Atze") Storm**.

- **Heribert Lange** kam auf die Idee, dass wir eventuell geeignet sein könnten, dieses Buch zu verfassen.

- Ohne die Pionierarbeiten von **Lothar Kuhrts, Gertrud Anne Scherger** sowie **Gerhard Sels** zum jüdischen Leben im südlichen Emsland hätten uns die Grundlagen für unsere Recherchen gefehlt.

- **Anne-Dore Jakob** hat unser Kapitel zur Umschichtungsstelle an wesentlichen Stellen sehr verbessert. Wertvoll war für uns auch ihr Hinweis auf Informationen über die Gestapo-Liste zur Verschleppung der Lingener Juden in die Vernichtungslager. Immer wieder bekamen wir weiterführende Informationen von Anne- Dore Jakob.

- **Josef Möddel** und **Atze Storm** gaben uns vielfach Auskunft auf Nachfragen und stellten uns leihweise umfangreiches und für unsere Arbeit unverzichtbares Archivmaterial zur Verfügung.

- Der Lingener Stadtarchivar **Dr. Mirko Crabus** und seine Mitarbeiter haben uns bei den Recherchen im Stadtarchiv Lingen sehr unterstützt.

- **Dr. Andreas Eiynck**, Leiter des Emslandmuseums in Lingen (Ems), hat uns bei den Recherchen sehr zuvorkommend unterstützt und uns die Abdruckgenehmigung aussagekräftiger Fotos erteilt.

- Den Redakteuren der Lingener Tagespost **Carsten van Bevern, Ludger Jungeblut** und **Thomas Pertz** danken wir für die freundliche Abdruckgenehmigung zahlreicher Fotos und Texte. Der Dank gilt auch dem verstorbenen LT- Redakteur **Burkhard Müller**.

- **Leonie Edgell** und **Karen van Coevorden** danken wir sehr für ihre Auskünfte über Bernhard Grünbergs Leben in England und seine Zeitzeugenschaft im Holocaustzentrum Beth Shalom in Laxton, Nottinghamshire.

- **Simon Göhler** vom Vorstand des Forum Juden-Christen Altkreis Lingen e.V. und Mitarbeiter von Gertrud Anne Scherger hat uns mit Bildmaterial sehr geholfen.

- Auch **Johannes Wiemker** hat uns mit Bild- und Videomaterial unterstützt und uns Fragen zur Geschichte des Forum Juden-Christen Altkreis Lingen e.V. beantwortet.

- **Gerhard Naber** vom Forum Juden/Christen im Kloster Frenswegen Nordhorn danken wir für viele Hintergrundinformationen und besonders dafür, dass er uns auf Geertruida Wijsmuller-Meiljer und Norbert Wollheim hingewiesen hat.

- **Dr. Ludwig Remling**, früherer Stadtarchivar von Lingen, hat uns mit wertvollen Hinweisen geholfen, vor allem mit Informationen über die von Bernhard Grünberg dem Stadtarchiv überlassenen Fotos sowie der Aufzeichnung eines von ihm mit Bernhard Grünberg geführten Interviews.

- Das Buch von **Karl-Heinz Vehring** über jüdische Bürgerinnen und Bürger in Lingen war eine wichtige Quelle für uns.

- Der Leiter der Stadtbibliothek Lingen, **Josef Lüken** und seine Mitarbeiterinnen halfen uns bei der Quellensuche.

- Nicht zuletzt danken wir **Frau Eva Essmann** für eine großzügige Spende, die es ermöglicht, den weiterführenden Schulen im Emsland Klassensätze dieses Buches zur Verfügung zu stellen.

Emsbüren, im Mai 2021
Angela Prenger und Friedhelm Wolski-Prenger

Glossar Judentum

Fettgedruckte Begriffe verweisen auf weitere Stichworte aus diesem Glossar und aus dem Glossar „Naziterror".

Abrahamitische Religionen (deutsch)	Avram, Abram, (Abraham, Ibrahim) ist der gemeinsame Patriarch von Juden, Christen und Muslimen. Für Juden ist er der Gründungsvater, der die besondere Beziehung der Juden mit Gott herstellt, für Christen ist er der Stammvater aller Gläubigen, im Islam ist er das Verbindungsglied zwischen dem Propheten Adam zum Propheten Mohammed, häufig im Koran erwähnt. s. **Judentum**, **Brit Mila**
Antijudaismus (deutsch)	Nach Ausbreitung des Christentums in Europa wiesen viele Christen „den Juden" die Schuld am Tode Jesu zu, ungeachtet der Tatsache, dass Jesus und seine Freunde Juden waren und er von einer jüdischen Mutter geboren worden war. Die ersten Christen hatten sich noch als dem **Judentum** zugehörig gefühlt. - Häufig war Neid auf die Bildung jüdischer Menschen, die lesen und schreiben konnten, der Antrieb zur Verfolgung und Ermordung von Juden im Mittelalter. Vor allem im Umfeld der Kreuzzüge zwischen dem 11. und 13. Jahrhundert, mit denen **Palästina** von arabischen Herrschern befreit werden sollte, kam es zu vielen **Pogromen** gegen Juden. U.a. der Antijudaismus führte während des **Nazi**terrors dazu, dass einige katholische und evangelische Kirchenleitungen den **Antisemitismus** unterstützten.

Aschkenasim (hebräisch)	Seit dem Mittelalter Bezeichnung für Juden aus Deutschland und den angrenzenden mitteleuropäischen Gebieten, die im Vergleich zu den **Sephardim** eine eigene kulturelle, religiöse und sprachliche Tradition entwickelten.
Assimilation (deutsch)	Anpassung von Angehörigen der jüdischen Minderheit an die Kultur und Lebensgewohnheiten der Mehrheitsgesellschaft. Die Mehrheit der deutschen Juden in der **Weimarer Republik** galt als assimiliert. s. **Centralverein**
Bar Mizwa (hebräisch)	„Sohn des Gebots"; Feier am 13. Geburtstag eines jüdischen Jungen, der danach als religiös volljährig gilt. s. **Bat Mizwa, Mizwa**
Bat Mizwa (hebräisch)	„Tochter des Gebots"; Feier am 12. Geburtstag eines jüdischen Mädchens, das danach als religiös volljährig gilt. s. **Bar Mizwa, Mizwa**
Brit Mila (hebräisch)	Beschneidung der männlichen Vorhaut acht Tage nach der Geburt bei männlichen jüdischen Säuglingen als Symbol für den Bund Gottes mit Abram (Abraham) (Gen. 17, 9 - 14). - Auch im Islam werden Jungen beschnitten.- Aus medizinischer Sicht bietet die Beschneidung Hygienevorteile, z.B. weniger Gebärmutterhalskrebs bei Frauen. s. **Abrahamitische Religionen**, **Judentum**
Chanukka	Jüdisches Lichterfest, Freudenfest zur Wiedererrichtung und Neuweihung des Tempels in Jerusalem nach der Befreiung von der griechischen Fremdherrschaft 164 vor christlicher **Zeitrechnung.** Nach einer Legende im Talmud reichte ein

(hebräisch) Chanukka-Leuchter (mit **Davidstern**) in einer Ausstellungsvitrine im Gedenkort Jüdische Schule vor einer Zeichnung der zerstörten Lingener Synagoge. Foto: fwp	kleines Fläschchen Öl acht Tage lang. Der während des achttägigen Chanukkafestes nach und nach entzündete Chanukkaleuchter ist im Gegensatz zur **Menora** achtarmig. Die herausgehobene neunte Kerze in der Mitte dient zum Anzünden der anderen Kerzen.
Centralverein (deutsch) Abkürzung CV	Der Centralverein deutscher Staatsbürger jüdischen Glaubens wurde 1893 zur Abwehr gegen den **Antisemitismus** gegründet. In der **Weimarer Republik** gab es in jedem Ort mit einer nennenswerten jüdischen Bevölkerung eine Ortsgruppe des CV, so auch in Lingen (Ems). 1924 gehörten dem CV 72.000 Mitglieder an. Der CV strebte die Gleichstellung jüdischer Menschen mit allen anderen Staatsbürgern an und trat für die Staatstreue jüdischer Deutscher ein. Aus dem CV heraus kam es zur Gründung der **Reichsvertretung.** 1938 lösten die **Nazis** den CV auf. s. auch **Zionismus**
Chewra Kadischa (hebräisch)	„Heilige Gemeinschaft"- Hauptaufgaben: Krankenbesuche und Bestattungen.
Davidstern (deutsch)  Von BG angefertigter Davidstern auf dem	Heute meistgenutztes jüdisches Symbol, auch auf der israelischen Nationalflagge; von „Magen David" (hebräisch: Schild Davids). Der Legende nach soll König David dieses Zeichen auf seinem Schild getragen haben, als er seine Feinde besiegte. - Der Davidstern zeigt zwei untrennbar miteinander verflochtene Dreiecke. Sie sind das Zeichen der Juden für ihre Verbundenheit mit Gott. Der Davidstern

von ihm gebauten Eingangstor zum Gedenkort Jüdische Schule in Lingen (Ems). Foto: fwp	ist seit etwa 700 Jahren ein Zeichen für das Judentum, älter und nach wie vor gebräuchlich ist die **Menora**. s. auch **Judenstern**
Diaspora (griechisch)	„Zerstreuung", das Leben jüdischer Menschen außerhalb Palästinas/Israels; hebräisch: Galut („Exil") - Bereits im 6. vorchristlichen Jahrhundert zerstreuten sich Juden nach der Niederwerfung von Israel und Judäa durch Babylon. („Babylonische Gefangenschaft.") Nach der Zerstörung des jüdischen Landes, seiner Umbenennung in **Palästina** und der Vertreibung der Juden aus Judäa im 1. und 2. Jahrhundert durch das **Römische Reich** erweiterte sich die Diaspora. Juden flüchteten zu den bereits bestehenden Gemeinden in Ägypten, Babylonien und Persien. Von dort aus zogen Juden weiter in den Fernen Osten, nach Nordafrika, in die Länder entlang des Mittelmeers bis ins heutige Frankreich und nach Spanien. Jüdische Händler folgten den römischen Armeen bis ins Rheinland ins römische Germanien. Mit der Verbreitung der **Tora** und des **Talmud** konnten unabhängige Gemeinden im Geiste des Judentums überall entstehen. Prägend für sie war das Gefühl, im Exil zu leben und sich so unter Nichtjuden zu behaupten. s. **Judentum**
Emigration (lateinisch)	Auswanderung, vor allem, um (politischer) Verfolgung zu entgehen. Gegenbegriff: Immigration (Einwanderung)
Ghetto (italienisch),	Judengasse oder -viertel, in Deutschland wurden seit Ende des 13. Jahrhunderts der jüdischen Be-

Getto (deutsch)	völkerung zwangsweise Wohnquartiere (meist eine Straße bzw. Gasse) zugewiesen. Die **Nazis** zwangen jüdische Menschen in gefängnisähnliche Gettos; - Ghetto heißt auf Italienisch „Gießerei", in Venedig mussten im 16. Jahrhundert Juden auf dem Gebiet einer Gießerei wohnen. s. **Schoa**
Hachschara (hebräisch) andere Schreibweise Hachscharah	„Vorbereitung", „Tauglichmachung" - bezeichnet die systematische Vorbereitung von Juden für die Auswanderung nach **Palästina** (**Israel**) vor allem in den 1920er und 1930er-Jahren (**Zionismus**), nach der Machtübertragung an die **Nazis** organisiert von der **Reichsvertretung.** - Hachschara wurde in vielen Ländern von Zionisten betrieben. s. **Umschichtungsstelle, Widerstand**
Hebräisch/ Hebräische Schrift Beispiel: מונה Moneh, zählen oder nummerieren – s. **Minjan**	Semitische Sprache, in der **Diaspora** vor allem in der Synagoge verwendet; Nationalsprache des modernen **Israel** (Iwrit). - Das hebräische Alphabet besteht aus 22 Buchstaben. Es wird von rechts nach links geschrieben. Es gibt nur Großbuchstaben. Die Druckschrift und die Schreibschrift unterscheiden sich bei einigen Buchstaben stark voneinander. Es ist eine Konsonantenschrift, das heißt, die Vokale müssen von Lesern gedanklich ergänzt werden. s. **Semitische Sprachen**
Hechaluz (hebräisch)	„Der Pionier"; internationaler Dachverband der Jugendorganisationen von **Zionisten**, die sich zum Ziel gesetzt hatten, die jüdische Einwanderung nach **Palästina** und deren Vorbereitung (**Hachschara**) zu organisieren.

Holocaust (englisch)	Hauptsächlich im englischen Sprachraum verbreitet. Bedeutung: „Brandopfer"; die industrielle Ermordung von mindestens sechs Millionen europäischer Juden und etwa 500.000 Sinti und Roma durch die **Nazis** und ihre Helfer. Vielfach wird kritisiert, dass es sich bei den Naziverbrechen nicht um ein freiwilliges „Brandopfer" handelt, so dass der Begriff „Holocaust" häufig abgelehnt wird. Wir verwenden - außer in Zitaten – **Schoa**, s. **SS, Nazis, Antisemitismus**
Holocaust - Gedenktag (deutsch) International Holocaust Remembrance Day (englisch)	Der Internationale Tag des Gedenkens an die Opfer des Holocaust am 27. Januar wurde im Jahr 2005 von den Vereinten Nationen zum Gedenken an die **Schoa** und den 60. Jahrestag der Befreiung des **Konzentrationslagers** Auschwitz-Birkenau durch die sowjetische Armee eingeführt. s. **Schoa, Jom ha-Schoa**
Israel (hebräisch)	Jüdischer Staat im Nahen Osten im Altertum und der Gegenwart; auch Bezeichnung für die Gesamtheit der Juden in religiöser Hinsicht. s. **Judentum, Diaspora**
Jiddisch (jiddisch)	(Misch-) Sprache der **Aschkenasim**, entwickelte sich im Mittelalter aus dem Jüdisch-Deutschen. Viele Wörter aus dem Jiddischen sind in das Hochdeutsche eingegangen. Beispiel: **Massel, Schlamassel**
Jom Kippur (hebräisch)	„Versöhnungstag". Höhepunkt des jüdischen Jahres, Fastentag, Tag der inneren Prüfung und Ein-

	kehr. s. **Rosch ha Schana**.
Jom ha-Schoa (hebräisch)	„Tag der Katastrophe". (Weltlicher, nicht religiöser) Gedenktag in **Israel** zur Erinnerung an die Opfer des **Nazi**terrors und an den Jüdischen **Widerstand** gegen die **Nazis** am 27. des jüdischen Monats Nisan. Nach einem Sirensignal steht das gesamte Leben in Israel für zwei Minuten still. Am Vorabend werden sechs Fackeln angezündet. Sie symbolisieren die etwa sechs Millionen jüdischen Menschen, die der **Schoa** zum Opfer fielen. s. **Holocaust-Gedenktag, Zeitrechnung**.
Judentum (deutsch)	Bezeichnung für die jüdische Religion, Kultur und für das jüdische bzw. israelitische Volk; Mutterreligion von Christentum und Islam. Im heutigen Judentum wird in religiöser Hinsicht zwischen orthodoxen (traditionellen) und liberalen (Reform-)Gemeinden unterschieden. Wie auch das Christentum oder der Islam ist das Judentum sehr differenziert. s. **Abrahamitische Religionen, Hebräisch, Israel, Rabbi**.
Kindertransport (deutsch, auch englisch)	Nach den **Novemberpogromen** hatten Hilfsorganisationen bei der Regierung von Großbritannien die Erlaubnis zur Einwanderung von jüdischen Kindern unter 17 Jahren durchgesetzt. Vorgabe dabei war, dass alle Kosten für Transport und Aufenthalt durch private Gelder gedeckt und die Kinder

	sich nicht dauerhaft in Großbritannien niederlassen würden. Daraufhin wurden in Deutschland und Großbritannien die Kindertransporte organisiert, mit denen 10.000 Kinder und Jugendliche vor der **Schoa** gerettet wurden. Kindertransporte gab es auch nach Belgien, Schweden und in die Niederlande. s. **Emigration, RCM**
Kippa (hebräisch) Plural Kippot  Kippa mit Davidstern	Kreisförmige Kopfbedeckung religiöser Juden. „Die Kippa drückt Ehrfurcht vor Gott aus. Es ist ein Zeichen dafür, dass Gott über dem Menschen steht. Traditionell wird die Kippa von Männern den ganzen Tag lang getragen. Beim Gebet, dem Studium religiöser Texte und während eines Synagogen- oder Friedhofsbesuchs muss die Kopfbedeckung getragen werden. In nicht-orthodoxen jüdischen Strömungen tragen auch Frauen Kippot. Das Tragen einer Kopfbedeckung ist verpflichtender religiöser Brauch, wenn auch keine religionsgesetzliche Vorschrift. Es muss jedoch nicht unbedingt eine Kippa sein – Basecap oder Hut gehen auch." (www.zentralratderjuden.de/judentum/symbole/ - dl. 2.03.2021)
Kommunistische Partei Deutschlands (KPD) (deutsch)	Linksextremistische Partei, gegründet 1918; bekämpfte die Demokratie in der **Weimarer Republik**. Ihr Hauptgegner waren nicht die **Nazis**, sondern die **SPD**. Der KPD- Vorsitzende Ernst Thälmann wurde im **Konzentrationslager** von den

	Nazis ermordet. Während des **Nazi**terrors leisteten viele Kommunisten, wie die KPD-Mitglieder genannt werden, **Widerstand**. Viele wurden in **KZ**s verschleppt, viele wurden ermordet.
Koscher (hebräisch)	„Rein"; bezieht sich vor allem auf jüdische Speisevorschriften. Das jüdische Speisegesetz verlangt eine räumliche und zeitliche Trennung zwischen Speisen, die Fleisch enthalten, und solche, die Milch enthalten. Im Haushalt von Bernhard Grünbergs Eltern gab es gesondertes Geschirr für Speisen mit Fleisch und für Speisen mit Milch. - Hintergrund solcher Vorschriften, die es ähnlich in vielen Religionen gibt (Verbot von Schweinefleisch) sind Erkrankungen aufgrund des Verzehrs verdorbener Nahrungsmittel. Die strengen Regeln zur Ernährung und Hygiene bedeuteten in Zeiten der Unkenntnis über krankmachende Keime für jüdische Menschen einen Überlebensvorteil. s. **Schächten** - „Koscher" bezieht sich auch auf andere Bereiche, etwa die **Tora**.
Landjuden (deutsch)	Bezeichnung für deutsch- jüdische Menschen, die im ländlichen Bereich lebten. Im Unterschied zu Juden, die in großen Städten lebten (etwa 65 %), weit überwiegend strenggläubig (orthodox) und in kleinen Gemeinschaften lebend. In Kleinstädten und Dörfern wie im Emsland oder der Grafschaft Bentheim waren jüdische Menschen allgemein be-

	kannt und daher den **Nazis** bei den **Novemberpogromen** oder in der **Schoa** besonders ausgeliefert. s. **Judentum**.
Menora (hebräisch)  Menora – Gemälde von Libet Cusco, aus: „Bündel des Lebens", jüdisches Bethaus Freren. Foto: Martin Ernst, mit freundlicher Genehmigung.	Siebenarmiger Leuchter. Die Menora stellt für gläubige Juden die Anwesenheit Gottes dar, denn Gott ist für sie das Licht. Die Menora ist ein sehr altes jüdisches Symbol und steht als große Skulptur vor dem israelischen Parlament. Das **Römische Reich** hatte bei der Zerstörung des Tempels in Jerusalem den Tempelschatz geraubt, darunter auch die Menora. Die Menora hat die Form eines Baumes. Ihre sieben Arme stehen für die sechs Tage der Schöpfung und den **Schabbat** als Ruhetag. Traditionell werden in der Menora keine Kerzen angezündet. Bei den **Novemberpogromen** wurde aus vielen **Synagogen** u.a. die Menora geraubt oder geschändet. s. **Chanukka, Davidstern, Judentum**
Minjan (hebräisch)	Das Wort Minjan stammt von *moneh* מונה mit der Bedeutung „zählen" oder „nummerieren." Ist für einen vollständigen jüdischen Gottesdienst erforderlich; besteht aus zehn religiös volljährigen Männern; in liberalen und zunehmend auch in orthodoxen jüdischen Gemeinden werden Frauen zum Minjan gezählt. Bei der Beisetzung von Bernhard Grünberg auf dem jüdischen Friedhof Lingen am 8.04.2021 kam das Minjan von der jüdischen Gemeinde Osnabrück. **s. Hebräisch, Judentum, Schabbat**

Mizwa (hebräisch) Plural Mizwot	Ge- und Verbot. Die Mizwot umfassen 248 Gebote und 365 Verbote für alle Bereiche des Lebens. Nach ihnen sollen jüdische Menschen ihr Leben gestalten. s. **Bar Mizwa**, **Bat Mizwa**
Palästina	Nach der Zerstörung des Tempels in Jerusalem im Jahre 70 christlicher **Zeitrechnung** und der Vertreibung vieler Juden machte das **Römische Reich** Israel zu einer römischen Provinz, die sie Palästina nannten. Bis zur Gründung des Staates **Israel** 1948 wurde das Gebiet allgemein als Palästina bezeichnet. Nach dem Ersten Weltkrieg beauftragte der Völkerbund Großbritannien mit der Verwaltung Palästinas. s. **Diaspora, Israel**
Pessach (hebräisch)	„Verschonung", jüdisches Fest zum Gedenken an den Auszug aus Ägypten unter der Führung von Moses; der Jude Jesus von Nazareth war in Jerusalem, um Pessach zu feiern, als er gekreuzigt wurde; daher finden das jüdische Pessach- und das christliche Osterfest (außer bei den orthodoxen Kirchen) zu gleichen oder ähnlichen Terminen statt. s. **Zeitrechnung**
Purim (hebräisch)	Freudenfest zur Rettung der persischen Juden durch das mutige Eintreten der Königin Ester vor der drohenden Vernichtung durch den höchsten persischen Regierungsbeamten Haman. vgl. Buch Ester in der **Tora**, auch im Ersten (~~Alten~~) Testament der Christen. Gilt als erstes geplantes **Pogrom**.

Rabbi (hebräisch) Rabbiner (deutsch) Rabbinerin (deutsch)	Rabbiner(in) ist ein religiöser Titel, der von **hebräisch** Raw oder aramäisch Rabbuni (Meister, Lehrer) abgeleitet wird. Geistige(r) Leite(r)in einer jüdischen Gemeinde. Im liberalen **Judentum** gibt es auch Rabbinerinnen.
Reichsvertretung (deutsch)	Die Machtübertragung an die **Nazis** und der zur Regierungspolitik gewordene **Antisemitismus** führte die verschiedenen, teils gegensätzlichen Strömungen im deutschen **Judentum** (s. **Centralverein, Zionismus**) zusammen. So wurde die Reichsvertretung der deutschen Juden im September 1933 als Selbsthilfeorganisation gegründet. Vorrangiges Ziel war, die deutschen Juden auf eine neue Art des Lebens vorzubereiten. Unter anderem kümmerte sich die Reichsvertretung um das jüdische Schul- und Bildungswesen, die Berufsfürsorge - vor allem die Aus- und Weiterbildung - sowie um die jüdische Auswanderung. 1935 musste die Vereinigung sich in *„Reichsvertretung der Juden in Deutschland"* umbenennen, da nach den **rassistischen** „Nürnberger Gesetzen" Juden nicht mehr deutsche Staatsbürger sein durften. Die **Nazis** benannten die Organisation 1939 in *„Reichsvereinigung der Juden in Deutschland"* um, darin musste jeder jüdische Mensch Mitglied sein. Aus der Selbsthilfeorganisation der deutschen Juden wurde ein Unterdrückungsinstrument der **Nazi**s.

Römisches Reich (deutsch) Imperium Romanum (lateinisch)	Das von der Stadt Rom bzw. dem römischen Staat beherrschte Gebiet zwischen dem 8. Jahrhundert v.Chr. und dem 7.Jahrhundert n.Chr. „(Westrom")". Das „oströmische Reich" mit der Hauptstadt Konstantinopel (heute Istanbul) bestand bis in das 15. Jahrhundert. Zeitweilig beherrschte das Römische Reich große Teile Europas und des Nahen Ostens. s. **Palästina, Israel, Menora**
Rosch ha-Schana (hebräisch)	Jüdisches Neujahrsfest Es beginnt eine Zeit der Umkehr und Buße. Die Entscheidung, ob Verletzungen anderer verziehen werden, fällt in den zehn Tagen zwischen Rosch ha-Schana und **Jom Kippur.** s. **Zeitrechnung**
Schabbat (hebräisch)	Ruhetag am siebten Tag der Woche zur Erinnerung an den Ruhetag Gottes am siebten Tag der Schöpfungsgeschichte in der **Tora.** Wie jeder jüdische Feiertag beginnt auch der Schabbat mit dem Sonnenuntergang des Vortages, also am Freitagabend. - Kulturell ist ein arbeitsfreier Tag eine von Juden begründete Errungenschaft. - Gläubige Juden halten sehr strenge Regeln am Schabbat ein. - Auch die beiden anderen **abrahamitischen Religionen** haben nach jüdischem Vorbild einen arbeitsfreien Gottestag. Die Christen feiern den ersten Tag der Woche, den Sonntag, als Tag der Auferstehung Jesu, Muslime mit Bezug auf den Propheten Mohammed den Freitag.

Schächten (jiddisch)	Schafe, Ziegen und Rinder und andere Tiere - (Schweinefleisch ist verboten) müssen nach jüdischem Gebot, um **koscher** zu sein, rituell geschlachtet („geschächtet") werden. Das bedeutet, dass die Tiere ausbluten müssen, da jüdischen Menschen der Verzehr von Blut verboten ist. Viele Tierschützer lehnen das Schächten – das auch von gläubigen Muslimen praktiziert wird – als „grausam" ab. - Zu fragen ist, ob die heute übliche industrielle Massenschlachtung weniger grausam ist. - Anfang 2002 erlaubte das Bundesverfassungsgericht rituelle Schlachtungen mit Blick auf die Religionsfreiheit unter Auflagen. So dürfen nur sachkundige Personen in zugelassenen und registrierten Schlachtbetrieben schächten. s. **Judentum**
Schoa (hebräisch) andere Schreibweisen: Schoah, Shoa	**Unheil**, **Verderben** oder **Untergang,** Begriff vor allem für die Massenmorde der Nazis an jüdischen Menschen. In diesem Buch verwenden wir – außer in Zitaten – den Begriff „Schoa", weil der Begriff **Holocaust** vielfach als irreführend betrachtet wird. s. auch **Holocaust-Gedenktag**
Semitische Sprachen (deutsch)	Die **semitischen Sprachen** sind ein Zweig der afro-asiatischen Sprachfamilie. Sie werden heute von ca. 260 Millionen Menschen im Nahen Osten, in Nordafrika und am Horn von Afrika gesprochen. Wichtige semitische Sprachen sind Arabisch, Hebräisch sowie eine Reihe von in Äthiopien und

	Eritrea gesprochenen Sprachen. Eine ethnische Zuordnung lässt sich aufgrund der Sprache nicht treffen.- Der Begriff „semitisch" leitet sich von Sem, einem Sohn Noahs ab, auf den einem biblischen Mythos zufolge **Abraham** seine Abstammung zurückführte. s. **Hebräisch**
Sephardim (hebräisch)	Juden, die durch Verfolgungen und Vertreibungen aus Spanien seit Ende des 15. Jahrhunderts u.a. in Mittel- und Osteuropa lebten und eine im Vergleich zu den **Aschkenasim** eigene kulturelle, religiöse und sprachliche Traditionen pflegten.
Sinti und Roma (Romanes)	Von den **Nazis** - wie die jüdischen Menschen – als „Zigeuner" verfolgt und ermordet (etwa 500.000 Menschen, die genaue Zahl ist nicht bekannt.) Sinti und Roma leben seit Jahrhunderten in Europa. Als ‚Sinti' werden die Angehörigen der Minderheit bezeichnet, die sich vorwiegend in West- und Mitteleuropa angesiedelt haben, ‚Roma' leben zumeist in ost- und südosteuropäischen Ländern. Den Begriff „Zigeuner" lehnen die meisten Sinti und Roma ab. (https://zentralrat.sintiundroma.de) – Romanes ist eine **arische** Sprache. Entsprechend zum Hass auf Juden (**Antisemitismus**) wird der Hass auf Sinti und Roma Antiziganismus genannt. s. **Rassismus**
Sozialdemokratische Partei	Älteste demokratische Partei Deutschlands. 1863 als Arbeiterpartei entstandene Gründungspartei

Deutschlands (deutsch) Abkürzung SPD

Die Parteizeitung der SPD, der Vorwärts, warnte 1932 hellsichtig vor den **Nazis**. Die drei nach unten gerichtete Pfeile waren das Symbol der „Eisernen Front", in der Gewerkschaften und SPD für den Erhalt der Demokratie stritten.

der **Weimarer Republik.** Gehörte zu den wenigen Parteien, neben dem **Zentrum** und der liberalen Deutschen Demokratischen Partei (DDP), die sich für die Demokratie einsetzten. Viele Sozialdemokraten, wie die Mitglieder der SPD genannt werden, wurden wegen ihrer Gegnerschaft gegen die **Nazis** in Gefängnisse und Konzentrationslager eingesperrt, viele ermordet. Traditionell waren viele SPD-Mitglieder jüdisch, so der Gründer Ferdinand Lassalle oder der Vordenker Karl Marx. In der **Weimarer Republik** waren über 200 jüdische Deutsche Abgeordnete im Reichstag, in Landtagen oder wirkten als Redakteure in Zeitungen der SPD. - Als einzige Partei lehnte die SPD das Ermächtigungsgesetz, mit dem Hitler zum Diktator wurde, ab. (Die **KPD** war bereits vorher verboten worden). - Im Reichstag wandten sich viele Redner der SPD gegen die **Nazis**, so Kurt Schumacher, der im **KZ** so gefoltert wurde, dass er schwer körperbehindert wurde. Er überlebte, weil Hitler angeordnet hatte, dass er nicht durch den Tod erlöst werden dürfte. Schumacher war der erste Vorsitzende der SPD nach dem Sieg über die **Nazis** 1945.

Synagoge (griechisch) Bet ha-Knesset (hebräisch) Haus der Versammlung

Jüdisches Gotteshaus, Haus der Versammlung der jüdischen Gemeinde zu Gebet und Lehre, Zentrum des jüdischen Gemeindelebens. Die meisten deutschen Synagogen wurden während der **Novemberpogrome** 1938 von den **Nazis** zerstört. Viele Syna-

(deutsch)	gogen wurden in den letzten Jahren wiederaufgebaut, andere neugebaut, so die Synagoge in Osnabrück.
Tallit (hebräisch)	Viele jüdische Männer und auch liberale Jüdinnen tragen zum Morgengebet einen Tallit. Das ist ein rechteckiger Gebetsmantel aus weißem Stoff. An den Seiten hat er blaue oder schwarze Streifen, an den Ecken Fransen. Ihre 613 Knoten erinnern an die 613 **Mizwot**. Bernhard Grünberg überließ den Tallit und die **Tefillin** zusammen mit zwei samtenen Aufbewahrungsbeuteln mit den Initialen BG dem Gedenkort Jüdische Schule.
Talmud (hebräisch)	Großes, über Jahrhunderte entstandenes Werk zur Auslegung der **Tora** und zum guten religiösen Leben.
Tefillin (hebräisch)	Orthodoxe Juden tragen zum Morgengebet die Tefillin. Das sind Gebetsriemen aus Leder. An ihnen sind kleine, eckige Kapseln befestigt. Darin stecken Pergamentstücke mit Toratexten. Eine Kapsel trägt der Betende auf der Stirn. Die andere wird mit einem Lederriemen so am linken Arm festgewickelt, dass sie genau vor dem Herzen liegt. s. **Tallit**
Tora (hebräisch) andere Schreibweise: Thora	Heilige Schrift des **Judentums**, im engeren Sinn die fünf Bücher Mose, (Bücher der Weisung, vgl. Buber-Rosenzweig LIT), im weiteren Sinn die ganze hebräische Bibel (für Christen das Erste ~~Alte~~ Testament). Bei jüdischen Gottesdiensten in der

Neue Vitrine für die Tora-Rolle im Gedenkort Jüdische Schule in Lingen (Ems).
Foto fwp

Synagoge wird aus der Tora gelesen. Es handelt sich um eine handgeschriebene Rolle, die nicht mit dem Finger berührt werden darf. Zur Lesehilfe gibt es einen Zeigestock (Yad).

Die jüdische Gemeinde Osnabrück überließ dem Forum Juden-Christen Altkreis Lingen e.V. eine nicht koschere Tora-Rolle als Dauerleihgabe. Im März 2021 konnte der Vorsitzende des Forums, Gernot Wilke-Ewert (links), eine von Menschen mit Behinderung gefertigte Vitrine zur Aufbewahrung der Tora entgegennehmen.

Weimarer Republik (deutsch)

Reichsflagge der Weimarer Republik, 1933 abgeschafft.
Heute Flagge der Bundesrepublik Deutschland.

Am 9. November 1918 durch Philipp Scheidemann (**SPD**) nach dem vom monarchistischen Deutschland verlorenen 1. Weltkrieg ausgerufener demokratischer Staat. Der Name „Weimarer Republik" ergab sich, weil die Verfassung („Grundgesetz") wegen Straßenschlachten in Berlin 1919 in Weimar stattfand. Die politische Rechte (**Nazis, Deutsch-Nationale Volkspartei u.a.**) und die extreme Linke (**KPD**) lehnten den demokratischen Staat ab. Große wirtschaftliche Probleme (Riesige Geldentwertung – Inflation bis 1923, große Lasten, die Deutschland von den Siegern des 1. Weltkrieges auferlegt wurden, die Besetzung des Ruhrgebiets durch Frankreich und vieles mehr) belasteten die Weimarer Republik, die dann im Gefolge der **Weltwirtschaftskrise** mit Massenarbeitslosigkeit ab 1930 schließlich 1933 mit der Machtübertragung an die **Nazis** faktisch unterging.

Weltwirtschafts-krise (deutsch)	Ausgehend vom Zusammenbruch der Aktienbörse in den USA brach im Oktober 1929 die deutsche Wirtschaft zusammen. Die internationalen Kredite, die in der **Weimarer Republik** wegen der Kapitalknappheit notwendig waren, wurden abgezogen. In der Folge gingen viele Firmen bankrott, Export war kaum noch möglich. Es folgte eine Massenarbeitslosigkeit mit 6 Millionen Arbeitslosen, die nur eine sehr geringe Unterstützung bekamen. Von der Wirtschaftskrise profitierten bei Wahlen die demokratiefeindlichen Parteien **KPD** und vor allem die **Nazis**.
Widerstand (deutsch)	Der Widerstand gegen die **Nazis** umfasste in Deutschland nur wenige tausend Menschen und war breit gefächert. Die große Mehrheit der Deutschen war entweder von Hitler begeistert oder ertrug die Terrorherrschaft, gegen die Einzelne nichts ausrichten konnten. Alle Anti-Nazi-Organisationen wie die **SPD**, die **KPD** oder die Gewerkschaften waren verboten. - Der Widerstand reichte von passivem Ungehorsam und nichtangepasstem Verhalten bis zur Flucht aus Nazideutschland (**Emigration**) und dem Attentats- und Umsturzversuch vom 20. Juli 1944 durch eine Widerstandsgruppe in der Wehrmacht. Getragen wurde der Widerstand von Männern und Frauen aus allen sozialen Schichten und politischen Lagern. Es gab auch jüdische Widerstandsgruppen. Oppositionskreise in

der Wehrmacht zählten ebenso dazu wie die Mitglieder der „Weißen Rose" um die Geschwister Scholl, des „Kreisauer Kreises" aus oppositionellen Politikern oder der „Roten Kapelle", einer Widerstandsgruppe mit Kontakten zur **KPD**.

SPD-Mitglieder informierten den ins Ausland geflohenen Parteivorstand mit Berichten aus Nazideutschland; in sieben Bänden vorliegend bieten die „Deutschlandberichte" (LIT) ein gutes Bild über die Lage in Nazideutschland bis 1938.

Daneben gab es viele unbekannte mutige Menschen, die Verfolgten Unterschlupf gewährten, sie mit Lebensmitteln versorgten (so z.B. auch in Freren und Lingen), oder unter eigener Lebensgefahr jüdischen Menschen das Leben retteten. In der Völkermordgedenkstätte **Yad Vashem** in Jerusalem werden die als „Gerechte unter den Völkern" geehrt.

Auch in Konzentrationslagern gab es geheime Widerstandsgruppen. Im Getto in Warschau griffen 1943 schlecht bewaffnete Jüdinnen und Juden die SS an (Warschauer Gettoaufstand) und zwangen die Nazis, den Aufstand mit starken Waffen-**SS**-Verbänden niederzuschlagen. Am 16. Mai 1944 kam es im größten Vernichtungslager, dem KZ Auschwitz-Birkenau zum Aufstand von 6.000 Sinti und Roma, die sich mit Messern, Spaten, Knüppeln und Steinen gegen die SS wehrten, die sie in die Gaskammern bringen wollte. Die SS musste die

	Vernichtungsaktion abbrechen. Widerstand leisteten in den von Nazideutschland besetzten Ländern in Europa auch Partisanen, darunter auch viele jüdische Menschen. Viele jüdische Männer - darunter Bernhard Grünbergs Freund Hans Arenstein – kämpften in der britischen oder amerikanischen Armee für die Befreiung von den Nazis. s. **Jom ha-Schoa, Schoa**
Yad Vashem (hebräisch)	Museum und Bildungsstätte in Jerusalem. Wichtigste Institution zur Erinnerung an die **Schoa** und den **Widerstand** gegen die Nazis. Guter Infofilm: https://www.youtube.com/watch?v=n0A-ElG3o9BQ auch https://youtu.be/9GIv_s-NK10
Zeitrechnung (deutsch)	Die jüdische Zeitrechnung beginnt mit der mythischen Erschaffung der Welt nach der **Tora**. Der jüdische Kalender ist eine Mischung aus Mond- und Sonnenkalender. Er beginnt im Frühherbst und kennt folgende Monate: **Tischri, Cheschwan, Kislew, Tewet, Schwat, Adar, Nisan, Iyyar, Siwan, Tammus, Aw, Elul.** - Da das Mondjahr elf Tage kürzer ist als das Sonnenjahr, werden Schaltmonate eingesetzt. Daher fallen die jüdischen Festtage nicht immer auf den gleichen Tag (christlicher Zeitrechnung), wohl aber in die gleiche Jahreszeit.- Der jüdische Kalender fällt daher nicht mit dem westlich-christlichen (gregorianischen) reinen Son-

	nenkalender zusammen. - Die christliche Zeitrechnung beginnt mit der vermuteten Geburt Jesu. Das Jahr 2021 nach Christus etwa entspricht weitgehend dem Jahr 5782 für Juden. - Die Christlich-Orthodoxe Kirche verwendet den Julianischen Kalender, der das Sonnenjahr nicht exakt abbildet. - Die islamische Zeitrechnung geht von einem reinen Mondkalender aus. Sie beginnt im Jahr 622 n. Chr., dem Jahr der „Hidschra", in dem der Prophet Mohammed von Mekka nach Medina auswanderte.
Zentrum (deutsch) Deutsche Zentrumspartei (deutsch)	Die Deutsche Zentrumspartei (Zentrum) ist eine Partei des politischen Katholizismus, entstanden 1869/71 und benannt nach ihrem Platz in der Mitte des Abgeordnetensaales. Das Zentrum vertrat die Katholiken gegen den im Deutschen Reich vorherrschenden Protestantismus. Bis 1932 war das Zentrum an allen Reichsregierungen beteiligt und stellte vier Reichskanzler. Zusammen mit der SPD und der liberalen Deutschen Demokratischen Partei (DDP) setzte sich das Zentrum bis 1933 für die Demokratie ein. (s. **Weimarer Republik**) Am 23. März 1933 stimmten die Abgeordneten des Zentrums - wie die der DDP - geschlossen für das „Ermächtigungsgesetz", das die **Nazi**-Diktatur endgültig begründete. Auch deswegen und weil die Zusammenarbeit mit evangelischen Christen gesucht wurde, gründeten führende Zentrumspolitiker nach 1945 anstelle einer Neugründung des Zentrums die CDU. Die

	Zentrumspartei gibt es als Kleinstpartei noch heute.
Zionismus (deutsch) Zionistische Vereinigung für Deutschland Abkürzung ZvfD	Bewegung ab dem 19. Jahrhundert, die die Juden aus der **Diaspora** zurück nach **Palästina (Israel)** führen wollte. Hergeleitet von Zion oder Sion, dem Burgberg in Jerusalem. - In Deutschland hatte die Zionistische Vereinigung für Deutschland (ZvfD) die ersten **Hachschara**–Einrichtungen geschaffen. vgl. **Centralverband**, zu dem der ZvfD in Opposition stand. Ab 1933 ergab sich jedoch eine Zusammenarbeit in der **Reichsvertretung**. Auch die ZvfD wurde 1938 von den **Nazis** verboten
Zentralwohlfahrtsstelle (deutsch) Abkürzung ZWST	1917 als „Zentralwohlfahrtsstelle der deutschen Juden" gegründet, um als Dachverband die vielfältigen sozialen Einrichtungen und Wohlfahrtsorganisationen der jüdischen Gemeinschaft zu koordinieren. Den äußeren Anstoß gab Bertha Pappenheim (1859-1936), seit 1904 die Gründerin und Vorsitzende des Jüdischen Frauenbundes. Unter dem Terror der **Nazis** wurde die ZWST 1939 zwangsweise aufgelöst. 1951 wiedergegründet.

Glossar Naziterror

Fettgedruckte Begriffe verweisen auf weitere Stichworte aus diesem Glossar und aus dem **Glossar „Judentum".**

Antisemitismus (deutsch)	Feindschaft gegenüber Jüdinnen und Juden; Besondere Form des **Rassismus**, Hass auf Juden aus rassistischen Gründen. Bezeichnet heute alle modernen und historischen Erscheinungsformen der Feindschaft gegenüber jüdischen Menschen. Das damit verbundene Weltbild spricht Jüdinnen und Juden (und in der Gegenwart oft dem Staat Israel) die Schuld für nahezu jede negative Entwicklung zu. Antisemitismus ist oft Bestandteil von Verschwörungsmythen, wobei die Vorwürfe gegen Juden einander objektiv ausschließen. Die International Holocaust Remembrance Alliance (IHRA), eine Organisation von 31 Nationen, formulierte die folgende Arbeitsdefinition: „Antisemitismus ist eine bestimmte Wahrnehmung von Jüdinnen und Juden, die sich als Hass gegenüber Jüdinnen und Juden ausdrücken kann. Der Antisemitismus richtet sich in Wort oder Tat gegen jüdische oder nichtjüdische Einzelpersonen und/oder deren Eigentum sowie gegen jüdische Gemeindeinstitutionen oder religiöse Einrichtungen." vgl. www.holocaustremembrance.com; s. **Antijudaismus, Schoa, Nazis.**

Arier (sanskrit/ deutsch) arisch (deutsch)	Ursprünglich bezeichnet der Begriff „arisch" die Zugehörigkeit zu einer bestimmten indoeuropäischen Sprachfamilie. Die **Nazis** übernahmen aus **Rassismus** den Begriff „Arier" zur Kennzeichnung einer „weißen", nichtjüdischen „Herrenrasse". Die Rassenlehre der **Nazis** beruht auf keinerlei wissenschaftlicher oder logischer Basis. s. **Rassismus, Antisemitismus, Arisierung, Sinti und Roma.**
Arisierung (deutsch)	**Nazi**- Begriff für den Raub jüdischen Eigentums. Die **Nazis** finanzierten mit dem geraubten Geld ihre Kriegsvorbereitungen.
Bund Deutscher Mädel (deutsch) Abkürzung BDM	Teil der **Hitlerjugend**. Ziel war es, alle „**arischen**" Mädchen auf ein traditionelles Leben als Hausfrau und Mutter vorzubereiten. Wie in der gesamten **HJ** stand die Propaganda für die **Nazis** im Vordergrund. Die BDM- Mädchen trugen eine Uniform. In der Endphase des **Nazi**-Verbrecherkrieges mussten auch viele BDM-Mädchen Kriegsdienst leisten.
„Drittes Reich" (deutsch)	Die **Nazis** nannten „ihren" Staat zeitweilig „Drittes Reich", nach dem 1. Reich, dem „Heiligen Römischen Reich (deutscher Nation)", das 962 gegründet wurde und 1806 endgültig unterging und dem 2. Deutschen Reich (1871-1918). Heute wird der Begriff gelegentlich als Bezeichnung für die Zeit des **Nazi**errors verwendet. - Anderer größenwahnsinniger Nazi-Begriff: „Tausendjähriges

	Reich". Glücklicherweise dauerte die Terrorherrschaft der **Nazis** „nur" knapp 13 Jahre.
Faschismus (deutsch) Fascista (italienisch)	Die erste rechtsextremistische Partei, die (1922) diktatorische Macht in einem Staat ausüben konnte, war die faschistische Partei Italiens (Partito Nazionale Fascista, PNF) unter ihrem „Duce" (Führer) Mussolini. Heute wird der Begriff für rechtsextremistische Bestrebungen angewendet, Rechtsextremisten wie der AfD-Politiker Höcke werden als Faschisten bezeichnet. Mussolini wurde zum Vorbild für den Jahrhundertverbrecher Adolf Hitler und die **Nazis**.
Geheime Staatspolizei Abkürzung: Gestapo	Zunächst von dem rauschgiftsüchtigen Massenmörder Hermann Göring gegründete, später vom millionenfachen Mörder Heinrich Himmler - wie auch die gesamte Polizei – geleitete **Nazi**-Terrororganisation, die sich bei der Verfolgung politischer Gegner oder von Juden, **Sinti und Roma** und anderen Verfolgten oder von **Nazi**-Gegnern an keinerlei Recht und nicht einmal an die **Nazi**gesetze hielt. s. **SS**.
Hitlerjugend (deutsch) Abkürzung: HJ	Wie jede Diktatur wollte auch die **Nazi**diktatur uneingeschränkten Einfluss auf die Jugend haben. Ab 1936 musste jeder „arische" Junge der HJ beitreten und deren Uniform tragen. Es gelang den **Nazis**, den allergrößten Teil der Jugend ihrer Herrschaft zu unterwerfen. Als der Eroberungskrieg aus Sicht der meisten Nazis bereits verloren war, wurden

	viele für den Kriegsdienst missbrauchten Hitlerjungen noch 1945 in einen sinnlosen Tod geschickt. - Sehr beeindruckend die Erlebnisse von Salomon Perel, einem jüdischen Jungen, den es in die HJ verschlagen hatte. Das jüdische Museum Berlin informiert über ein Zeitzeugengespräch mit Perel unter: https://www. jmberlin.de/zeitzeugengespraech-sally-perel-hitlerjunge-salomon; darin auch Hinweis auf die gute Verfilmung der Erlebnisse Perels. s. **BDM.**
Judenstern (deutsch) 	Der gelbe Judenstern, den jüdische Menschen über 6 Jahren ab 1941 im Herrschaftsgebiet der **Nazis** auf ihrer Brust tragen mussten, damit sie zwecks ihrer Diskriminierung und späterer Ermordung sofort erkennbar waren, war dem **Davidstern** nachempfunden. Die Aufschrift "Jude" (in verschiedenen Sprachen) war so gestaltet, dass sie die **hebräische Schrift** lächerlich machen sollte. - Mit dieser Kennzeichnung gaben die **Nazis** indirekt zu, dass ihre „Rassenlehre" unsinnig war – sie behaupteten ja, einen jüdischen Menschen allein am Aussehen erkennen zu können. Wieso musste man sie dann kennzeichnen? s. **Antisemitismus, Rassismus, Arier.**
Konzentrationslager (deutsch) Abkürzung KZ	Gleich nach der Machtübertragung durch Reichspräsident Hindenburg an die **Nazis** richteten diese Konzentrationslager ein, im Emsland unter anderem in Esterwegen (heute sehr sehenswerte Ge-

denkstätte). Zunächst wurden in Barackenlagern politische Gegner eingesperrt und gefoltert, später auch **rassistisch** Verfolgte, so nach den **Novemberpogromen** Bendix Grünberg, Bernhards Vater, im KZ Buchenwald. Ab 1941 wurden in den von den **Nazis** eroberten Gebieten in Osteuropa Vernichtungslager zur Ermordung von Juden und **Sinti und Roma** eingerichtet, die ebenfalls als Konzentrationslager bezeichnet werden. Ermordet wurden über sechs Millionen Mal ein Kind, eine Frau oder ein Mann, so im **KZ** Riga Bendix Grünberg 1941; im KZ Stutthoff 1943 Bernhard Grünbergs Mutter Marianne Grünberg und seine Schwester Gerda Grünberg. s. auch **Schoa, SA, SS, Novemberpogrome.**

| Nazis (deutsch) Symbol des Terrors: Nazi-Hakenkreuz  *„Sie tragen ein Kreuz voran / Auf blutroten Flaggen / Das hat für den armen Mann / Einen großen Haken"* *Bertolt Brecht* | Kurzbezeichnung für Mitglieder und Anhänger der NSDAP (Nationalsozialistische Deutsche Arbeiterpartei), einer rechtsextremistischen Verbrecherorganisation, die unter der Führung des Jahrhundertverbrechers Adolf Hitler neben den Morden an **Juden, Sinti und Roma** und politischen Feinden vor allem aus der **SPD** und der **KPD** den verbrecherischen 2. Weltkrieg ausgelöst und damit mehr als 80 Millionen Tote (Zivilisten Soldaten und Verbrechensopfer), darunter etwa 7 Millionen Deutsche – über 5 Millionen Soldaten und fast 2 Millionen Zivilisten - verschuldet hat. Mit der **Schoa** verantworten die Nazis das größte Menschheitsverbrechen aller Zeiten.- In diesem Buch |

	werden die Nationalsozialisten, wie sie sich selbst nannten, außer in Zitaten, nur mit dem abwertenden Begriff Nazis bezeichnet. - Als Nazis werden auch heutige Rechtsextremisten bezeichnet. s. **Gestapo, HJ, KZ, SA, SS, Holocaust.**
Novemberpogrome (deutsch/russisch) auch: Pogromnacht, Kristallnacht, Night of broken glass	Das schlimmste **Pogrom** in der Geschichte führten die **Nazis** am 9. und 10. November 1938 durch, als sie erstmals öffentliche Gewalt gegenüber der jüdischen Bevölkerung ausübten. Fast alle **Synagogen** in Deutschland wurden in Brand gesetzt, Juden ermordet, Frauen und Mädchen vergewaltigt, männliche Juden in **Konzentrationslager** verschleppt und im Nachgang wurde jüdisches Eigentum geraubt. Von den **Nazis** als „Kristallnacht" verherrlicht. Beginn der **Schoa,** s. **SA, Antisemitismus.**
Pogrom (russisch)	Morde an jüdischen Menschen, Vergewaltigungen von jüdischen Frauen, Brandstiftungen an jüdischen Häusern. Die Pogrome in Russland gegen Ende des 19. Jahrhunderts führte zu einer Fluchtbewegung osteuropäischer Juden nach Deutschland. s. **Novemberpogrome**
Rassismus (deutsch) Rassisten (deutsch)	Alle Menschen gehören der Art Homo sapiens an. Es gibt keine Menschenrassen. Rassisten dagegen glauben, dass es „höherwertige" und „minderwertige" Rassen bei Menschen gebe. Aus rassistischer Sicht müssen die „minderwertigen" Rassen be-

	kämpft werden. Rassismus gibt es in vielen Kulturen. s. **Antisemitismus, Nazis**
Sturmabteilung (deutsch) Abkürzung SA	1920 gegründete Parteiarmee der **Nazis**. Sie beherrschte mit ihren Aufmärschen und ihrem Terror schon bald das Straßenbild der **Weimarer Republik**. Nach der Machtübertragung an die **Nazis** 1933 wurde die SA, inzwischen auf etwa 700 000 Mitglieder angewachsen, zum Teil auch als Hilfspolizei zur Verfolgung von politischen Gegnern und Juden eingesetzt. Im Frühjahr 1933 errichtete die SA die ersten **Konzentrationslager**. Aus der SA ging die **SS** hervor. Vor allem die SA führte die **Novemberpogrome** vom 9./10.11.1938 durch.
Schutzstaffel (deutsch) Abkürzung SS	Ursprünglich zum Personenschutz Hitlers geschaffene Terrororganisation, die Morde an politischen Gegnern und Hitler unliebsame **Nazis** beging, so an der Führung der **SA** 1934. Die SS wurde zum Wachpersonal der **Konzentrationslager** ausgebaut, beging dort Terror und organisierte den industriellen Massenmord (s. **Schoa, Holocaust**.) Chef der ca. 1 Million Männer und auch Frauen umfassenden SS war der Massenmörder und Kriegsverbrecher Heinrich Himmler. - Als „Waffen-SS" beging die Mörderbande zahlreiche Kriegsverbrechen, so u.a. die Massenmorde an der Zivilbevölkerung im französischen Oradour-sur-Glane. s. **Widerstand**

Literatur- und Quellenverzeichnis

Gliederung

1. Grunberg/Grünberg – Quellen (BG)

   1.1. Literatur und Texte von BG (**GRÜNBERG-LIT**)

   1.2. Interviews und Gespräche ap/fwp mit BG (**GRÜNBERG–INTERV.**)

   1.3. Video-Interview (**SCHOA-INT**)

   1.4. Internetquellen (**GRÜNBERG- INTERNET**)

2. Allgemeine Literatur (**LIT**)

3. Zeitzeugeninterviews (**ZEITZEUGEN**)

4. Persönliche Archive (**ARCHIVE**)

5. Internetquellen (**INTERNET**)

6. Zeitungsartikel (**ZEITUNG**)

1. Grunberg/Grünberg-Quellen

1.1. Literatur und Texte von BG (GRÜNBERG- LIT)

Grunberg, Bernard: My Autobiography, Typoskript Jan. 1991 (5 Seiten) (Übersetzung fwp)

Grünberg, Bernhard: Dankesrede aus Anlass der Verleihung der Ehren-bürgerrechte an Ruth Foster und Bernhard Grünberg am 13.12.1993. In: Stadt Lingen a.a.O. (LIT) (o.P.)

Grunberg, Bernard: Lone journey to freedom. In: Withworth, Wendy (Ed.): Survival. Holocaust Survivors Tell Their Stories, Mansfield 2003 (2), (Quill Press) S.144-149 (Übersetzung fwp); Anmerkung: Dieser und der nachstehende Text sind ungeachtet des gleichen Titels nicht wortgleich.

Grunberg, Bernard: Lone journey to freedom. In: Withworth, Wendy (Ed.): Children Of The Holocaust Tell Their Stories, Mansfield 2009 (Quill Press) S. 99-106 (Übersetzung Esther Prenger)

Grunberg, Bernard: Bernard Writes about Coming to England as a Kindertransportee. In: The Beth Shalom. The National Holocaust Centre and Museum Laxton, Nottinghamshire: Bernard Grunberg, o.O., O.J. (Laxton 2004), S. 308-309, Übersetzung ap.

Grunberg, Bernard: Interview zur Zeitzeugenarbeit (16.02.2004; Titel ap/fwp), in: The Beth Shalom. The National Holocaust Centre and Museum Laxton, Nottinghamshire: Bernard Grunberg, o.O., O.J. (Laxton 2004), S. 332-340, Übersetzung fwp.

1.2. Interviews und Gespräche ap/fwp mit BG (GRÜNBERG–INTERV.)

Besuch von BG bei den Autoren am 12.06.2015, ausführliche Gespräche

Mehrtägiger Besuch Angela Prenger und Esther Prenger bei BG in Derby März 2016 (zum 93. Geburtstag), ausführliche Gespräche

Besuch von BG bei den Autoren am 18.6.2016, ausführliche Gespräche

Mehrtägiger Besuch Angela Prenger und Esther Prenger bei BG in Derby 2018 (Februar 2018), ausführliche Gespräche

Mehrtägiger Besuch einer Delegation der Stadt Lingen und des Forum Juden-Christen Altkreis Lingen e.V. bei BG zum 96. Geburtstag 2019 (Michael Fuest, Angela Prenger, Elisabeth Spanier, Alfred Storm)

Telefoninterview mit Bernard Grunberg 08.09.2020 (ap/fwp)
Transskript fwp

Telefonat Bernard Grunberg – Angela u. Esther Prenger, 22.08.2020
Transskript ap

Telefonat Bernard Grunberg – Angela Prenger 11.09.2020
Transskript ap

Telefonat Bernard Grunberg – Angela Prenger 13.09.2020
Transskript ap

Telefonat Bernard Grunberg – Angela Prenger 30.09.2020
Transskript ap

Telefonat Bernard Grunberg – Angela Prenger 05.10.2020
Transskript ap

Telefonat Bernard Grunberg – Angela Prenger 14.10.2020
Transskript ap

Telefonat Bernard Grunberg – Angela Prenger 18.11.2020
Transskript ap

1.3.   Video–Interview (SCHOA-INT)

Survivors of the Shoa Visual History Foundation, 17.4.1998, Survivor: Bernard Grunberg, Interviewer Ray Sylvester, Derby, England, Language: English [438]
Quelle: Video Stadtarchiv Lingen, von Bernhard Grünberg dem Stadtarchiv überlassen.
Transkription und Übersetzung ap/fwp

1.4.   Internetquellen (GRÜNBERG-INTERNET)

The National Holocaust Centre & Museum: Bernard Grunberg testimony. www.holocaust.org.uk/pages/category/bernard-grunberg, dl 27.08.2020

Grunberg, Bernard: My Life- The Story of a German Jew-Part One. From Germany to England, 05.09.2005, WW2Memory Archive BBC http://www.bbc.co.uk/history/ww2peopleswar/stories/01/a5534101, dl 12.03.2021

BBC Derby: Holocaust survivor Bernard Grunberg: 'Nazis weren't human'. (3. April 2018), www.bbc.com/news/av/uk-england-derbyshire-43634025, dl 27.08.2020

Universität Derby - Vortrag von Bernhard Grunberg (23.01.2017) www.youtube.com/watch?v=6xjZJcwCZtE , dl 15.10.2020, Übers. fwp

University of Derby: Bernard Grunberg, Holocaust Survivor (25.01. 2017) www.youtube.com/watch?v=l8_QJzc3FLU , dl 15.10.2020

Bernard Grunberg - My Faith: Bernard Grunberg interviewed on 14th and 23rd April 2015 by A. Riffat; Transkription und Übersetzung fwp (BG: Mein Glaube) https://www.holocaust.org.uk/my-faith-bernard-grunberg dl 02.01.2021

2. Allgemeine Literatur (LIT)

Alicke, Klaus-Dieter: Aus der Geschichte der jüdischen Gemeinden im deutschen Sprachraum - Meppen/Emsland (Niedersachsen) (www.jüdische-gemeinden.de/index.php/gemeinden/m-o/1304-meppen-emsland-niedersachsen), dl. 24.01.2021

Althoff, Gertrud: Stadtführer zu Orten ehemaligen jüdischen Lebens in Rheine. Mit kurzem Überblick über die Geschichte der jüdischen Gemeinde in Rheine, Münster 2005 (Lit Verlag)

Aly, Götz: Hitlers Volksstaat. Raub, Rassenkrieg und nationaler Sozialismus, Frankfurt am Main 2005 (S. Fischer Verlag)

Anne Frank Fonds, Basel (Hrsg): Anne Frank Gesamtausgabe. Tagebücher – Geschichten und Ereignisse aus dem Hinterhaus – Erzählungen – Briefe – Fotos und Dokumente, Bonn 2013 (Lizenzausgabe für die Bundeszentrale für politische Bildung)

Arbeitskreis Judentum-Christentum/ Pax-Christi-Gruppe Lingen (Hrsg.): Verfolgt – Emigriert - Ermordet. Emigrantenschicksale Lingener Juden. Reader zur Ausstellung 25. April-9. Mai 1996 im Emslandmuseum Lingen, 2. erw. und überarb. Auflage, Lingen 1996 (Text und Gestaltung Anne Scherger, Anne-Dore Jakob) (Eigenverlag)

Bakker, Pieter: Spuren des jüdischen Lebens in Ostfriesland. o. O. (Leer?) 2013 (niederländ. Original Schraard 2013, Stichting Kunst en Wetenschap)

Barkahan, Menachem (Hrsg.): Vernichtung der Juden in Lettland, Riga 2008 (Gesellschaft „Schamir")

Behm, Meike: Porträt Gunter Demnig. In: Scherger, Stolpersteine a.a.O., S.6 f.

Behrendt, Gideon: Mit dem Kindertransport in die Freiheit. Vom jüdischen Flüchtling zum Corporal O'Brian, Frankfurt a.M. 2004 (2.Aufl.) (Fischer Taschenbuch Verlag)

Benz, Ute: Traumatisierung durch Trennung. Familien- und Heimverlust als kindliche Katastrophen. In: Benz, Wolfgang u.a. (Hrsg.): Die Kindertransporte, S.136–155

Benz, Wolfgang: Rückkehr auf Zeit: Erfahrungen deutsch- jüdischer Emigranten mit Einladungen in ihre ehemaligen Heimatstädte. In: Benz, Das Exil der kleinen Leute a.a.O., S. 410 -419

Benz, Wolfgang (Hrsg.): Das Exil der kleinen Leute. Alltagserfahrungen deutscher Juden in der Emigration, Frankfurt a.M.1994 (Fischer Taschenbuch Verlag)

Benz, Wolfgang (Hrsg.): Überleben im Dritten Reich. Juden im Untergrund und ihre Helfer, München 2003 (Verlag C.H. Beck)

Benz, Wolfgang/ Curio, Claudia/ Hammel, Andrea (Hrsg.): Die Kindertransporte 1938/39. Frankfurt a.M. 2003 (Fischer Taschenbuch Verlag)

Benz, Wolfgang: Gewalt im November 1938 - Die „Reichskristallnacht" – Initial zum Holocaust, Berlin 2018 (Metropol-Verlag)

Bloom-Schinnerl, Margareta: Als Haren Maczków hieß. Eine polnische Besatzungszone im Emsland, Co-Produktion DLF/NDR - Deutschlandfunk 2016 www.deutschlandfunk.de/als-haren-maczkow-hiess-pdf.media.053a30d08cdb8030af635f4d882c9ed3.pdf, dl 10.02.2021

Blume, Michael: Warum der Antisemitismus uns alle bedroht, Ostfildern 2019 (Patmos Verlag)

Brenner, Michael: Die Gefahr erkennt man immer zu spät. In: Aus Politik und Zeitgeschichte, 70. Jahrgang, Nr. 26-27, Juni 2020, S.4-7

Brodhaecker, Michael: Lingener – Weltkriegsveteran – Kaufmann – Kiveling – Jude. Fredy Markreich (1898-1944) In: Bürgersöhne-Aufzug zu Lingen „Die Kivelinge" e.V. von 1372: Kivelings-Zeitung 2014, S.171-175

Bröring, Hermann: Der lange Weg zur Gedenkstätte Esterwegen oder eine Region auf der Suche nach ihrer Vergangenheit. In: Stiftung Gedenkstätte Esterwegen a.a.O., S. 4-9

Broszat, Martin/Jakobsen, Hans-Adolf/ Krausnick, Helmut: Anatomie des SS- Staates Band 2. München 1979 (2. Aufl.) (Deutscher Taschenbuchverlag)

Buber, Martin/ Rosenzweig, Franz: Die Schrift. Die fünf Bücher der Weisung, Darmstadt 1997 (Wissenschaftliche Buchgesellschaft) – Wortgetreue Verdeutschung der hebräischen Bibel)

Buchheim, Hans: Anatomie des SS-Staates Band 1. München 1979 (2. Aufl.) (Deutscher Taschenbuchverlag)

Bühl, Achim: Antisemitismus. Geschichte und Strukturen von der Antike bis 1848, Wiesbaden 2019 (Marix Verlag)

Bundeszentrale für politische Bildung (Hrsg): Deutsche Juden – Juden in Deutschland, Bonn 1991 (Bundeszentrale für politische Bildung)

Brüll, Christina u.a.: Synagoge – Kirche – Moschee. Kulturräume erfahren und Religionen entdecken, München 2005 (Kösel Verlag)

Buser, Verena: Berufsumschichtung und Hachscharah in Berlin-Niederschönhausen. In: Museum Pankow, a.a.O. S. 17-44

Buser, Verena: Ruth und Leopold Kuh. In: Museum Pankow, a.a.O., S.69-78

Catenhusen, Wolf-Michael: Parteien und Wahlen in Lingen 1871-1933. In: Ehbrecht a.a.O., S. 214-249

Crabus, Mirko: Die Lingener Synagoge
https://www.lingen.de/tourismus-freizeit-kultur/stadtarchiv/archivalie-des-monats/archivalie-november-2014.html, dl 15.10.2020

Crabus, Mirko: Henriette Flatow
www.lingen.de/tourismus-freizeit-kultur/stadtarchiv/archivalie-des-monats/archivalie-juli-2017.html, dl 2.11.2020

Crabus, Mirko: Die Reichspogromnacht in Lingen
www.lingen.de/tourismus-freizeit-kultur/stadtarchiv/archivalie-des-monats/archivalie-november-2018.html, dl 2.11.2020

Crabus, Mirko: Die Lingener Synagogengemeinde
www.lingen.de/tourismus-freizeit-kultur/stadtarchiv/archivalie-des-monats/archivalie-oktober-2019.html, dl 2.11.2020

Crabus, Mirko: Lingen im Nationalsozialismus
www.lingen.de/tourismus-freizeit-kultur/stadtarchiv/lingener-stadtgeschichte-erleben/lingen-im-nationalsozialismus.html, dl 12.10. 2020

Creutzig, Eberhard: Grußwort aus Anlass der Verleihung der Ehrenbürgerrechte an Ruth Foster und Bernhard Grünberg am 13.12.1993. In: Stadt Lingen a.a.O. (o. P.)

Deutsches Riga-Komitee: Riga - Bikernieki, Herausgegeben vom Volksbund Deutsche Kriegsgräberfürsorge, Kassel 2011

Deutschkron, Inge: ...denn ihrer war die Hölle. Kinder in Gettos und Lagern. Köln 1965 (Verlag Wissenschaft und Politik)

Deutschland-Berichte der Sozialdemokratischen Partei Deutschlands (Sopade) 5. Jahrgang 1938, Prag 1938. Im Auftrag des Exilvorstandes der SPD herausgegeben von Erich Rinner (Ausgabe des Verlags Zweitausendeins 1980)

de Wolf, Abraham: Der Jüdische Horizont der Religionsfreiheit in Deutschland. In: Klapheck, Elisa/ Traub, Barbara/ de Wolf, Abraham: Gott braucht den säkularen Rechtsstaat, Berlin 2020 (Verlag Hentrich und Hentrich)

de Vries, Erna: Der Auftrag meiner Mutter, Berlin 2012 (2. Aufl.) (Metropol Verlag)

Dietzfelbinger, Eckart: Grundwissen: Christlicher Antijudaismus (2012). www.hagalil.com/2012/01/antijudaismus, dl 22.06.2020

Dreifuss, Tamar: Die wundersame Rettung der kleinen Tamar 1944. Ein jüdisches Mädchen überlebt den Holocaust in Osteuropa, hrsg. von der Projektgruppe Kinderbuch im Lernort Jawne, Köln 2009 (Eigenverlag)

Ehbrecht, Wilfried (Hrsg.): Lingen 975-1975. Zur Genese eines Stadtprofils, Lingen (Ems) 1975 (Verlag August van Acken)

Emsländische Landschaft e.V./ Emsländischer Heimatbund e.V. (Hrsg.): Auf den Spuren jüdischen Lebens im Emsland, Lingen 2014 (Bezug: buecherei@ehb-emsland.de)

Evangelisches Gymnasium Nordhorn: Die Nordhorner Synagoge www.evangelisches-gymnasium-nordhorn.de/aktuelles/Aktuelles-aus-dem-Schuljahr-2020-21/aktuelles-november-2020/2020-11-11-Progrom3, dl 14.12.2020

Faludi, Christian (Hrsg.): Die „Juni-Aktion" 1938. Eine Dokumentation zur Radikalisierung der Judenverfolgung, Frankfurt am Main 2013 (Campus Verlag)

Faulenbach, Bernd: Die Gedenkstätte Esterwegen in der deutschen Erinnerungskultur. In: Stiftung Gedenkstätte Esterwegen a.a.O., S.10-11

Feldman, Gisela: Boat to Nowhere. in: Withworth, Wendy (Ed.): Survival. Holocaust Survivors Tell Their Stories, Mansfield 2003 (2), (Quill Press) S.91-101

Ferlet, Brigitte: Wilhelm Krützfeld www.berlin-die-hauptstadt.de/ kruetzfeld.htm, dl 17.10.2020

Fetscher, Iring: Der politische Antisemitismus in Deutschland. Entstehung und Funktion. In: Märthesheimer, Peter/ Frenzel, Ivo (Hrsg.): Im Kreuzfeuer: Der Fernsehfilm ‚Holocaust', Frankfurt a.M. 1979 (Fischer

Taschenbuch Verlag), S.133-150

Forum Juden-Christen Altkreis Lingen e.V. (Hrsg.): Bündel des Lebens. Beschreibung des gleichnamigen Bilderzyklus im jüdischen Bethaus Freren, Lingen (Ems) 2019 (Eigenverlag)

Foster, Ruth (d. i. Ruth Heilbronn): International Life stories. Living Memory of the Jewish Community. Ruth Foster, Interviewed by Patricia R. Mendelson, in Partnership with British Library, oralhistory; Transkript o.O., o.J. (London 17.10.1990); Übersetzung fwp; dazu liegt ein Tondokument vor: https://sounds.bl.uk/Oral-history/Jewish-Holocaust-survivors/021M-C0410X0102XX-0100V0

Foster, Ruth: Rede bei der Verleihung der Ehrenbürgerwürde. In: Stadt Lingen a.a.O., o.P.

Freund, Elisabeth: Als Zwangsarbeiterin 1941 in Berlin, Berlin 1996, S. 74, zit. n. Kaplan a.a.O.

Freier, Thomas: Deportation und Statistik; Deportationslisten; Nordwestdeutschland; Münster – Osnabrück – Bielefeld nach Riga www.statistik-des-holocaust.de/list_ger_wfn_411213.html, dl 15.12.2020

Friedlander, Henry: Der Weg zum NS-Genozid. Von der Euthanasie zur Endlösung, Berlin 1997 (Berlin Verlag)

Fritz, Regina/ Hammerstein, Katrin: Antijüdische Gewalt nach dem „Anschluss". Der März 1938 und die Folgen für die jüdische Bevölkerung in Österreich. In: Einsicht 2018. Bulletin des Fritz-Bauer-Instituts, 10. Jahrgang, Ausgabe 19, November 2018, S. 6-15

Fritze, Bernhard: Grußwort aus Anlass der Verleihung der Ehrenbürgerrechte an Ruth Heilbronn und Bernhard Grünberg am 13.12.1993. In: Stadt Lingen a.a.O. (o. P.)

Gidal, Nachum T.: Die Juden in Deutschland. Von der Römerzeit bis zur Weimarer Republik, Köln 1997 (Könemann Verlagsgesellschaft)

Gokl, Robert: „Tante Truus", eine vergessene Heldin. https://science.orf.at/v2/stories/2993899/ dl 8.12. 2020

Goldhagen, Daniel J.: Hitlers willige Vollstrecker, Berlin 1996, 3. Aufl. (Siedler Verlag)

Grübel, Monika: Landjuden - ein Leben zwischen Land und Stadt, Köln 2005 (Landschaftsverband Rheinland)

Grundmann, Regina/ Hartmann, Bernd/ Siemens, Daniel (Hrsg.): „Was soll aus uns werden?" Zur Geschichte des Centralvereins deutscher Staatsbürger jüdischen Glaubens im nationalsozialistischen Deutschland, Berlin 2020 (Metropol Verlag)

Hanschke, Ulrich: Die Synagoge in Lathen. In: Landkreis Emsland Synagogen a.a.O., S.22-24

Hasler, Barbara: Freispruch für Paul Grüninger: Der ehemalige Polizeikommandant handelte im Notstand www.hagalil.com/schweiz/gruening.htm dl 27.01.2021

Herbst, Wolfgang: Das Lied von den „morschen Knochen" und sein theologischer Ziehvater Anton Stonner. In: Kirchliche Zeitgeschichte. Bd. 19 (2006), H. 2, S. 469–480.

Heim, Susanne: Die Radikalisierung der nationalsozialistischen Judenpolitik 1938/39 - Gewalt und Existenzvernichtung. In: Arbeitskreis Geschichte der Juden in Niedersachsen in der Historischen Kommission für Niedersachsen und Bremen (Hrsg.): Juden in Niedersachsen 1938-1945, Hannover 2011, S.7-12

Heine, Mathias: Verbrannte Wörter. Wo wir noch reden wie die Nazis- und wo nicht. Berlin 2019 (Dudenverlag)

Herzig, Arno: 1933-1945: Verdrängung und Vernichtung. In: Informationen zur politischen Bildung Nr. 307/2010, S. 51-61 (Bundeszentrale für politische Bildung.)

Imperial War Museums: What was the women's Land Army? www.iwm.org.uk/history/what-was-the-womens-land-army, dl 15.06.2020

Jahn, Franziska: Das KZ Riga-Kaiserwald und seine Außenlager 1943-1944. Strukturen und Entwicklungen, Berlin 2018 (Metropol Verlag)

Jakob, Johannes/ Jakob, Anne-Dore: Begegnungen zwischen Derby/GB, Lingen (Ems) und Berlin; In: PaxpOSt 4; Der Pax Christi – Informationsdienst in den Bistümern Osnabrück und Hamburg 3/16, S. 3-4

Jenaer Erklärung www.uni-jena.de/190910_JenaerErklaerung.html, dl 25.06.2020

Jonuz, Sefedin/ Holl, Kurt: Die Minderheit der Roma (und Sinti). In: Schmalz-Jacobsen/ Hansen a.a.O., S. 420- 434

Judentum begreifen e.V. (Hrsg.): Helden des Alltags. „Auch ich hatte ein Gesicht", Georgsmarienhütte 2020 (Judentum begreifen e. V., Osnabrück)

Jüdisches Museum Westfalen (Hrsg.): Von Bar Mizwa bis Zionismus, Bielefeld 2007 (Verlag für Regionalgeschichte)

Kaiser, Wolf: Die Wannsee-Konferenz. SS-Führer und Ministerialbeamte im Einvernehmen über die Ermordung der europäischen Juden. In: Lichtenstein/ Romberg a.a.O., S. 24-37

Kaplan, Marion: Der Mut zum Überleben. Jüdische Frauen und ihre Familien in Nazideutschland, Berlin 2001 (Aufbau Verlag)

Kattmann, Ulrich: Rassen? Gibt's doch gar nicht! www.bpb.de/politik/extremismus/rechtsextremismus/213673/rassen-gibt-s-doch-gar-nicht, dl 22.06.2020

Keldungs, Karl-Heinz: NS-Prozesse 1945-2015. Eine Bilanz aus juristischer Sicht. Düsseldorf 2019 (Edition Virgines)

Kerr, Judith: Als Hitler das rosa Kaninchen stahl, Ravensburg 1973 (Maier Verlag)

Kindertransport Association: History. www.kindertransport.org/history.htm, dl 30.01. 2021 (Übersetzung fwp)

Kinggreen, Monika (Hrsg.): „Nach der Kristallnacht" Jüdisches Leben und antijüdische Politik in Frankfurt am Main 1938-1945, Frankfurt a.M., New York 1999 (Campus)

Kirchhöfer, Birgit: Selma und Paul Latte. In: Museum Pankow, a.a.O., S. 45-68

Kirchhöfer, Birgit: Bernard Grunberg: I won't stop talking about it, until I can't talk anymore. In: Museum Pankow, a.a.O., S. 89-98

Kirschner, Max: Weinen hat seine Zeit und Lachen hat seine Zeit. Erinnerungen aus zwei Welten, Frankfurt a.M. 2004 (Jüdischer Verlag)

Krause, Werner: Die deutsche politische Emigration 1933-1945 – ein Überblick. In: Friedrich-Ebert-Stiftung (Hrsg.): Die deutsche politische Emigration 1933-1945, Bonn 1972, S. 1-12 (Friedrich-Ebert-Stiftung)

Körte, Mona: Objekte des letzten Augenblicks. In: Benz, Wolfgang u.a. (Hrsg.) Die Kindertransporte a.a.O., S.171–85

Kosthorst, Erich/ Walter, Bernd: Konzentrations- und Strafgefangenenlager im Emsland 1933-1945. Zum Verhältnis von NS-Regime und Justiz. Düsseldorf 1985 (Droste Verlag)

Kreyssig, Jenny: Nur ein Photo von den Eltern. Mit dem jüdischen Kindertransport nach England. In: Benz, Wolfgang (Hrsg.): Das Exil der kleinen Leute a.a.O. S. 255-268

Krohn, Helga: „Holt sie raus, bevor es zu spät ist!“ Hilfsaktionen zur Rettung jüdischer Kinder zwischen 1938 und 1940, in: Kinggreen a.a.O., S. 91-118

Kugelmann, Cilly: Die jüdische Minderheit. In: Schmalz-Jacobsen/ Hansen a.a.O., S. 256-268

Kuh, Leopold: „Umschichtung und Vorlehre in Niederschönhausen“. In: Der jüdische Handwerker Nr. 8 v. August 1936, zit. n. Kirchhöfer, Birgit: Das offizielle Bild der Einrichtung in Berlin-Niederschönhausen: In: Museum Pankow a.a.O., S. 99-120, hier S. 107

Kuh, Leopold: Handwerker! In: CV- Zeitung Nr.11 v. 18.3.1937, zit. n. Buser, Verena: Ruth und Leopold Kuh a.a.O., S. 72

Kuhrts, Lothar: Beitrag zur Geschichte der Juden im Raum Lingen. o.O., o.J. (Lingen 1983?) (Gewerkschaft Erziehung und Wissenschaft, Regionalverband Lingen)

Kuhrts, Lothar: Ihre Namen leben. Zum Gedenken an die ehemaligen jüdischen Mitbürger in Freren, Freren 2013 (Hrsg. Jüdische Geschichtswerkstatt „Samuel Manne“, Freren) (Eigenverlag)

Landkreis Grafschaft Bentheim (Hrsg.): Auf Spuren Jüdischen Lebens in der Grafschaft Bentheim, Nordhorn 2003, 2. Aufl. (Eigenverlag)

Landkreis Emsland (Hrsg.): Jüdische Friedhöfe im Emsland, Meppen 1991 (2.Aufl.) (Eigenverlag)

Landkreis Emsland (Hrsg.): Synagogen und jüdische Bethäuser im Emsland, Meppen 1998 (Eigenverlag)

Lern und Gedenkort Jawne: Gerettet auf Zeit. Kindertransporte nach Belgien 1938/1939. Katalog zur gleichnamigen Ausstellung, Köln 2019 (Eigenverlag)

Lichtenstein, Heiner/ Romberg Otto R. (Hrsg.): Täter Opfer-Folgen. Der Holocaust in Geschichte und Gegenwart, Bonn 1995 (Bundeszentrale für politische Bildung)

Löwenthal, Richard/ zur Mühlen, Patrik: Widerstand und Verweigerung in Deutschland 1933-1945, Berlin, Bonn 1982 (Verlag J.H.W. Dietz Nachf.)

Lustiger, Arnold: Zum Kampf auf Leben und Tod! Das Buch vom Widerstand der Juden 1933-1945, Köln 1994 (Verlag Kiepenheuer & Witsch)

Möddel, Josef: Grußwort aus Anlass der Verleihung der Ehrenbürgerrechte an Ruth Foster und Bernhard Grünberg am 13.12.1993. In: Stadt Lingen (o. P.)

Möddel, Josef: Wer und was wir sind (2019), http://www.forum-juden-christen.de, dl 16.2.2021

Museum Pankow (Hrsg.): „Am Gelände von Herrn Latte fing ein reges Leben an" - Die Flaschenfabrik Latte und die Ausbildung jüdischer Auswanderer in Berlin-Niederschönhausen, Berlin und Leipzig 2020 (Verlag Hentrich und Hentrich)

Naber, Gerhard: Der Emsbürener „Judenkasten". In: Landkreis Grafschaft Bentheim 2003, S. 386 f.

Neuhaus, Bernhard: Rede aus Anlass der Verleihung der Ehrenbürgerschaft an Ruth Foster und Bernhard Grünberg am 13.12.1993. In: Stadt Lingen a.a.O. (o. P.)

Ökumene-Ausschuss der Ev.-ref., Ev.-luth. und Röm.-kath. Kirchengemeinden Schüttorf: Sie waren Schüttorfer. Auf den Spuren der jüdischen Familien im 20. Jahrhundert, Schüttorf 2018 (Eigenverlag)

Oldfield, Sybil: Meist war es eine „Sie". Die Rolle britischer Frauen bei der Rettung und Versorgung jüdischer Flüchtlingskinder. In: Benz, Wolfgang u.a. (Hrsg.): Die Kindertransporte 1938/39 a.a.O., S. 82-101

Osterloh, Jörg: „...die Judenfrage etwas radikaler durch das Jahr 1938 gelöst". Das Schicksal der Juden im Sudetenland. In: Einsicht 2018. Bulletin des Fritz-Bauer-Instituts, 10. Jahrgang, Ausgabe 19, November 2018, S. 24-33

Prenger, Angela: Naziterror als Thema in der Grundschule? In: Gegen Vergessen - Für Demokratie, Heft 104/2020, S. 25 f. Berlin 2020, (Gegen Vergessen - Für Demokratie e.V.)

Prenger, Angela: Krisen- und Entscheidungssituationen im Leben von Bernhard Grünberg (Typoskript, Emsbüren 2016)

Rao-Casimir, Aparna: Die Minderheit der Sinti (und Roma). In: Schmalz-Jacobsen/ Hansen a.a.O., S.442-453

Reinhold, Doreen: Flucht und Rettung der dänischen Juden
https://www.zukunft-braucht-erinnerung.de/flucht-und-rettung-der-daenischen-juden/ (2013), dl 28.01.2021

Remling, Ludwig: B.Grünberg, Aufzeichnungen zu Archiv-Fotos, 30.08. 1998 (handschriftliches Transkript eines Tonbandkassetten-Interviews von Hilde Pawlowski)

Remling, Ludwig: Interview mit Bernhard Grünberg, 30.08. 1998 (Transkript eines Tonbandkassetten-Interviews von Hilde Pawlowski)

Remling, Ludwig: Von der Demokratie zur Diktatur – Lingen 1932-1933. In: Jahrbuch des Emsländischen Heimatbundes, Band 60, 2014 (Verlag des Emsländischen Heimatbundes), S. 75-106

Richter, Hedwig: Warum sich die Beschäftigung mit der Reichsgründung heute lohnt. In: Aus Politik und Zeitgeschichte Nr. 1-2/ 2021

Roberg, Kurt W.: Zwischen Ziegeninsel und Stadtgraben. Eine jüdische Kindheit und Jugend in Celle 1924-1938, Bielefeld 2005 (Verlag für Regionalgeschichte)

Rogge-Gau, Sylvia: Widerstand von Juden im Alltag und in nationalsozialistischen Lagern. In: Steinbach/ Tuchel a.a.O., S. 513-525

Rockel, Manfred: Theresienstadt damals – Terezin heute, Lingen 1988 (Buntspecht)

Roth, Björn: Gegen das Vergessen: Bernard Grünberg – ein Lingener Jude. In: Bürgersöhne-Aufzug zu Lingen „Die Kivelinge" e..V. von 1372: Kivelings-Zeitung 2014, S. 209-213

Roth, Markus: Radikalisierung durch Expansion. Die Judenverfolgung in Deutschland zwischen „Anschluss" und Pogromnacht. In: Einsicht 2018. Bulletin des Fritz-Bauer-Instituts, 10. Jahrgang, Ausgabe 19, November 2018, S. 16-23

Rudnick, Ursula (Hrsg.): Christen und Juden – Blickwechsel – Juden und Christen, Essen 2000 (Klartext Verlag)

Rüländer, Wilhelm: Der Betraum der jüdischen Gemeinde Haselünne. In: Landkreis Emsland, Synagogen a.a.O., S. 46; (beim Autor handelt es sich um Wilhelm Rülander, ap/fwp)

Salewsky, Anja: „Der olle Hitler soll sterben!" Erinnerungen an den jüdischen Kindertransport nach England, München 2001 (Classen Verlag)

Scherger, Gertrud Anne: Verfolgt und ermordet. Leidenswege jüdischer Bürger in der Emigration, während der Deportation, im Ghetto und in den Konzentrationslagern. Beitrag zur Verfolgungsgeschichte der Juden aus dem Raum Lingen, Lingen 1998 (Burgtor Verlag)

Scherger, Gertrud Anne: Jüdische Familien in Lingen bis zum Ende des 19. Jahrhunderts. In: Bürgersöhne-Aufzug zu Lingen „Die Kivelinge" e.V. von 1372: Kivelings-Zeitung 1999, S.114–117

Scherger, Gertrud Anne: Der Jüdische Friedhof in Lingen: Eine Dokumentation; Beitrag zur Geschichte der Juden aus dem Raum Lingen, Lingen 2009 (Hrsg. vom Forum Juden - Christen Altkreis Lingen e.V.)

Scherger, Gertrud Anne: Stolpersteine. Ein Wegweiser zu den Stolpersteinen für die verfolgten und ermordeten jüdischen Bürger der Stadt Lingen (Ems), Herausgegeben vom Forum Juden-Christen Altkreis Lingen e.V. und der Stadt Lingen (Ems) 3. Auflage 2019 (Eigenverlag)

Scherger, Gertrud Anne: Stolpersteinverlegung am 24. März 2018 vor dem ehemaligen Haus Grünberg, Georgstr. 12, für Rosette Groenberg-Grünberg, Elise de Jong- Groenberg, Benjamin (Bob) de Jong und Herman Nico de Jong. Ms. Manuskript, Lingen, 15. März 2018 (Quelle: Anne-Dore Jakob; vielen Dank)

Schmalz-Jacobsen, Cornelia/ Hansen, Georg: Ethnische Minderheiten in der Bundesrepublik Deutschland, München 1995 (Verlag C.H. Beck)

Schott, Hanna: Von Liebe und Widerstand. Das Leben von Magda und André Trocmé, Schwarzenfeld 2012, 2. Aufl. (Neufeld Verlag)

Seiler, Lukrezia/ Wacker, Jean-Claude: „Fast täglich kamen Flüchtlinge". Riehen 1996 (Verlag z'Riche)

Silver, Eric: Sie waren stille Helden. Frauen und Männer, die Juden vor den Nazis versteckten. München 1994 (Hanser Verlag)

Schmidt, Herbert: Ist es Freude, ist es Schmerz? Jüdische Wurzeln - deutsche Gedichte. Eine alphabetische Anthologie. Düsseldorf 2012 (Edition XIM Virgines)

Schmidt, Liesel: Das Ende der jüdischen Gemeinde in Bentheim. In: Grafschaft Bentheim 2003, a.a.O.

Schneider, Ulrich: „Wo man Bücher verbrennt, verbrennt man am Ende auch Menschen", Frankfurt a.M. 2013 (Vereinigung der Verfolgten des Naziregimes – Bund der Antifaschistinnen und Antifaschisten (VVN-BdA)

Schöffling, Klaus: Dort wo man Bücher verbrennt. Frankfurt a.M. 1983 (Suhrkamp Verlag)

Schörken, Rolf (Hrsg.): Das Dritte Reich. Geschichte und Struktur, Stuttgart 1982 (Klett Verlag)

Schüpp, Heiner: Die Synagoge in Aschendorf. In: Landkreis Emsland 1998, a.a.O., S. 10 -11

Schüpp, Heiner: Synagoge und Synagogengemeinde in Papenburg. In: Landkreis Emsland 1998, a.a.O., S. 12-16

Sels, Gerhard: Vom Leben und Sterben der Lengericher Juden. Ein Beitrag zur Geschichte der Juden aus der Gemeinde Lengerich Emsland, Lengerich 2014 (Eigenverlag)

Senatsverwaltung für Finanzen Berlin: Die Enteignung aller vertriebenen und deportierten Juden, www.berlin.de/sen/finanzen/ueber-uns/architektur-geschichte/artikel.5181.php, dl. 26.01. 2021

Silies, Hermann: In der Nachbarschaft der Lingener Synagoge, (o. O., o. J.) Quelle: Stadtarchiv Lingen (Kivelings-Zeitung, Lingen1978, S. 93 ?)

Smirin, Grigori: Der Holokaust in Riga. In: Barkahan a.a.O., S. 73-103

Smith, Stephen D./ Mendelsson, Steven /Schaufeld, Vera/ Vincent, Lisa: Our Lonely Journey. Remembering The Kindertransports, London 1999 (Quill Press)

Spiegel, Marga: Retter in der Nacht. Wie eine jüdische Familie in einem münsterländischen Versteck überlebte. Herausgegeben und kommentiert von Diethard Aschoff, 7. Auflage, Münster / Berlin 2009 (Lit Verlag)

Stadt Lingen (Hrsg.): Festakt zur Verleihung der Ehrenbürgerschaft an Frau Ruth Foster und Herrn Bernard Grunberg. Ansprachen, Gruß-worte, Reden, Glückwünsche, Lingen o.J. (1993), o. P., (Quelle: Archiv Möddel)

Stiftung Gedenkstätte Esterwegen (Hrsg.): Die Gedenkstätte Esterwe-gen – ein Werkstattbericht, Meppen o.J. (2011?)

Stein, André: Versteckt und vergessen. Kinder des Holocaust, Wien und München 1995 (Europa-Verlag)

Stein, Harry: Das Sonderlager im Konzentrationslager Buchenwald nach den Pogromen 1938. In: Kingreen a.a.O., S.19-54

Steinbach, Peter, Tuchel, Johannes (Hrsg.): Widerstand gegen den Nati-onalsozialismus, Bonn 1994 (Bundeszentrale für politische Bildung)

Strieder, Dominic: Der Ausschluss jüdischer Kinder aus den öffentli-chen Schulen im NS-Staat. Was eine unscheinbar wirkende Postkarte vom 23. November 1938 alles verrät. (2018) www.jmberlin.de/node/5913, dl.15.10.2020

Stolzfus, Nathan: Widerstand des Herzens. Der Aufstand der Berliner Frauen in der Rosenstraße, Frankfurt a.M. und Wien 2000 (Büchergilde Gutenberg)

Süskind, Bernhard: Konzentrationslager Buchenwald. Meine achtwöchige Lagerzeit eigenhändig niedergeschrieben zum Andenken an das Kulturvolk ‚Das dritte Reich‘. In: Kuhrts, Beitrag zur Geschichte, S. 94-97

Suskind, Bernhard (d.i. Bernhard Süskind): Wir waren doch Freiwild. Fürstenau/ New York 2014 (Eigenverlag)

Thüne, Eva-Maria: Gerettet. Berichte von Kindertransport und Auswanderung nach Großbritannien, Berlin und Leipzig 2019 (Verlag Hentrich und Hentrich)

Turner, Barry: Die Rettung der Kinder. Kindertransporte im Dritten Reich, Gießen 2003 (Komet Verlag)

Vehring, Karl-Heinz: Jüdische Bürger nach dem 2. Weltkrieg in Lingen. Begegnungen und Veranstaltungen. Lingen 2020 (Eigenverlag)

Volkov, Shulamit: Die Juden in Deutschland 1780-1918, München 1994 (Oldenbourg Verlag)

Volksbund Deutsche Kriegsgräberfürsorge (Hrsg.): Riga-Gedenken und Mahnung. Orte des Erinnerns, Niestetal o.J. (2020?) Bezugsmöglichkeit (pdf): www.volksbund.de/aktuell/mediathek/detail/ broschuere-riga-gedenken-und-mahnung

Walter, Hans-Albert: „Öfter als die Schuhe die Länder wechselnd...“ Ein Überblick über die deutsche Emigration nach 1933. In: Zadek 1981, a.a.O., S.10 ff.

Wellenbrock, Heiner: Sie waren unsere Nachbarn - Spurensuche jüdischen Lebens in Sögel. Unter Mitarbeit von Marina Heller. In: Studiengesellschaft für Emsländische Regionalgeschichte (Hrsg.), Emsländische Geschichte 25, Haselünne 2018, S. 422-456

Weisband, Marina: Rede im Deutschen Bundestag zum Holocaustgedenktag 2021 am 27. Januar 2021, https://marinaweisband.de/rede-im-bundestag-zum-holocaustgedenktag-2021/, dl 29.01.2021

Wertheim, Hella/ Rockel, Manfred: Immer alles geduldig getragen. Als Mädchen in Theresienstadt, Auschwitz und Lenzing, seit 1945 in der Grafschaft Bentheim, 3.Aufl., Bielefeld 1997 (Verlag für Regionalgeschichte)

Wexberg-Kubesch, Anna: Vergiss nie, dass du ein jüdisches Kind bist. Der Kindertransport nach England 1938/39, Wien 2013 (Mandelbaum Verlag)

Wiemker, Johannes: Vom AK zum Forum. Ms Manuskript o.O., o.J. (Lingen 2014)

Wohl von Haselberg, Lea: Jüdische Sichtbarkeit und Diversität. In: Aus Politik und Zeitgeschichte, 70. Jahrgang, 26–27/2020, 22. Juni 2020, S. 8-13

Wollheim-Kommission der Goethe-Universität: Norbert Wollheims Beteiligung an der Organisation der Kindertransporte www.wollheim-memorial.de/norbert_wollheims_beteiligung_ an_der_organisation_der_kindertransporte, dl 4.11.2020

Wollheim, Norbert: First Interview, 10.5.1991. United States Holocaust Memorial Museum, https://encyclopedia.ushmm.org/content/en/ article/kindertransport-1938-40, dl 30.01. 2021

Women's Voluntary Services: Report on a visit to Dovercourt Refugee Camp, Jan. 12th, 1939 https://nationalarchives.gov.uk/education/ resources/kindertransport/dovercourt-camp/ dl 10.12.2020, (Übersetzung fwp)

Wünschmann, Kim: (2014) Palästina als Zufluchtsort der europäischen Juden bis 1945   www.bpb.de/geschichte/nationalsozialismus/gerettete-geschichten/149158/palaestina-als-zufluchtsort-der-europaeischen-juden, dl 12.11.2020

Wurmbrand, Max/ Roth, Cecil: Das Volk der Juden. Eine Universalge-schichte. 4000 Jahre Kampf ums Überleben, Frechen o.J. (1999?) (Komet MA-Service und Verlagsgesellschaft)

Zadek, Walter (Hrsg:) Sie flohen vor dem Hakenkreuz, Reinbek bei Hamburg 1981 (Rowohlt Taschenbuch Verlag)

3.   *Zeitzeugeninterviews (ZEITZEUGEN)*
   (nach Interview-Datum)

Interview mit Herrn Alfred Storm, vormals Beauftragter der Stadt Lingen für den Kontakt zu Bernhard Grünberg, jetzt im Ruhestand. (27.06.2020, 11-13:00 Uhr, Emsbüren, Transkription fwp).

Interview mit Dr. Heribert Lange, Langjähriger Vorsitzender des Forum Juden-Christen Altkreis Lingen e.V., seit 2020 Ehrenvorsitzender, Arzt im Ruhestand. (29.06.2020, 11-12:30 Uhr, Emsbüren, Transkription fwp)

Interview mit Herrn Josef Möddel, Berufsschullehrer im Ruhestand, 1983 Gründer und langjähriger Sprecher des Arbeitskreises Juden-Christen Lingen, aus dem das Forum Juden-Christen Altkreis Lingen hervorging. (02.07.2020, 9:30-12:30 Uhr, Lingen, Transkription fwp)

Interview mit Herrn Lothar Kuhrts, Sonderschullehrer im Ruhestand, Heimatforscher mit dem Schwerpunkt Jüdisches Leben im Emsland, besonders in Freren. Gründer der Jüdischen Geschichtswerkstatt „Samuel Manne". (03.07.2020, 10:00-11:30 Uhr, Freren, Transkription fwp)

E-Mail- Interview mit Frau Anne-Dore Jakob (Berlin), Sozialarbeiterin, in der Erinnerungsarbeit aktiv (9.07.2020)

Interview mit Frau Elisabeth Spanier, Gymnasiallehrerin im Ruhestand, langjährige Wegbegleiterin von Bernhard Grünberg, häufig Vermittlerin von Kontakten zu Beth Shalom (Laxton), und zum AJR (12. August 2020, 15:00-17:00 Uhr, Lingen Transkription fwp)

4. Persönliche Archive (ARCHIVE)

Archiv Storm: Alfred Storm überließ uns (am 27.06.2020) freundlicherweise leihweise zur Auswertung ein Konvolut von Unterlagen, darunter vier Aktenordner, weitere Aufzeichnungen und Schriftverkehr Storm-Grünberg sowie u.a. eine Dokumentation zur „Ermittlung ehemaliger jüdischer Personen aus Lingen/ Ems".

Archiv Möddel: Josef Möddel hat uns (am 02.07.2020) freundlicherweise leihweise zur Auswertung sein Archiv mit Dokumenten zur Verfügung gestellt, u.a. Briefwechsel Möddel - Grünberg. Weitere Dokumente, darunter Schriftverkehr mit Bernhard Grünberg, sandte uns Herr Möddel später per E-Mail zu.

5. Zeitungsartikel (ZEITUNG)

Berliner Woche v.1.Juli 2016: Ein Platz in Niederschönhausen erinnert an das couragierte Ehepaar Selma und Paul Latte (Autor: Bernd Wähner)

Derby Evening Telegraph v.7.1.2002: Route to safety on Kindertransport (Autor nicht genannt)

Der Grafschafter (Heimatbeilage der Grafschafter Nachrichten) Mai/ Juni 2020: Als Tante Truus nach Bentheim fuhr. Kindertransporte 1938 und 1939: Resolute Niederländerin stellt Gestapo zur Rede (Autor: Wilhem Hoon)

EL-Kurier v. 5.11.2015: Nicht zu laut denken. Vortrag von Bernhard Grünberg in der Marienhausschule (Eigenbericht Marienhausschule)

Jüdische Allgemeine Nr. 48/2020 v. 26.11.2020: Jenseits der Klischees (Autor: Ralf Balke)

Artikel aus der Lingener Tagespost chronologisch:

Lingener Tagespost v. 23.05.1975: Leserbrief von Helga Hanauer: Geschichte lässt sich nicht totschweigen

Lingener Tagespost v. 5.6.1975: „Herzlicher Dank der Stadt Lingen" (Autoren Hans Klukkert/ Karl-Heinz Vehring)

Lingener Tagespost v. 27. Juni 1975: Leserbrief von Helga Hanauer: Die Stadt Lingen und die jüdische Gemeinde

Lingener Tagespost v. 25.09.1984: Mahnmal in Freren gegen „Intoleranz und Gewalt" (AutorIn fr)

Lingener Tagespost v. 09. 11. 1988: „Reichskristallnacht" wütete auch in Lingen, Freren und Lengerich (Autoren Manfred Münchow / Ludwig Remling)

Lingener Tagespost v. 11.12.1991: „Wir dürfen nicht aufhören, an die Vergangenheit zu erinnern" (Autor: Thomas Pertz)

Lingener Tagespost v. 07.12. 1991: Verfolgt - deportiert - ermordet. Ausstellung im Professorenhaus dokumentiert Leidenswege jüdischer Mitbürger (Autor: Thomas Pertz)

Lingener Tagespost v. 13.12. 1991: Auf der Suche nach Spuren jüdischen Lebens in Lingen (Autor: Ernst Frensch)

Lingener Tagespost v. 30.04.1993: Endstation Riga. Eine Reise zu den Stätten des Holocaust in Lettland (Autorin: Anne-Dore Jakob)

Lingener Tagespost v. 02.10.1993: Ehrenbürgerschaft für ehemalige jüdische Bewohner der Stadt Lingen (Autor: Thomas Pertz)

Lingener Tagespost v. 03.09.1994: Jüdischer Ehrenbürger übergab Erinnerungsstücke an Museum (Autor: Ernst Frensch)

Lingener Tagespost v. 05.02.1994: Jüdische Schule soll als Zeugnis dienen (Autor: Ludger Jungeblut)

Lingener Tagespost v. 10.05.1995: Jüdische Schule in Lingen: Bürger fordern Umwandlung in ein Museum (Autor: Thomas Pertz)

Lingener Tagespost v. 24.06.1995: Schlag mit Gewehrkolben schmerzt noch heute (Autor: Thomas Pertz)

Lingener Tagespost v. 08.11.1995: Jüdischer Friedhof bald in einem würdigen Zustand (Autor: Manfred Buschhaus)

Lingener Tagespost v. 08.11.1995: „Du, und du und du": Selektion im Klassenraum macht betroffen (Autor: Thomas Pertz)

Lingener Tagespost v. 20.4.1996: „Lingen-Brüssel-Auschwitz" (Autor Thomas Pertz)

Lingener Tagespost v. 7.11.1998: Ruth Heilbronn neckte Lehrer besonders gern (Autor: Thomas Pertz)

Lingener Tagespost v. 09.11.1998: Die Stimme stockte bei der Erinnerung an den Vater (Autor: Thomas Pertz)

Lingener Tagespost v. 1 0.11.1998: „Familie Grünberg durch diesen Stein wieder zusammenführen" (Autor: Thomas Pertz)

Lingener Tagespost v. 10.11.1998: Remling: Jüdische Schule ein sprechendes Symbol (Autor: Thomas Pertz)

Lingener Tagespost v. 10.11.1998: Bubis: Männliche Wähler anfälliger für rechtsextremes Gedankengut (Autor: Burkhard Müller)

Lingener Tagespost v. 09.09.2000: Jüdische Schule ziert ein Tor von Bernard Grünberg (Autor: Burkhard Müller)

Lingener Tagespost v. 26.5.2001: Grünberg: Die Geschichte kann sich wiederholen (Autor: Thomas Pertz)

Lingener Tagespost v. 07.06.2001: Reise der Erinnerung und Spurensuche nach Berlin (Autorin Anne-Dore Jakob)

Lingener Tagespost v. 06.04.2005: Pott: Viele, zu viele haben in Lingen geschwiegen (Autor: Burkhard Müller)

Lingener Tagespost v. 24.3.2003: Ein Vorbild für Größe und Versöhnungswillen (Autor: Thomas Pertz)

Lingener Tagespost v. 05.11.2007: „Wir sangen gemeinsam deutsche Schlager". Alfred Storm erwarb sich schnell das Vertrauen von Ruth Foster und Bernard Grünberg (Autor: Ludger Jungeblut)

Lingener Tagespost v. 07.11.2007: Angst vor Feuer rettete kleine Schule (Autor: Burkhard Müller)

Lingener Tagespost v. 09.05. 2009: Mit kriminalistischem Spürsinn Schicksale geklärt (Autor: Ludger Jungeblut)

Lingener Tagespost v. 12.05.2009: „Die Gräber zum Sprechen gebracht" (Autor: Ludger Jungeblut)

Lingener Tagespost v. 24.4.2010: Patenschaften für 20 weitere „Stolpersteine" (Autor: Ludger Jungeblut)

Lingener Tagespost v. 4.10.2010: Schüler für jüdische Schicksale sensibilisiert (Autor: Wilfried Roggendorf)

Lingener Tagespost v. 1. 11. 2011: Esterwegen: Gedenkstätte eingeweiht (Autor: Carsten van Bevern)

Lingener Tagespost v. 24.10.2011: „Ein totes Etwas". Carl von Ossietzky gilt als prominentester KZ-Häftling in Esterwegen (Autor: Carsten van Bevern)

Lingener Tagespost v. 24.10.2011: Kriechend und bellend durch das KZ geführt. Ernst Heilmann war von 1921 bis 1933 Vorsitzender der SPD-Fraktion im Preußischen Landtag (Autor: Carsten van Bevern)

Lingener Tagespost v. 09.11.2011: Ab 1941 lebte in Freren kein Jude mehr (Autor: Carsten van Bevern)

Lingener Tagespost (online) v. 14.06.2012: Holocaust-Überlebender Bernhard Grünberg besucht seine Geburtsstadt Lingen www.noz.de/lokales/lingen/artikel/170966/holocaust-uberlebender-bernhard-grunberg-besucht-seine-geburtsstadt-lingen, dl 2.11.2020 (Autor: Carsten van Bevern)

Lingener Tagespost (online) v. 19.06. 2012: Forum Juden-Christen in Lingen über geplante Straßennamen im Emsauenpark „erschüttert" https://www.noz.de/lokales/lingen/artikel/388801/forum-juden-christen-in-lingen-uber-geplante-strassennamen-im-emsauenpark-erschuettert, dl.20.02.2021 (Autor: Thomas Pertz?)

Lingener Tagespost (online) v. 19.06. 2012: Kommentar: CDU sollte Position korrigieren www.noz.de/lokales/lingen/artikel/388367/kommentar-cdu-sollte-position-korrigieren, dl. 20.02.2021 (Autor: Thomas Pertz)

Lingener Tagespost (online) v. 26.03.2013 Bernard-Grünberg-Straße in Lingen ist eingeweiht worden (Autor: Carsten van Bevern) https://www.noz.de/lokales/lingen/artikel/264269/bernard-grunberg-strasse-in-lingen-ist-eingeweiht-worden

Lingener Tagespost (online) v. 8.11.2013: 15 Jahre „Gedenkort Jüdische Schule" in Lingen. Lange: Vorschlag zur Gestaltung (Autor: Thomas Pertz). www.noz.de/lokales/lingen/artikel/1589583/20-jahre-gedenkort-juedische-schule-in-lingen, dl 17.02.2021

Lingener Tagespost (online) v. 8.11.2013: Nicht ins Abseits rücken. Kommentar zur Vorplatzgestaltung (Autor: Thomas Pertz) www.noz.de/lokales/lingen/artikel/426498/nicht-ins-abseits-rucken, dl 17.02.2021

Lingener Tagespost v. 8.11.2013: Kurze Haftstrafen für die Brandstifter und Gewalttäter der Pogromnacht (Autor: Manfred Fickers)

Lingener Tagespost v. 24.01.2015: „Zeitzeugen wie Bernard sind wichtig für unsere Arbeit" (Autor: Carsten van Bevern)

Lingener Tagespost v. 15.06.2016: Ehrenbürger Grünberg wieder in Lingen (Autor: Carsten van Bevern)

Lingener Tagespost (online) v. 24.06.2016: Chance nutzen, Zeitzeugen wie Bernard Grünberg zuhören (Autor: Carsten van Bevern)

Lingener Tagespost v. 25.06.2017: Lingener Ehrenbürger trifft Sohn seines Lebensretters (Autor: Carsten van Bevern)

Lingener Tagespost (online) v. 23.03.2018: Bernhard Grünberg hat viele Freunde in Lingen gewonnen www.noz.de/lokales/lingen/artikel/1179189/bernhard-gruenberg-hat-viele-freunde-in-lingen-gewonnen#gallery&0&4&1179189 (Autor Ludger Jungeblut), dl 27.10.2020

Lingener Tagespost (online) v. 24.03.2018: Grünbergs Besuch eine Ehre für die Stadt Lingen www.noz.de/lokales/lingen/artikel/1179528/ gruenbergs- besuch-eine-ehre-fuer-die-stadt-lingen (Kommentar von Carsten van Bevern), dl 27.10.2020

Lingener Tagespost (online) v. 25.03.2018: Erinnerung in Lingen an er-mordete jüdische Bürger. www.noz.de/lokales/lingen/artikel/1179838/ erinnerung-in-lingen-an-ermordete-juedische-buerger# gallery&0&0&1179838 (Autor: Ludger Jungeblut), dl 27.10.2020

Lingener Tagespost v. 26.03.2018: Eine menschliche Größe. Jüdischer Ehrenbürger Bernhard Grünberg feiert in Lingen seinen 95. Geburtstag.

Lingener Tagespost v. 26.03.2018: Lange: Die Verantwortung bleibt. Stolpersteine in der Georgstraße erinnern an Grünbergs Verwandte. (Ludger Jungeblut)

Lingener Tagespost (online) v. 24.03.2018: Jüdische Bürger in Lingen: Die Lebenswege von Rosette Groenberg   www.noz.de/lokales/lingen/ artikel/1179522/juedische-buerger-in-lingen-die-lebenswege-von-rosette-groenberg#gallery&0&0&1179522 (Autor: Carsten van Bevern)

Lingener Tagespost (online) v. 24.01.2019: Samuel Manne aus Freren starb mit drei Jahren im KZ (Autor: Carsten van Bevern)

Lingener Tagespost (online) v. 28.03.2019: Lingener gratulieren Ber-nard Grünberg in England zum 96. Geburtstag   www.noz.de/lokales/ lingen/artikel/1688208/lingener-gratulieren-bernard-gruenberg-in-england-zum-96-geburtstag (Besuch 96) (Autoren: Michael Fuest/ Alf-red Storm), dl 4.11.2020

Lingener Tagespost (online) v. 1.10.2019: 1976 letzte Beerdigung auf dem jüdischen Friedhof in Lingen   www.noz.de/lokales/lingen

/artikel/1892810/1976-letzte-beerdigung-auf-dem-juedischen-friedhof-in-lingen (Autor: Mirko Crabus), dl 24.9.2020

Lingener Tagespost v. 02.10.2019: Jüdische Gemeinde vor 150 Jahren gegründet (Autor: Mirko Crabus)

Lingener Tagespost (online) v. 31.10.2019: Historische Thora für Forum Juden-Christen in Lingen (Autor: Carsten van Bevern)

Lingener Tagespost (online) v. 02.02.2020: Jüdische Geschichte Lingens nach zwei Leserbriefen aufgearbeitet   www.noz.de/lokales/lingen/artikel/1988874/juedische-geschichte-lingens-nach-zwei-leserbriefen-aufgearbeitet (Autoren: Carsten van Bevern, Margarete Zimmermann, Andreas Eiynck)

Lingener Tagespost v. 11.4.2020: Als Polen im Emsland Polinnen befreiten. (Autor: Carsten van Bevern)

Lingener Tagespost v. 01.09.2020: Ein besonderer Ort für Bernhard Grünberg (Carsten van Bevern)

Lingener Tagespost v. 20.11.2020: „Wie ein gehetztes Wild" (Autor: Thomas Pertz)

Lingener Tagespost v. 16.01.2021: Corona: Sorgen um Lingens jüdischen Ehrenbürger Bernhard Grünberg (Autor: Thomas Pertz)

Lingener Tagespost v. 18.01.2021: Er hat Lingen die Hand gereicht (Autor: Thomas Pertz)

Lingener Tagespost v. 09.04.2021: Die letzte Ehre für Bernard Grünberg auf dem jüdischen Friedhof in Lingen (Autor: Thomas Pertz)

Meppener Tagespost v. 21.05.2011: Für Bernhard Grünberg hören die Tränen nie auf. Zeuge der NS-Zeit im Emsland berichtet (Autor: Tim Gallandi)

Meppener Tagespost online v. 10.06.2014: Holocaust-Überlebender besucht Meppener Marianum. Emsland heute Ausland für ihn www.noz.de/lokales/meppen/artikel/481759/holocaust-uberlebender-besucht-meppener-marianum

Stadtreport Lingen v. 30/31.10.1986: Eingeladen, dabei zu sein. Am Sonntag wird der Gedenkstein enthüllt (Autorin: Ines Gebhardt); der „Stadtreport" wurde eingestellt.

The National Holocaust Centre and Museum news Spring 2016: Survivor in Focus: Bernard Grunberg, S. 2 (Autorin: A. Riffat)

---

[438] Anmerkung: Inspiriert durch seine Erfahrungen bei der Verfilmung von *Schindler's List* gründet Steven Spielberg die Survivors of the Shoah Visual History Foundation. Die Aufgabe der Stiftung: Dokumentation von Zeitzeugen-Berichten Nazi-Verfolgter wie Juden, Roma und Sinti (sowie Angehöriger weiterer Verfolgtengruppen) in Form von Video-Interviews. Alle Einnahmen aus *Schindler's List* (und Teile von Spielbergs Privatvermögen) flossen in die Stiftung, die heute eines der größten digitalen Videoarchive der Welt unterhält: fast 52.000 Interviews in 32 Sprachen und aus 56 Ländern. 2006 ging die Stiftung eine Partnerschaft mit der *University of Southern California ein* und wurde in *USC Shoah Foundation Institute for Visual History and Education* umbenannt. Quelle: https://stevenspielbergchroniken.de/1994-2, dl. 21.11.2020

Autorennotiz

Angela Prenger
*1956, Lehrerin a.D., Veröffentlichungen zum Naziterror gegen katholische Priester sowie zur Grundschuldidaktik zur Schoa und zur Zeitzeugenarbeit in der Grundschule. Mitgliedschaften u.a.: Judentum begreifen e.V., Osnabrück, Forum Juden - Christen Altkreis Lingen e.V., Lingen (Ems)

Dr. Friedhelm Wolski-Prenger
*1952, Lehrer a.D., zahlreiche Veröffentlichungen zu historischen, sozial- und politikwissenschaftlichen Themen. Mitgliedschaften u.a.: Gegen Vergessen - Für Demokratie e.V., Berlin, Förderverein Fritz Bauer Institut e.V., Frankfurt a.M., Forum Juden - Christen Altkreis Lingen e.V., Lingen (Ems)

Foto: Mirjam Prenger

THE HOLOCAUST CENTRE

Mr Alfred Storm
Gerberstr. 17a
49808 Lingen/Ems
Germany

Dear Alfred,

This letter is long overdue. It is one of thanks and appreciation.

Bernard came back from his 85th birthday celebration with shining eyes and a real happiness. It was so obvious that the kindness of his original home town's welcome and remembrance of his birthday was very special for him. It was prepared with such thought giving him a place of dignity. It was a wonderfully healing experience for his wounded soul. Nothing ever seems to completely heal the loss of home and family as one wanders around with one's identity shaken, but I really want to express to you the efforts the small group of you have made in his hometown to reach out and exchange visits in such a reconciling and gracious work. I want you to know that it is noted and appreciated. To bring happiness and friendship to an old man is a noble act. In a world torn with conflict and pain this is something we need to foster.

I saw the lovely photographs that were taken at the party and I know Stephen, my son and Yasmin appreciated your hosting very much and were pleased to be there.

We look forward to your next visit to Beth Shalom.

Yours sincerely,

Marina Smith

Marina Smith

Laxton, Newark, Nottinghamshire, UK
NG220PA
Tel: +44 (0)1623 836627
Fax: +44 (0)1623 836647
www.holocaustcentre.net
email:office@bethshalom.com

The Holocaust Centre is a trading style of Beth Shalom Ltd
Reg. Charity Number: 509 022
Company Ltd by Guarantee in England: No 1388313
Reg Office: Beth Shalom, Laxton, Newark, NG22 0PA, UK